企业财务风险管理与内部控制

赵咏梅　著

吉林科学技术出版社

图书在版编目（CIP）数据

企业财务风险管理与内部控制 / 赵咏梅著． -- 长春：
吉林科学技术出版社，2024.5
ISBN 978-7-5744-1397-9

Ⅰ．①企… Ⅱ．①赵… Ⅲ．①企业管理－财务管理－
风险管理②企业内部管理 Ⅳ．① F275 ② F272.3

中国国家版本馆 CIP 数据核字（2024）第 101833 号

企业财务风险管理与内部控制

著　　　　赵咏梅
出 版 人　宛　霞
责任编辑　鲁　梦
封面设计　树人教育
制　　版　树人教育
幅面尺寸　185mm×260mm
开　　本　16
字　　数　280 千字
印　　张　13
印　　数　1~1500 册
版　　次　2024年5月第1版
印　　次　2024年12月第1次印刷

出　　版　吉林科学技术出版社
发　　行　吉林科学技术出版社
地　　址　长春市福祉大路5788 号出版大厦A 座
邮　　编　130118
发行部电话/传真　0431–81629529 81629530 81629531
　　　　　　　　　81629532 81629533 81629534
储运部电话　0431–86059116
编辑部电话　0431–81629510
印　　刷　三河市嵩川印刷有限公司

书　　号　ISBN 978-7-5744-1397-9
定　　价　75.00元

前　言

　　目前，中国企业在财务风险管理与内控体系建设方面虽然有了积极的发展，但仍存在专业人才储备不足、缺少内部控制相关的信息系统等问题需要解决。显然多数企业管理者已深知财务风险管理与内部控制对于确保企业财务报表的可靠性、有效控制企业内部各类风险等方面的重要性，但很多企业对如何建立完善的风险管理与内部控制体系仍然感到无从下手。

　　在知识经济、信息经济和网络经济日趋占据主导地位的时代，以整合资源、实现既定目标为特征的企业管理活动正在进行着深刻的变革。以往企业依靠质量、技能和市场壁垒而长期保持自身竞争优势的日子一去不复返了，取而代之的是如何比竞争对手更有效、更快速地培育、积蓄和更新资源。由此，企业所追求的任何管理都应该趋于回归管理的根本，致力于资源与能力的获取、利用与更新。管理创新本身是基于经济发展、技术进步所导致的企业生存和发展的需要，企业进行管理创新的动力源自其内外各种因素的共同作用。企业战略管理创新的首要任务是着眼于全球竞争去制定和实施适宜的战略管理策略。

　　本书在编写过程中参考了大量有关财务风险管理和内部控制方面的资料，在此对本书写作过程中给予帮助的专家学者表示衷心的感谢，由于编者水平所限，书中难免存在不足和疏漏之处，望广大读者批评指正！

目　录

第一章　财务风险管理概述 ⋯⋯⋯⋯⋯⋯⋯⋯⋯⋯⋯⋯⋯⋯⋯⋯⋯⋯⋯001

　　第一节　财务风险特征、类型与成因 ⋯⋯⋯⋯⋯⋯⋯⋯⋯⋯⋯⋯⋯001

　　第二节　财务风险与内部控制的相关理论 ⋯⋯⋯⋯⋯⋯⋯⋯⋯⋯006

　　第三节　财务风险管理的步骤与方法 ⋯⋯⋯⋯⋯⋯⋯⋯⋯⋯⋯⋯012

第二章　财务风险管理的类型及影响因素 ⋯⋯⋯⋯⋯⋯⋯⋯⋯⋯⋯⋯019

　　第一节　财务风险管理内容 ⋯⋯⋯⋯⋯⋯⋯⋯⋯⋯⋯⋯⋯⋯⋯⋯019

　　第二节　财务风险管理的类型 ⋯⋯⋯⋯⋯⋯⋯⋯⋯⋯⋯⋯⋯⋯⋯022

　　第三节　财务风险管理的影响因素 ⋯⋯⋯⋯⋯⋯⋯⋯⋯⋯⋯⋯⋯030

　　第四节　财务风险管理的发展史 ⋯⋯⋯⋯⋯⋯⋯⋯⋯⋯⋯⋯⋯⋯034

第三章　筹资风险与防范 ⋯⋯⋯⋯⋯⋯⋯⋯⋯⋯⋯⋯⋯⋯⋯⋯⋯⋯⋯037

　　第一节　吸收直接投资风险防范 ⋯⋯⋯⋯⋯⋯⋯⋯⋯⋯⋯⋯⋯⋯037

　　第二节　股票筹资风险防范 ⋯⋯⋯⋯⋯⋯⋯⋯⋯⋯⋯⋯⋯⋯⋯⋯039

　　第三节　债券筹资风险防范 ⋯⋯⋯⋯⋯⋯⋯⋯⋯⋯⋯⋯⋯⋯⋯⋯044

　　第四节　银行借款风险防范 ⋯⋯⋯⋯⋯⋯⋯⋯⋯⋯⋯⋯⋯⋯⋯⋯048

　　第五节　融资租赁风险防范 ⋯⋯⋯⋯⋯⋯⋯⋯⋯⋯⋯⋯⋯⋯⋯⋯051

　　第六节　商业信用风险防范 ⋯⋯⋯⋯⋯⋯⋯⋯⋯⋯⋯⋯⋯⋯⋯⋯054

第四章　投资风险防范 ⋯⋯⋯⋯⋯⋯⋯⋯⋯⋯⋯⋯⋯⋯⋯⋯⋯⋯⋯⋯056

　　第一节　股票投资风险防范 ⋯⋯⋯⋯⋯⋯⋯⋯⋯⋯⋯⋯⋯⋯⋯⋯056

　　第二节　债券投资风险防范 ⋯⋯⋯⋯⋯⋯⋯⋯⋯⋯⋯⋯⋯⋯⋯⋯057

　　第三节　房地产投资风险防范 ⋯⋯⋯⋯⋯⋯⋯⋯⋯⋯⋯⋯⋯⋯⋯061

第五章　成本管理风险防范 ⋯⋯⋯⋯⋯⋯⋯⋯⋯⋯⋯⋯⋯⋯⋯⋯⋯⋯066

　　第一节　现代成本管理新动向 ⋯⋯⋯⋯⋯⋯⋯⋯⋯⋯⋯⋯⋯⋯⋯066

　　第二节　成本管理风险防范 ⋯⋯⋯⋯⋯⋯⋯⋯⋯⋯⋯⋯⋯⋯⋯⋯075

第六章　企业财务风险预警体系研究 ⋯⋯⋯⋯⋯⋯⋯⋯⋯⋯⋯⋯⋯⋯083

　　第一节　企业财务风险预警理论概述 ⋯⋯⋯⋯⋯⋯⋯⋯⋯⋯⋯⋯083

第二节　企业财务风险预警体系的研究设计和指标选取 ·············· 087

第七章　企业内部控制要素 ·············· 093

第一节　企业内部控制的环境要素 ·············· 093

第二节　企业内部控制的风险识别与评估要素 ·············· 099

第三节　企业内部控制的活动要素 ·············· 102

第四节　企业内部控制的信息与沟通要素 ·············· 103

第五节　企业内部控制的监督要素 ·············· 105

第八章　企业内部控制的具体内容 ·············· 107

第一节　资金活动控制 ·············· 107

第二节　采购业务控制 ·············· 115

第三节　销售业务控制 ·············· 124

第四节　资产管理控制 ·············· 131

第五节　担保业务控制 ·············· 142

第六节　财务报告控制 ·············· 144

第七节　全面预算控制 ·············· 146

第八节　合同管理控制 ·············· 149

第九节　信息系统控制 ·············· 152

第九章　大数据时代下的企业财务风险管理与内部控制研究 ·············· 157

第一节　大数据时代下的企业投资风险管理 ·············· 157

第二节　大数据时代下的企业筹资风险管理 ·············· 164

第三节　大数据时代下的企业成本管理风险管理 ·············· 173

第四节　大数据时代下的企业预算风险管理 ·············· 177

第五节　大数据时代下企业内部控制的措施运用 ·············· 183

第六节　大数据时代下企业财务风险管理与内部控制的关联 ·············· 187

第十章　大数据时代下的企业财务风险管理与内部控制的创新 ·············· 192

第一节　大数据时代下企业进行财务风险管理的理念 ·············· 192

第二节　大数据时代下企业财务风险管理体系模型的构建 ·············· 194

第三节　大数据时代下内部审计与财务风险管理 ·············· 197

第四节　大数据时代下企业财务管理的转型 ·············· 199

参考文献 ·············· 201

第一章　财务风险管理概述

第一节　财务风险特征、类型与成因

一、财务风险概念与特征

（一）财务风险的概念

风险的定义，有广义和狭义之分。风险的狭义定义是指某项活动带来损失的不确定性。日本学者龟井利明认为，风险不仅是指损失的不确定性，而且还包括盈利的不确定性。所以，广义风险的概念里面认为，风险就是不确定性，且具有双重效应。具体而言，风险既可以给经济活动的主体带来威胁，即风险危机观；同样，风险也可能带来相对应的机会，即风险机会观。

财务风险是指企业在筹资、投资、资金回收及收益分配等各项财务活动过程中，由于各种无法预料、不可控因素的作用，使企业的实际财务收益与预期财务收益发生偏差，因而使企业蒙受经济损失的可能性。具体而言，财务风险是由于融资方式不当、财务结构不合理、资本资产管理不善及投资方式不科学等诸多因素，从而使公司可能丧失偿债能力，进而导致投资者预期收益下降的风险。

企业财务风险是客观存在的，要想完全消除财务风险是不太可能的，也是不现实的。对于财务风险，企业只能采取积极、有效的针对性措施，将其影响尽量降到最低。显而易见，财务风险管理是经营主体对其理财过程中存在的各种风险进行识别、度量和分析评价，并适时采取及时有效的管理方法进行防范和控制，以经济合理可行的方法进行处理，保障理财活动安全正常开展，保证其经济利益免受损失的管理过程。

科学、合理的理财之道，其宗旨是把风险管理内涵与融资、投资、营运三大理财活动内容进行有机的融合，即提倡讲究"三财之道"，具体为：聚财之道——聚财有度，聚之合理；用财之道——用财有方，用之得当；生财之道——生财有道，生之不息。

（二）财务风险的特征

1. 客观性

财务风险是企业生产营运过程的产物，其并不以人们意志为转移，而是客观存在的，可以说财务风险的多样性也奠定了财务风险的客观性。例如，外部宏观环境的变化、市场调整、企业经营战略的转换、竞争对手战略转换或新替代品出现等因素都可能引发企业财务风险的出现，因此企业无法完全规避财务风险，而是只能通过一定的措施来减弱其影响，降低其发生的概率，但不可能完全避免。

2. 损益性

企业的投资收益与其风险成正比关系，对企业投资者而言，收益大则风险大，风险小则收益也少。企业要想获得一定的利润就必须承担与利润成正比的风险。尽管如此，企业也不能盲目去冒险，要使其风险的承受程度和自身的抵御能力相匹配。

3. 突发性

企业财务风险的发生并不是有章可循的，风险的产生具有突发性。这是因为企业所处的外部环境瞬息万变，在不断变化的环境中，有的风险可能发生，有的则可能不发生。风险对企业的影响也具有偶然性，影响可能很大，也可能很小。尽管财务风险具有突发性，企业也要采取措施提前预防风险的发生，以达到效益最大化的经营目标。

4. 复杂性

财务风险的复杂性，有直接因素也有间接因素；有的因素可以提前预测，而有的无法预测；有些是外部因素，有些是企业内部因素。财务风险对企业造成的影响也是不确定的，它表现在影响范围上不确定，在影响时间上不确定，在影响深度上也不确定。所以财务风险是极其复杂的。

5. 激励性

财务风险是客观存在的，企业为了经济效益最大化，必须制定相应的措施来规避或减弱财务风险对企业的影响。企业只有完善内部管理尤其是内控制度，才能把财务风险控制在一定范围之内，这样就促使企业完善内部管理，对企业状态进行实时监督，改进企业内控管理系统中存在的问题，使内控制度更加合理化、规范化和科学化，使企业能更快更好地满足时代竞争的需要。

二、财务风险的类型与成因

（一）财务风险的基本类型

1. 筹资风险

筹资风险是指由于资金供需市场、宏观经济环境的变化，企业筹集资金给财务成果带来的不确定性。筹资风险主要包括利率风险、再融资风险、财务杠杆效应、汇率风险、购买力风险等。利率风险是指由于金融市场金融资产的波动而导致筹资成本的变动；再融资风险是指由于金融市场上金融工具品种、融资方式的变动，导致企业再次融资产生一定不确定性，或企业本身筹资结构的不合理，导致再融资产生困难；财务杠杆效应是指由于企业使用杠杆融资给利益相关者的利益带来不确定性；汇率风险是指由于汇率变动引起的企业外汇业务成果的不确定性；购买力风险是指由于币值的变动给筹资带来的影响。

2. 投资风险

投资风险是指企业投入一定资金后，因市场需求变化而影响最终收益与预期收益偏离的风险。企业对外投资主要有直接投资和证券投资两种形式。在我国，根据《公司法》的规定，股东拥有企业股权的 25% 以上应该视为直接投资。证券投资主要有股票投资和债券投资两种形式。股票投资是风险共担、利益共享的投资形式；债券投资与被投资企业的财务活动并没有直接关系，只是定期收取一定的利息，所面临的是被投资者无力偿还债务的风险。投资风险主要包括利率风险、再投资风险、汇率风险、通货膨胀风险、金融衍生工具风险、道德风险、违约风险等。

3. 经营风险

经营风险又称为营业风险，是指在企业的生产经营过程中，供、产、销各个环节不确定性因素的影响所导致企业资金运动的迟滞，产生企业价值的变动。经营风险主要包括采购风险、生产风险、存货变现风险、应收账款变现风险等。采购风险是指由于原材料市场供应商的变动而产生的供应不足的可能，以及由于信用条件与付款方式的变动而导致实际付款期限与平均付款期的偏离；生产风险是指由于信息、能源、技术及人员的变动而导致生产工艺流程的变化，以及由于库存不足所导致的停工待料或销售迟滞的可能；存货变现风险是指由于产品市场变动而导致产品销售受阻的可能；应收账款变现风险是指由于赊销业务过多而导致应收账款管理成本增大的可能性，以及由于赊销政策的改变导致实际回收期与预期回收的偏离等。

4. 存货管理风险

企业保持一定量的存货对于其进行正常生产来说是至关重要的，但如何确定最优库存量是一个比较棘手的问题，存货太多会导致产品积压问题，占用企业资金，风险较高；存货太少又可能导致原料供应不及时，影响企业的正常生产，严重时可能造成对客户的违约，影响企业的信誉。

5. 流动性风险

流动性风险是指企业资产不能正常和确定地转移为现金或企业债务和付现责任不能正常履行的可能性。从这个意义上来说，可以把企业的流动性风险从企业的变现力和偿付能力两方面分析与评价。由于企业支付能力和偿债能力发生的问题，称为现金不足及现金不能清偿风险。由于企业资产不能确定性地转移为现金而发生的问题，则称为变现力风险。

（二）财务风险的表现形式

1. 无力偿还债务风险

由于负债经营以定期付息、到期还本为前提，如果公司用负债进行的投资不能按期收回并取得预期收益，公司必将面临无力偿还债务的风险，其结果不仅会导致公司资金紧张，也会影响公司信誉程度，甚至还可能因不能支付而遭受灭顶之灾。

2. 利率变动风险

公司在负债期间，由于通货膨胀等的影响，贷款利率会发生增长变化，利率的增长必然增加公司的资金成本，从而降低了预期收益。

3. 再筹资风险

由于负债经营使公司负债比率加大，相应地对债权人的债权保证程度降低，这在很大程度上限制了公司从其他渠道增加负债筹资的能力。

（三）财务风险的形成原因

企业财务风险产生的原因很多，既有企业外部的原因，也有企业自身的内部原因，而且不同的财务风险形成的原因也不尽相同。具体可分为以下几点。

1. 外部原因

（1）企业财务管理宏观环境的复杂性是企业产生财务风险的首要外部原因。企业财务管理的宏观环境复杂多变，使一些企业的管理系统不能与之相适应，因而无法根据国家宏观环境的变化而对自身的财务管理进行适当的改革。财务管理的宏观环境包括经济环境、法律环境、市场环境、社会文化环境、资源环境等因素，这些因素存在于企业的外部，但对企业财务管理会产生重大的影响，并且其中的任何一个环境因素的突变都有可能造成巨大的财务风险，如一些法律文件的变更以及相关财务政策的制定等。

（2）商品市场供求状况变化和单位经济行为的时间差异。众所周知，市场的供求变化是无法确定的，企业决策在调整力度以及时间上都和它有着比较大的差异，它是按照市场整体变化的实际情况或者自己判断的发展趋势来确定自己的下一步行动方向的，因此，由于时间上的差异性以及变化的无规律性等都将导致一些财务风险的出现。

（3）资本结构的不合理。一些企业在筹资的过程中，为了更多地降低资本成本，大多数都倾向于采取债务融资的方式，因此造成债务资本在总资本中占据着很高的比例，一旦其资金链断裂，企业无法按时偿还到期的债务，那么将会面临着巨大的财务风险。从我国现有企业的资本结构来看，或多或少地都存在着较高的资产负债率问题，因为企业在进行生产规模的扩张以及发生流动资金不足时，首先想到的就是向银行贷款，所以就很容易导致其资产负债率居高

（4）利率水平以及外汇汇率水平的影响。首先，当企业通过负债的方式来筹措资金时，如果合同的利率固定，一旦市场利率下降，那么企业就必须按照合同的水平来支付较高的利息；而如果合同的利率是浮动的，则利率的上升会加大付息压力。总而言之，负债融通资金在一定程度上都会加大财务风险。其次，如果企业用外币融资来代替负债筹资，那么财务风险也会随着浮动利率的变化而加剧。最后，汇率的变动还将对进出口企业的收益情况造成很大的影响。

2. 内部原因

（1）企业自身的管理体制不健全，特别是缺乏一整套科学合理的财务管理内部控制制度。督促各项资金的合理使用，使其产生最大的经济效益是一个企业建立内部控制制度的最终目的。然而，目前我国部分企业的内部控制制度和财务管理制度融合在一起，以致不能够有效地监督财务资金的投资以及收回情况。内部控制制度也并没有达到预期的效果，从而加剧了财务风险的发生。

（2）财务决策缺乏科学性导致决策失误。目前，我国许多企业在进行财务决策时，经验决策以及主观决策的现象依然非常普遍。特别是进行固定资产投资时，在分析投资项目的可行性过程中，对于投资的内外部环境和未来现金流量产生的影响无法做出科学合理的判断，导致投资失误屡屡发生，项目的预期收益也不能够如期地完成，由此产生了无法估量的财务风险。

（3）企业内部财务关系不明。这是企业产生财务风险的又一重要原因，企业与内部各部门之间及企业与上级企业之间，在资金管理及使用、利益分配等方面存在权责不明、管理不力的现象，造成资金使用效率低下，资金流失严重，资金的安全性、完整性无法得到保证。例如，在一些上市公司的财务关系中，很多集团公司母公司与子公司的财务关系十分混乱，而且资金使用缺乏有效的监督与控制。

（4）资产流动性不强以及现金流量状况不佳的现象非常普遍。现金流量多少以及资产流动性的强弱对其偿债能力有着最直接的影响，而且企业有多少债务以及有多少可以变现偿债的流动资产决定着其是否能够顺利地偿还债务。一方面，如果偿债的流动资产越多，债务越少，那么偿债能力也就越强，反之则越弱；另一方面，如果用流动资产偿还负债后企业剩下的是营运资金，那么营运资金越少，则表明企业的风险就越大，就算整体的盈利状况比较好，一旦现金流量不足，资产变现能力差，企业也同样会深陷困境。

（5）企业财务管理人员的素质水平不高，缺乏对财务风险的客观性认识。实际上，只要有财务活动，就必然存在着一定的财务风险。我国现行很多企业的财务风险产生的重要原因之一，就是由于其管理人员自身素养不高，风险意识淡薄，无法在第一时间准确判断在财务活动中隐藏着的财务风险。

第二节　财务风险与内部控制的相关理论

一、委托代理理论

（一）委托代理理论概念

20 世纪 30 年代，美国经济学家伯利和米恩斯因为洞悉企业所有者兼具经营者的做法存在着极大的弊端，于是提出了委托代理理论，倡导所有权和经营权分离开来，企业所有者保留剩余索取权，而将经营权利让渡。委托代理理论早已成为现代公司治理的逻辑起点。

由于委托代理行为的存在，所有者需要对经营者进行监管，因此就产生了代理成本。詹森和麦克林是代理成本学说的创始人，他们认为，当经理人不作为内部股东而作为代理人时，其努力的成本由自己负担而努力的收益却归于他人。这时，他可能偷懒或采取有利于自身效用的满足而损害委托人利益的行动。该理论认为，企业资本结构会影响经理人员的工作努力水平和其他行为选择，从而影响企业未来现金收入和企业市场价值。债权融资有很强的激励作用，可以将债务视为一种担保机制，能够促使经理多努力工作，少个人享受，并且作出更好的投资决策，从而降低由于两权分离而产生的代理成本。但是，负债可能导致另一种代理成本，即企业接受债权人监督而产生的成本。这种债权的代理成本也得由经营者来承担，从而举债比例上升导致举债成本上升。均衡的企业所有权结构是由股权代理成本和债权代理成本之间的平衡关系来决定的。

债务在产生代理成本的同时，也会伴生相应的代理收益。债务的代理收益将有利于减少企业的价值损失或增加企业价值，具体表现为债权人保护条款引入、对经理提升企业业绩的激励措施以及对经理随意支配现金流浪费企业资源的约束等。一方面，债务的存在使得企业承担了未来支付利息的责任和义务，从而减少了企业剩余的现金流量，进而减少了管理者的浪费性投资；另一方面，企业的债务水平较高时，债权人自己也会密切监督经营者的行为，从而为抑制经营者的疏忽失职提供额外的防护。

（二）委托代理理论运用

尽管委托代理理论在解释一般企业中的委托代理关系时是具有说服力的，然而将其运用于实际过程中却存在一定的问题。这些问题主要发生在代理人即经营者的层面上，即所谓的"代理人扭曲"现象。

1.随机处置权膨胀

企业经理人员受托行使权力的任务是组织和协调由众多要素参与企业的经营活动。

这种活动的外部性和递延性决定其具有很强的不确定性，具体表现在诸如缺乏战略管理、无核心竞争能力、人力资源开发缺乏手段、激励机制欠缺等。

为降低风险，减少不确定性，必须赋予经理人员相当程度的随机处置权即剩余控制权。相应的，经营者不仅控制日常经营，而且通过对随机处置权的日常运用而对战略经营，进而对企业长期价值的增长无一例外地产生深远影响。剩余控制权的凸现和膨胀对企业经营者成为剩余索取权拥有者提出了内在要求。

2. 监控缺失

委托人对代理人的随机处置权膨胀不可能无动于衷。由于存在代理人的随机处置权膨胀，投资者对企业的管理监控不同于简单地对经营者努力水平的特征、大小、涨落进行"观测"，而意味着全方位参与企业的经营管理事务，"选择具有企业家精神的管理层去发展企业，并保护其投资权益"。由于监控的同时还要付出一定的成本，所以对于监督成本高的雇员——人力资本所有者即层级较高的管理人员和知识密集度较高的专业人员，让渡部分剩余索取权是可以考虑的选择，这就必然引起地位的转变。

3. 地位转化效应

法律规定，在传统的股份制企业股东是最终经营成果的占有者，从而根本上否定了经营者成为企业经营成果以及这种成果扣除了各类要素后的净剩余的占有者的可能，尽管可以通过奖金、收入提成、"劳动得分"等多种途径在某种程度上将经营者的报酬与企业经营成果（利润、纯收入或企业总价值增长）取得极其有限的联系。多数经理人员也只能获得固定薪水，这就将经营者排除在净剩余的占有和支配之外。事实证明，这种做法增强了代理人随机处置权膨胀问题，大幅度提高了代理监控成本，违背了投资发展的规律，并且也不符合企业发展的要求。西方国家从 20 世纪 70 年代开始鼓励的员工持股计划（ESOP）已表现出对上述资本逻辑的部分否定，包括经理人员在内的员工通过已付出甚至尚未付出的劳动来"抵押"并分享企业未来利润的预支，取得企业财产在未来经营成果的分割权。在此基础上将对经营者的努力水平以及由此产生的企业绩效产生巨大影响。

4. 动机优化

一般而言，企业经理人员参与经营活动的动机有两大类：通过经济报酬的获取实现物质生活的改善，以及通过个人能力的显示和提高追求事业的成功与社会价值的实现。对于传统企业来说，报酬的主要部分由于与企业规模挂钩而表现出相当的刚性，从而在很大程度上扭曲和抑制了经营者的努力倾向和创新意识。然而对新型企业经营者的薪酬结构而言，就需要先有所改变。首先，新型企业仅经营者的经济报酬就可分成两部分：短期报酬与长期分红，这就打破了传统企业中经营者的收入仅限于短期范畴、从而在某种意义上助长了经营者短期行为的利益边界，收入的刚性被抹平，表现出极大的浮动性。其次，长期股利分红的方式已经实现了经营者经营活动的动机从物质利益兑现向社会价值体现的过渡和转化。最后，不同于一般的完善并完全的经理人市场，新型企业的经营者具有很强的不可替代性和很差的流动性。这样，经营者就有足够的动力在长期和短期之间寻找合理的组合，更多地追求在某个特定企业的长期行为和增长，而不是用近期的快速膨胀来透支长远的持续发展。动机优化与长短期平衡之间存在显著的互动关系。动机优化使经营者更积极、更有效地追求企业发展的长短期平衡，而后者带来的效应（个人报酬增加，业绩显著，声誉提升）反过来也强化了前者。

5. 代理人冲动

出于个人事业成功和权力扩张冲动的追求而产生的企业规模"超正常扩张"，是以牺牲外部投资机会和合理的投资利润为代价的。这样的行为主体仍然可以称之为"理性人"，然而在这里个体理性的有限性表现得如此突出，以至于对企业的效益会产生不确定性甚至破坏性影响。我们称之为"代理人冲动"。

二、系统论、控制论和信息论

（一）系统论、控制论和信息论概念

系统论、控制论和信息论是现代科学前沿的三门"软"科学，它们各有不同的出发点和内容，但它们是在同一历史背景下，从不同侧面研究同一个问题而产生的，其手段也有很多共同之处。SCT三论从横向综合的角度，研究物质运动的规律，从而揭示世界各种互不相同的事物在某些方面的内在联系和本质特性，三者各成体系，但都应用系统、控制、信息的基本概念、基本思想，互相交叉、互相借鉴、协同发展。

1. 系统论

系统论是由贝塔朗菲创立的，系统论的基本出发点，是把研究对象作为一个有机整体来加以考察，以寻求解决整体与部分之间相互关系的模式，原则和方法。其基本观点有三个：一是系统观点，认为系统整体功能大于部分功能之和。从一个系统中分解出来的部分，同在整体中发挥功能的部分是不同的。二是动态观点，认为事物不是一成不变的，系统是动态变化的。三是层次观点，系统论认为各种有机体都按严格的等级组织起来，具有层次结构。处于不同层次的系统，具有不同的功能。系统的特性有以下几项内容：一是整体性。系统整体不等于系统内各部分的简单相加。二是相关性。内部相关性，是指系统内各要素之间是相互联系、相互制约、相互依赖的；外部相关性，是指系统内部与外部环境是相互联系、制约和影响的。三是结构性。这是指系统联系是以结构形式表现的，系统的整体功能是由结构决定的，不同的结构有不同的功能。

2. 控制论

控制论是第二次世界大战以来才发展起来的一门新兴横断科学。自美国科学家维纳1948年发表了《控制论》以来，这门科学发展迅速，渐渐渗透到人类活动的所有领域。

控制是指按给定的条件和预定目标，对一个过程或一系列事件施加影响的作用。

控制的手段和方法有以下内容

（1）反馈控制。这是控制的主要手段，其要点是用反馈的方法，使被控量的值与目标值进行比较，然后根据比较的结果，对输入值进行修正，以达到被控量与目标值一致的目的控制。

（2）信息方法。就是从信息方面来研究系统的功能，认为系统借助于信息的获取、传递、加工和处理，以实现目的控制。这种方法实际上是与信息论方法交叉的。

（3）黑箱方法。在研究系统时，利用外部观测、试验，通过输入、输出信息来研究黑箱的功能和特性，探索其构造和机理的一种方法。

（4）功能模拟方法。这种方法以系统功能和行为的相似关系为基础，用模型模仿原型的功能和行为。它仅着眼于所分析的系统的功能和模拟它受外界影响的反应方式，而不要求分析系统内部的机制和个别要素，不追求模型的结构与原型相同。

3. 信息论

信息的根本特性则在于它的表意性，倾向于信息是事物属性，是相互联系和作用的表征。运用信息方法的特点有以下内容

（1）信息方法是一种直接从整体出发，用联系的、转化的观点综合系统过程的研究方法。

（2）对抽象出来的信息过程可作定性和定量的分析。

（3）可运用各种手段，综合分析材料，建立相应的信息模型。

（4）可运用信息模型来认识信息过程，探索其内在规律。

（二）系统论、控制论和信息论运用

在实际运用中，要能够正确把握三论之间的相互作用机制。系统论是把要研究和处理的对象看成由一些相互联系、相互作用的若干因素组成的系统，研究系统就是寻求利用信息实现最优系统的途径。显然任何系统都离不开信息，因此研究系统就必须研究反映系统与环境、系统与子系统之间联系的不可缺少的要素信息。一个系统信息量的大小，反映系统的组织化、复杂化程度的高低。而系统的运行又离不开控制，对系统的控制同样离不开信息。信息论研究如何认识信息，控制论和系统论研究如何利用信息。控制论揭示了事物联系的反馈原理，用以实现对系统的有效控制。

三、信息不对称论

（一）信息不对称论概念

信息不对称论是指在市场经济活动中，各类人员对有关信息的了解是有差异的；掌

握信息比较充分的人员，往往处于比较有利的地位，而信息贫乏的人员，则处于比较不利的地位。信息不对称理论是由三位美国经济学家——约瑟夫·斯蒂格利茨、乔治·阿克尔洛夫和迈克尔·斯彭斯所提出的。该理论认为：市场中卖方比买方更了解有关商品的各种信息；掌握更多信息的一方可以通过向信息贫乏的一方传递可靠信息而在市场中获益；买卖双方中拥有信息较少的一方会努力从另一方获取信息；市场信号显示在一定程度上可以弥补信息不对称的问题；信息不对称是市场经济的弊病，要想减少信息不对称对经济产生的危害，政府应在市场体系中发挥强有力的作用。

（二）信息不对称论运用

财务信息不对称分布是相对于一定的主体而言。使用企业财务信息的有关主体主要有企业管理层、投资者、贷款者、潜在投资者、供应商、证券交易所、经纪商、政府有关管理部门和社会公众等。其中，企业管理层为财务信息的内部使用者，其他则均为外部使用者。

财务信息的不对称分布具有三层含义：第一层是指财务信息在内、外部使用者之间分布不对称，与外部使用者相比较，内部使用者更具有信息优势；第二层是指财务信息在管理者与董事之间分布不对称，与董事相比较，管理者更具有信息优势；第三层是指财务信息在高层管理者与低层管理者之间分布不对称，与高层管理者相比较，低层管理者更具有信息优势。信息不对称论，还需要从以下几个方面加以理解。

一是与代理论相衔接。在现实中，财富、经营能力风险规避度分布具有非相关性，这一事实决定社会中存在不同类型的人们，他们的经营能力有强弱，风险规避程度有高低，财富有充裕和不足。这就意味着：经营能力低、风险规避程度高但财富充裕者将会与经营能力强、风险规避程度低而财富不足者携手合作，即通过契约，前者将财富的经营权转让给后者，而共同分享经营所获取的利益。这便是股份公司出现的客观环境。也就是说，通过雇佣合约，后者成为代理人即经营者，前者则成为委托人即股东。一般而论，董事会作为股东代表完成与经营者的雇佣契约；但经营者为了便于管理又会雇用更低层次的管理者。股份公司事实上是建立在一层层的雇用与被雇用的关系之上，这在一定程度上可视为契约的联结。在此契约联结中，存在着层层代理关系。代理人为提高与其业绩相挂钩的报酬，必然会美饰其财务信息。因此代理关系在一定程度上会妨碍财务信息的对称分布。

二是与成本论相衔接。传统的经济学是在许多严格的假设前提下建立的，其中完全信息假设是其最基本的假设之一。但信息的获取是需要付出成本的，即一定的人力、物力和财力；信息的充分与否与所获取的付出是一个正相关。使用不完全的信息意味着借此所作决策的不确定性很大；掌握的信息越充分，决策的不确定性越小。财务信息作为一种特殊商品，既然提供信息需耗用一定的成本，因而往往由于成本的因素而妨碍了一部分财务信息需求者对信息的充分享有，形成财务信息在一定程度上出现不对称分布。

三是与权力论相衔接。第一，在财务信息的外界使用者中，有些使用者具有取得所需的充分而完全的信息的权利。例如，税务机构为执行税法和规章所需的信息，都具有要求企业提供相关信息的法定权力。而有些用户则因不能享有法律赋予的权利，而无法从企业获取其据以决策所需的财务信息。第二，财务信息的不对称分布，无论是给企业，还是给外部使用者都造成了不容忽视的损失。首先，企业筹资成本高昂，筹资环境恶化。外界因缺乏充分的财务信息以了解企业的财务状况、现金流量及股利分配等真实情况，使决策风险增加。为弥补风险可能引起的损失，资金所有者会要求有较高的资金回报，使企业的筹资成本上升，从而导致企业的财务风险增加，使企业更易发生财务危机。这一事实会使企业未来的筹资成本更高，筹资环境日益恶化。其结果必将是，企业今后即使愿意支付更高的利率，投资者也会因其偿债能力不足而拒绝投入资金。从企业集团内部来看，高层管理者需要依靠低层管理者提供其决策所需的财务信息。而低层管理者为尽可能防止其准租金被分享，势必会隐瞒甚至篡改对己不利的财务信息。这样，高层管理者据以决策的财务信息的不充分性或虚假性，必将影响其决策的最佳性。其次，信息的外部使用者的利益受到损害。外界投资者由于得不到充分和可靠的财务信息，其必然结果是部分资金将流入非安全企业，从而遭受损失。同时，财务信息的不对称分布也会给证券市场带来影响。社会资源配置是证券市场的重要功能之一。业绩良好的企业随其股价上升，资金流便会注入该企业，劳务、原料等资源也会随之流向该企业；业绩不佳的企业随着股价下跌，市场上的资金流便会反向而撤出，劳务、原料等资源也会随之撤出。但若证券市场上财务信息得不到充分和真实的反映，则资源的流向就具有极大的随机性，资源使用的有效性会受到干扰。至于政府的税收收入，取决于资源使用的有效性，因而财务信息的不对称分布导致社会资源的非有效使用，也使政府的税收收入受损。

四、博弈论

（一）博弈论概念

现代博弈论是研究机智、理性的局中人之间的冲突与合作的学科。它在经济学上的运用，就是研究在局限条件下的市场主体之间博弈的不同行为方式或不同的策略选择，利益对立之间的策略问题以及这些行为选择及策略问题的运作方式的相互影响和相互作用。在博弈中，一个简单的博弈的基本结构至少需要三个元素构成。①局中人。博弈论假设所有的局中人都是机智和理性的。②行动空间。局中人必须知道他自己及别人的战略选择范围以及各种战略间可能的因果关系。③支付函数。局中人从博弈中获得的效用水平，它是所有局中人的策略或行动的函数。而博弈论的研究问题又分为合作博弈与非合作博弈，两者指的是在局中人的行为相互作用的情况下，局中人能否达成一个具有约束力的协议，如果有就是合作博弈，反之则为非合作博弈。

（二）博弈论运用

1. 零和博弈

此消彼长，形成机制。零和博弈是博弈论研究的核心，在现实的市场经济中这种博弈形式是常见现象。零和博弈多为二人零和博弈，它是一种简单、最基本的博弈。在这种博弈中，不存在任何类型的合作或联合行动：一个局中人认为某一结局比另一结局好，则另一个局中人的偏好必然是相反的。

2. 重复博弈

以其人之道还治其人之身。①这种规则局中人既容易操作，又使对手容易明白合作与合作的后果是什么；②这种博弈总是以友好与合作的方式开始，然后根据对手前一阶段的行为而采取随机对策，即先礼后兵；③这种博弈奖罚分明，即局中人任何一方若遵守协议，双方都能获得最佳利益，若哪一方率先违背协议则必然受到严厉惩罚；④这种博弈内含有宽恕的因素，即惩罚并非是目的，而是想通过惩罚迫使双方合作，只要改过，既往不咎，因此双方容易重新建立合作关系。但是，仅仅靠博弈的简单重复并不能保证合作关系的稳定持续。由于存在经济环境的不确定性，单靠外显出的价格参数并不能完全反映出局中人所采取的策略。也就是说，要知道是否有人违约，谁在违约，违约后用什么方式来惩罚其并非易事。

信息的不对称性可能会破坏市场的正常进行。但是人们在用博弈论方法研究不完全信息条件下的纳什均衡时注意到，可以用一种方式来克服不完全信息对市场机制造成的影响。这就是知情者的一方采取某种行动，而这些行动被视作一个信号，向对方传递可信的信息。

第三节　财务风险管理的步骤与方法

一、财务风险管理与内部控制的内容要求

企业财务风险管理与内部控制的内容要求有四个方面。

（一）应突出"开源"与"节流"双管齐下的内容要求

财务风险管理的"开源"内容体系表现为挖掘企业价值创造、可持续增长率等，从现代风险管理学视角看，企业自身的做强、做大、做好，是抵御财务风险的重要理念与方式；财务风险管理的"节流"内容体系表现为财务风险控制的方法与手段的应用。

（二）应突出"自律"与"他律"双重管理的内容要求

财务风险管理的"自律"内容要求，就是健全财务人员的自我约束机制。我国《会

计法》第39条规定，"会计人员应当遵守职业道德，提高业务素质"。遵守职业道德包括6项具体内容，诸如爱岗敬业、熟悉法规、依法办事、客观公正、搞好服务、保守秘密。财务风险管理的"他律"内容要求，就是企业在开展财务管理工作时，应严格遵循与执行中国现行内部控制规范及美国COSO内部控制要素框架，加强内部控制、风险管理与公司治理等方面的法制建设，对财务违法行为绝不姑息、坚决杜绝由于贪污、舞弊等人为因素可能导致企业财务状况恶化的风险漏洞。

（三）应突出"事前""事中""事后"全过程管理的内容要求

财务风险管理应充分总结国内外学术研究成果，全面吸收我国公司财务方面的实践经验，从而以财务管理活动的整个过程为主线，建立企业融资活动、投资活动、营运活动的风险管理系统。财务风险管理中的"事前"管理，是指前馈管理体系，应包括全面预算管理、内部控制法规的与制度体系设计、价值创造与管理等内容。财务风险管理中的"事中"管理，是指中馈管理体系，既包括融资活动、投资活动、营运活动的风险控制系统，也包括财务报表分析等内容。财务风险管理中的"事后"管理，是指反馈管理体系，应包括财务报表分析、内部控制法规的与制度的执行效率评估等内容。

（四）应突出"战略"管理与"战术"管理不同层面的内容要求

财务风险的"战略"管理，是指根据国家经济政策导向，运用生命周期理论，针对企业经营风险与财务风险的状况，从风险控制层面规划企业3年到5年全范围、全过程的财务战略。财务风险的"战术"管理，就是企业日常财务风险管理的内容体系，具体包含：风险与报酬分析、财务报表的风险问题分析、价值创造管理、内部控制、融资风险管理、投资风险管理、营运风险管理等。

二、财务风险管理的步骤

企业财务风险管理活动应覆盖整个企业，涉及各个部门和众多人员。财务风险管理实施步骤要求识别和了解企业面临的各种财务风险，以评估财务风险的成本、影响及发生的可能性，并针对出现的风险制定应对办法以及实施的纠正举措。

财务风险管理可分为四个步骤：第一步是风险识别，第二步是风险评估；第三步是确定风险；第四步是风险监测。

（一）风险识别

管理层应尽力识别所有可能对企业产生影响的风险，包括整个业务面临的较大或重大的风险，以及与每个项目的业务单位关联的不太主要的风险。企业应通过正式的检查程序来全面分析风险和损失。风险识别程序要求采用一种有计划的、经过深思熟虑的方法，来识别业务的每个方面存在的潜在风险，并识别可能在合理的时间段内影响每项业务的较为重大的风险。

风险识别程序应在企业内的多个层级予以执行。对每个业务单位或项目有影响的风险，可能不会对整个企业产生同样大甚至更大的影响。因此，对整个经济体产生影响的主要风险会分流到各个企业及其独立的业务单位。风险识别的方法之一是集体讨论可能的风险领域。通过这种方法动员知悉情况的人员迅速给予答复。之后由风险管理小组对集体讨论后识别的所有风险进行复核，并且认定核心风险。最后，为识别风险进行集体讨论的结果，应提供给未参与讨论的其他部门，并按照来自整个企业的评论和讨论，增加已识别的风险。

（二）风险评估

风险通常是相互依存的。应依据组织结构考虑和评价风险间的相互依存关系。企业应关注企业内各层级的风险，但实际上各层级可能仅对其范围内的风险实施了控制。每个经营部门负责管理其面临的风险，但是可能会受到组织结构中上一级部门或下一部门风险事件的影响。企业的每个经营部门应认识到，自身遇到的许多风险，均可能对企业内其他部门产生影响。此外，还有大量工具可用来确定风险对企业的影响，如情景设计、敏感性分析、决策树、计算机模拟、软件包等。

在评估风险时，应留意的是概率与不确定性。特别是在识别出大量风险后，评估小组应逐个考虑风险、可能性以及发生的情况。需要强调的是，本质上来说，风险可能不会保持不变，也不是100%会发生。关于概率的另外一个基本规则是，不得将独立的概率估计相加，得出综合估值。

（三）确定风险评级和应对策略

1. 确定风险评级

一是检查风险评级，并得出一份列明潜在风险的清单。下一步是按照已确定的重大程度和可能性估值，计算风险评分，并识别最为重大的风险。根据影响及可能性，对风险进行优先次序的排列。二是对于评分较高的风险，其被称作风险推动因素或主要风险。然后，企业应将注意力继续放在这些主要风险上。三是进行优先次序排列时，不应仅考虑财务方面的影响，更重要的是考虑对实现企业目标的潜在影响。四是对非重大的风险应定期复核，特别是在外部事项发生变化时，应检查这些风险是否仍为非重大风险。

需要说明的是，有效的风险管理要求企业持续对风险进行重新评估，并且通过定期风险复核，控制风险情景并清楚应何时作出决策。

2. 应对策略

（1）风险规避。当风险潜在威胁发生的可能性很大，不利后果也比较严重时，企业应主动放弃或者停止与该风险相关的业务活动，这种通过终止行动方案的方式不失为规避风险的良策。

（2）风险降低。在实施风险降低策略时，最好将每一具体风险都控制在可以接受的水平上，单项风险减轻了，整体风险就会相应降低，成功的概率就会增加。风险降低策略是基于企业不愿意被动接受特定的后果分布状态，而通过自身努力改变不利后果的概率。为改变后果分布状态所做的努力，称为风险缓解。

企业成功地降低风险后，其成果分布状态将不再是极端的。不同的实际情况适用不同的风险降低方法。减少风险常用三种方法来实施：一是控制风险因素，减少风险的发生；二是控制风险发生的频率和降低风险损害程度；三是通过风险分散形式来降低风险，如在多种股票而非单一股票上投资。不愿"将所有的鸡蛋放在同一个篮子里"的企业采用的是风险分散策略。

（3）风险转移。对可能给企业带来灾难性损失的资产，企业应以一定的代价，采取某种方式转移风险。其目的是通过若干技术手段和经济手段将风险部分或全部转移给另一家企业、公司或机构承担。合同及财务协议是转移风险的主要方式。转移风险并不会降低其可能的严重程度，只是把风险从一方转嫁给另一方。

（4）风险保留。风险保留包括风险接受、风险吸收和风险容忍。对一些无法避免的风险，采取现实的态度，在不影响投资者根本或局部利益的前提下，将风险自愿承担下来。例如，在风险损失发生时，直接将损失摊入成本或费用，或冲减利润；风险自保是指企业预留一笔风险金进行预防，或者采取有计划地计提资产减值准备等政策。采取风险保留的策略，或者是因为这是比较经济的策略，或者是因为没有其他备选方法（如降低、消除或转移）。采用风险保留策略时，管理层需考虑所有的方案，即如果没有其他备选方案，管理层需确定已对所有可能的消除、降低或转移方法进行分析来决定保留风险。

（四）风险监测

一是对已识别的风险进行监测。二是监测内容应包括目标的实现过程，并关注新的风险和相关损失。三是风险监测可由程序的所有者或独立审查人员执行，如企业风险管理部门或内部审计师。四是内部审计师也常常能提供非常可靠且完善的信息，来监测已识别风险的当前状态。五是企业可能已执行了为识别较重大风险而精心设立的程序。但仍须定期对风险的当前状况进行监测，必要时对已识别的风险做出相关变更。

三、决策者风险偏好

根据决策者对风险的偏好程度可以划分三类，即风险回避者、风险追求者和风险中立者。

1. 风险回避者

风险回避者选择资产的态度是：当预期收益率相同时，偏好于具有低风险的资产；

而对于具有同样风险的资产，则钟情于具有高预期收益率的资产。

2. 风险追求者

与风险回避者恰恰相反，风险追求者通常主动追求风险，喜欢收益的动荡胜于喜欢收益的稳定。他们选择资产的原则是：当预期收益率相同时，选择风险大的，因为这会给他们带来更大的效用。

3. 风险中立者

风险中立者通常既不回避风险也不主动追求风险。他们选择资产的唯一标准是预期收益率的大小，而不管风险状况如何。

四、财务风险管理的方法

（一）时间顺序分类法

风险控制发生在企业风险管理的全过程中，根据风险发生的时间顺序可以分为如下三种。

1. 事前风险控制

企业在作出经营决策之前对其内部条件因素和外部环境因素进行详尽地分析综合估计各种风险因素，对企业的决策结果进行趋势预测，如果发现可能出现的风险因素，则提前采取预防性的纠偏措施，保证企业的经营决策始终能够沿着正确的轨道前进，从而达成企业目标。风险回避策略显然属于事前风险控制，其可以有效地消除不必要的风险产生的条件和机会，从而达到不需过多的精力和成本投入就能避免风险发生的目的。有效地避免风险措施理论上可以完全解除某种风险，即完全消除某种损失的可能性，但在现实经济生活中，事前风险控制措施的采用受到一定的限制，如当其涉及放弃某项活动时，同时也就部分或全部地丧失了从事该活动可能带来的利益。另外，由于风险回避常涉及改变生产工艺、工作地点等因素。一般说来，企业应该在该项活动的早期计划阶段就作出研究和决策，任何改变进行中的工作的企图都会造成极大的不便和产生昂贵的费用。

2. 事中风险控制

在决策实施过程中或风险发生过程中，企业对自身的决策行为和形势变化进行检查，对照既定的标准判断是否合适，如果发现了风险成因，就立即采取措施，快速反应，对企业的决策行为进行调整、修正。这种方式类似于开关功能，故称之为开关型风险控制。由于风险随时可能发生，并且风险事件的发生时间极其短暂，因此事中风险控制需要企业决策者具有高度的风险感知度，能够对风险事件及时处理。一般来说，企业的应急连锁反应、成立突发事件特别行动小组等属于事中风险控制决策措施。

3. 事后风险控制

事后风险控制要求企业将企业决策的结果与预期结果进行比较与评价，然后根据偏差情况查找具体的风险成因，总结经验教训，对已发生的错误或过失进行弥补，同时调整企业的后续经营决策。事后风险控制需要完成两项任务，一是尽可能地减少风险损失，二是调整企业决策思路，减少风险再次发生的可能性，以指导企业今后的实践。

（二）内容分类法

企业风险控制是一项复杂的系统工程，它需要综合运用数理统计、经济学、逻辑推理等多学科的知识，并且需要涉及多方面的内容。根据风险控制的处理对象，其可以作以下分类。

1. 风险因素控制

企业风险控制因素通常包括财务、生产、销售、质量、人力资源等方面。财务风险控制包括财务预算，对财务的收益性指标、安全性指标、流动性指标、成长性指标、生产型指标等的控制；生产风险控制包括对产品品种、质量、数量、成本、交货期及售后服务等因素的控制；销售控制主要包括对企业的产品竞争力、产品价格、销售渠道、促销行为等的控制；质量控制不仅是对产品质量的控制，还包括工作效率、设计、信息工作等一系列的质量控制；人力资源控制在于为企业选拔合适、优秀的人才，营造良好的企业文化和工作氛围，提高组织效率。

2. 风险事态控制

风险因素控制主要是对企业日常经营活动中的某一部门或某一领域的风险进行控制，风险事态控制往往并不局限于此。它通过对企业既成风险事件进行全面诊断，分析风险成因，预测风险隐患，采取积极有效的风险处理措施以尽可能地减少风险损失，避免事态的扩大对企业的进一步不利影响。风险事态控制通过对风险事件的及时处理来控制风险，往往需要同时涉及多个风险因素，因此风险事态控制相对于风险因素控制更具后验性和综合性。

（三）导向分类法

企业对于风险的承受能力是一定的，而风险控制的最终目的是将风险控制在企业可以承受的范围内。企业风险控制的目的在于，将可能发生的风险限制在企业风险承受能力范围内。由以上分析可以得出，企业风险控制得以改变的部分是可控风险，这一部分越大表明企业对风险的驾驭能力越强，企业最终遭遇的风险也将越小。基于此，风险控制可以分为如下两类。

1. 概率导向风险控制

由于可控风险，企业对其进行控制的首要策略就在于降低，即减少风险事件发生的概率。概率导向风险策略通常应用于风险事件发生前，而风险回避策略是试图将风险发生概率减少到零。当然风险发生的绝对零概率是不可能的，但概率导向风险控制不失为一种积极的风险防御策略。风险投资公司在将风险资金投入风险企业时，通过对风险企业提供的商业计划书进行详尽的尽职调查、积极寻找联合投资合作伙伴、明确分段投资方式和投资条件、筛选合适的职业经理人和管理团队、完善委托代理的奖励监督机制等，都可以有效地控制风险投资过程中的风险发生概率。

2. 损失导向风险控制

损失导向的风险控制策略应用于两种情况。第一种情况是当风险事件发生的概率一定时，企业无法回避风险或是减小风险发生的概率，如系统风险，包括政治事件、自然灾害、经济萧条等。此时，损失导向风险控制就在于减少可能的风险损失。比如，通过战略联盟或联合投资等策略，企业可以控制市场中的非系统风险，实现风险不守恒，降低合作双方所需承担的总风险或合作各方承担的风险。第二种情况在于当企业的原有风险和风险发生的概率都无法调整时，即风险不可降低和回避时，损失导向的风险控制需要企业在风险发生后，积极应战，尽可能地减少风险损失，从而使得实际遭遇的风险在承受能力范围内。

第二章　财务风险管理的类型及影响因素

尽管财务风险在近几年才开始大幅升高，但风险和风险管理却由来已久。由于市场全球化程度的不断提高，即使几千公里以外发生的与国内市场毫不相干的事件，也有可能导致财务风险的产生。信息可即时获得，意味着各种变化以及随之而来的市场反应将会更加快速地发生。

汇率、利率以及商品价格的变化很快就会影响经济气候和市场，相关的市场参与者可能很快也会出现问题。因此，准确识别和管理财务风险变得十分重要。做好准备是风险管理的关键一环。

第一节　财务风险管理内容

一、风险的含义

有风险才有机会，风险是机会存在的基础。风险与风险敞口这两个名词在含义上有着细微的差别，尽管这两个名词经常可以互换使用。风险指的是损失的概率，而风险敞口指的是损失的可能性。风险的产生是风险敞口的结果。

金融市场风险敞口会直接或间接地影响许多企业。当某个企业具有金融市场风险敞口时，它有可能遭受损失，同时也有可能获得收益或利润。金融市场风险敞口可能会给企业带来战略性或竞争性的优势。

风险是市场价格变化这类事件引起的损失的概率。那些发生概率较小但能导致巨大损失的事件尤其令人头疼，因为这类事件通常无法预料。风险也可被描述为回报可能的波动性。

风险并不总能也没有必要被完全消除，因此理解风险这一概念对于决定如何进行风险管理至关重要。识别风险敞口与风险，是制定恰当财务风险管理战略的基础。

二、财务风险的产生

财务风险产生于各种具有财务性质的交易之中，这些交易包括销售和购买、投资和借贷以及其他各种各样的商业活动。法律行为新项目、企业收购和兼并、举债筹资以及能源成本的变化，都有可能导致财务风险的产生。同样，管理层、利益相关者、竞争者和外国政府的活动甚至天气变化，也有可能导致财务风险的产生。

价格的剧烈变动会使企业的成本增加、收入减少，即会对企业的盈利能力产生负面影响。这种财务上的波动可能还会使计划和预算、产品和服务定价以及资本配置变得更加困难。

财务风险有三个主要来源：

（1）企业在利率、汇率和商品价格等市场价格变化方面的风险敞口导致的财务风险。

（2）供应商、客户及衍生工具交易，对方等其他企业的行为及与其进行的相关交易导致的财务风险。

（3）企业内部行为或失误（特别是人员、流程、系统方面的失误）导致的财务风险。下述各章节将对这三个来源展开更为详细的论述。

三、财务风险管理的含义

财务风险管理是应对金融市场导致的不确定性的过程。它包括评估企业面临的财务风险和制定财务风险管理战略两个部分。其中，管理战略的制定应与企业内部的工作重点和政策相一致。提前应对财务风险能提高企业的竞争力，同时也能确保管理层、操作人员、利益相关者以及董事会在有关风险的重大问题上达成一致想法。

要进行财务风险管理，企业必须确定哪些是可接受或不能接受的风险。不采取任何措施的被动战略意味着默认接受了所有风险。

企业可利用多种战略和工具进行财务风险管理。企业需要理解如何根据自身的风险容忍度和风险目标，运用这些工具和战略来降低风险。

风险管理战略通常都涉及衍生工具。衍生工具是金融机构之间以及场内交易中广泛应用的交易工具。期货、远期、期权以及互换等衍生工具合约的价值，都是从其标的资产的价值中派生出来的。利率、汇率、商品、股票、固定收益证券、信用甚至天气等都可以作为标的资产。

市场参与者为管理财务风险所用的工具和战略，与投机者为提高杠杆作用和风险所用的工具和战略是一样的。尽管有人认为衍生工具的广泛应用加剧了财务风险，但衍生工具的存在确实能够让那些想降低风险的人将风险转移给那些寻求风险及其机会的人。

人们非常希望能够预测财务损失发生的可能性。然而，标准概率理论用于金融市场分析时却经常失效。风险通常并不是孤立存在的，若想清楚财务风险是如何产生的，我们就不得不考虑数种风险敞口之间的相互作用。有时候这些相互作用很难预测，因为它们最终取决于个体行为。

财务风险管理是一个持续进行的过程。财务风险战略的实施需要根据市场和条件的变化而不断进行调整，以反映出市场利率预期的变化、商业环境的变化或国际政治条件的变化等。一般而言，这一过程总结如下：

（1）识别主要的财务风险并区分优先顺序。

（2）确定合适的风险容忍度水平。

（3）实施与风险管理政策相一致的风险管理战略。

（4）对风险进行度量、报告、监控，并根据需要进行调整。

1. 多元化

多年来，对某项资产的风险评估只考虑了其回报的波动性。与之相反，现代资产组合理论不仅考虑该项资产的风险，而且还考虑将其添加到资产组合中后，它对该组合的总体风险的影响。通过分散风险，企业有可能降低风险。

从资产组合管理的角度来讲，向资产组合添加单项资产，能在一定程度上提高多元化程度。多元化的资产组合包含着多种网报率不同的资产。换言之，这些资产彼此之间是弱相关或负相关的。企业可以将风险敞口看作资产组合，并且考察该组合的变化或资产的增加对总体潜在风险的影响。

多元化是财务风险管理的重要工具。将交易对方多元化可以降低违约等意外事件对企业造成负面影响的风险；将投资资产多元化可以降低由于某发行人破产而遭受的损失；将客户、供应商以及融资渠道多元化，可以降低管理层所不能控制的外部因素变化对业务造成负面影响的可能性。尽管实行多元化后企业遭受损失的风险仍然存在，但多元化却能一定程度上降低出现巨大不利结果的可能性。

2. 风险管理过程

风险管理过程由一系列战略组成，这些战略使得企业能够管理与金融市场相关的风险。风险管理是一个动态的过程，应该与企业及其业务共同发展。它涉及并影响企业的多个方面，包括资金管理、销售、营销、法律、税务、商品和公司理财等。

风险管理过程包括内部分析和外部分析。该过程的第一部分是识别企业面临的各种财务风险并排出优先顺序，厘清它们之间的相互关系。为此，有必要考察企业及其产品、管理层、客户、供应商、竞争者、定价、行业趋势、资产负债结构及行业等因素。企业也有必要考虑利益相关者及其目标和风险容忍度。

一旦对风险的产生有了清晰的认识，企业就可以实施与风险管理政策相一致的风险管理战略。例如，可以改变开展业务的地点和方式，从而降低企业的风险敞口和风险；

也可以利用衍生工具对现有风险敞口进行管理。风险管理的另一种战略就是接受所有的风险和遭受损失的可能性。

风险管理有三种备选方法：

（1）不采取任何措施，主动或被动地接受所有风险。

（2）确定哪些风险敞口可以而且应该进行套期保值，然后对这部分风险敞口进行套期保值。

（3）对所有可能的风险敞口进行套期保值。

无论在决策者采取战略降低风险之前或之后，风险度量和报告都为他们提供了实施决策和监控结果所需的信息。风险管理是一个持续的过程，风险报告和反馈可以用于调整和改进风险管理战略，从而使整个风险管理系统变得更加完善。

积极的决策制定过程是风险管理的重要组成部分。降低潜在风险和损失的决策，为讨论重大问题及利益相关者的不同意见奠定了基础。

第二节　财务风险管理的类型

主要市场风险源于汇率、利率和商品价格等金融市场价格的变化。主要市场风险通常是企业所面临的最为明显的财务风险。主要市场风险包括外汇风险、利率风险、商品价格风险、股票价格风险。其他重要的相关财务风险包括信用风险、操作风险、流动性风险、系统风险。

数种风险相互作用可能会改变或放大它们对企业的潜在影响。例如，企业可能同时面临着商品价格风险和外汇风险。如果这两个市场都朝着不利的方向变动，该企业可能会遭受巨大损失。

一、利率风险

利率风险有若干来源，其中包括：

（1）利率水平的变化（绝对利率风险）。

（2）收益率曲线形状的变化（收益率曲线风险）。

（3）风险敞口与风险管理战略之间的不匹配（基差风险）。

利率风险是利率变化对企业盈利能力或资产价值造成不利影响的概率。利率风险会影响很多企业，包括借款人和投资者。它对资本密集型行业或部门的影响尤其明显。

利率变化通过资金成本影响借款人。比如，以浮动利率借款的公司借款人就面临着利率上升而使公司资金成本增加的风险。固定收益证券组合也会有利率风险，这种风险包括持有资产的收益率以及资本利得或损失的风险。

1. 绝对利率风险

绝对利率风险是由利率发生方向性变动（或升或降）的可能性所导致的风险。由于绝对利率风险易于观察，而且可能影响盈利能力，因此大多数企业都在风险评估中对其实施监控。

从借款人的角度来看，利率上升可能会提高项目成本，或者改变融资或战略方案，从投资者或贷款人的角度来看，利率下降会在投资相等的情况下降低利息收入，或者使持有的投资获得较低回报。在其他条件相同的情况下，久期越长，利率的影响就越大。

对绝对利率风险进行套期保值最常用的方法，是将资产和负债的久期匹配起来，或者用固定利率借款或投资来取代浮动利率借款或投资。另一种套期保值方法是使用远期利率协议、互换协议和利率上、下限期权及封顶保底期权等工具。

2. 收益率曲线风险

收益率曲线风险是由于短期和长期利率之间的关系发生变化而导致的风险。在正常的利率环境中，收益率曲线的形状是向上倾斜的。长期利率高于短期利率，因为期限越长，贷款人的风险越大。收益率曲线是陡峭还是平坦，会改变不同期限的利率之间的差额，从而影响到企业的借款或投资决策进而影响盈利能力。

在收益率曲线倒挂的情况下，对短期资金的巨大需求使短期利率高于长期利率。收益率曲线的形状可能对应大部分期限或只在局部向下倾斜或比较平坦。在这样的环境中，期限较长的利率受到的影响可能比短期利率小。当企业的资产与负债之间存在不匹配时，应将收益率曲线风险作为利率风险的一部分加以考查。

当收益率曲线变得陡峭时，长期利率高于短期利率，这是由长期资金需求的增加引起的。也有可能是短期利率在长期利率保持相对稳定的情况下有所下降。收益率曲线越陡峭，短期利率与长期利率之间的差值就越大，债务的展期成本就越高。如果借款人面临的是一条陡峭的收益率曲线，锁定长期借款的成本就会比锁定短期借款的成本高得多。

收益率曲线越平坦，长期与短期的利差就越小。例如，当长期利率下降而短期利率保持不变时就会出现这种情况，也有可能是短期资金需求略有上升，而长期资金需求没什么变化。收益率曲线越平坦，不同到期日之间的利差越小，因而债务的展期成本越低。

根据收益率曲线的走势选择使用衍生工具（利率期货和远期协议）的战略以及使用利率互换协议的战略，都可以充分利用收益率曲线的形状变化带来的好处。任何时候，只要资产与负债之间存在着不匹配，就应考虑收益率曲线。

3. 再投资或再融资风险

在投资或债务到期后按当期市场利率进行再投资或再融资时，如果当期利率不如预期的有利，就会产生再投资或再融资风险。不能确定的预测再投资利率，可能会影响投资或工程的整体盈利性。

短期货币市场的投资者面临着现有投资到期时市场利率可能下降的风险。购买可赎回债券的投资者也面临着再投资风险。如果证券发行人因为利率下降而将债券赎回，投资者将不得不按下降了的利率重新投资。与之类似，通过发行商业票据为长期项目融资的借款人，也面临着展期或再融资时利率可能升高的风险。因此，将融资的久期与基础项目的久期进行匹配，会减小再融资风险敞口。

4. 基差风险

基差风险是指套期保值工具（衍生工具合约）波动的方向和幅度无法抵销标的风险敞口而导致的风险。任何时候，只要可能存在不匹配，都应考虑基差风险问题。有时，由于合适的套期保值工具过于昂贵或无法找到，某种套期保值工具会被用作代理套期保值TJL以应对标的风险敞口，这种时候就可能存在基差风险。基差可能缩小，也可能扩大，从而带来收益或生产损失。

狭义的基差风险用于描述期货价格。基差是现货与期货价格之间的差额。两种价格之间的关系会随时间而改变，并影响套期保值的效果。例如，如果债券期货的价格波动幅度与标的利率风险敞口的波动幅度不一样，套期保值者就有可能因此遭受损失。

如果期货价格由于受到限制而不能完全反映标的市场的变化，也会产生基差风险。例如，对于一些规定了价格单日波动限幅的期货合约，这种情况就可能发生。在单日市场出现较大波动的情况下，一些期货合约的当日价格波幅可能达到了上限，就无法继续变动，因而不能完全反映市场变化。

二、外汇风险

外汇风险产生于交易、会计和经济风险敞口。在以商品为基础的交易中，如果商品价格的确定和商品交易都是用外币进行的，也有可能产生外汇风险。

1. 交易风险敞口

交易风险通过损益表中的各项目影响企业的盈利性。它产生于企业的普通交易中，包括从商品供应商和其他供应商那里购买货物，用其他货币进行的合约支付，支付专利使用费和执照费，用本币以外的货币向顾客销售产品等。购买或销售用外币标价的产品或服务的企业，通常都面临交易风险敞口。

在全球经济中，交易风险管理可能成为影响企业竞争力的重要决定因素。几乎所有企业都会受到交易风险直接或间接的影响。

2. 会计风险敞口

会计风险通常指的是对财务报表进行会计折算而引起的波动，特别是资产负债表上资产与负债的变动。只要将资产、负债或利润从营业货币转为报告货币（母公司的报告货币），就会产生会计风险敞口。

从另一角度来看，会计风险会影响用外币表示的资产负债表中项目的价值，如应付或应收账款、外币现金和存款以及外币债务等，从而对企业产生影响。与涉外业务相关的长期资产或负债尤其会受到影响。

外币债务也可看作会计风险的来源之一。如果某企业用外币借款但没有对应的外币资产或现金流，那么外币对本币的升值就意味着外币债务折算后的市场价值也升高了。

3. 商品价格导致的外汇风险敞口

因为国际上很多商品都是用美元标价和交易的，商品价格风险会给非美国企业带来间接的外汇风险。即使购买或销售是以本币进行的，汇率也还是有可能被包含在商品价格里，或者构成商品价格的一部分。

在多数情况下，像其他交易一样，商品供应商要么将汇率变化造成的损失传递给他们的客户，要么由自己承担。

通过将风险分析为货币部分和商品部分，企业可以独立评估这两种风险，确定合适的战略来应对价格和汇率等的不确定性，并实现最有效的定价。

企业以通过固定汇率合约来规避汇率风险。如果汇率朝着不利的方向变动，使用者就可以获得汇率保护。然而，如果汇率朝着有利的方向变动，合约购买者若没有固定汇率的约束反而能获得额外收益。后见之明于事无补，当风险敞口同时涉及商品和汇率时，套期保值者对风险敞口和套期保值市场都应有充分理解。

4. 战略风险敞口

主要竞争者的地理位置及其活动可能成为企业外汇风险敞口的重要决定因素。由于汇率的变动，战略或经济风险敞口会影响企业的竞争地位。经济风险（对国际客户的销售量下降）不会在资产负债表上表现出来，但其影响却会在损益表中得到相应体现。

例如，如果本币大幅升值，国内公司就会发现，虽然它千方百计降低生产成本，尽量压低销售价格，它的产品在国际市场上还是太贵。而如果该公司的竞争者恰好处在弱币环境中，那么其竞争者即使不采取任何行动，出口到国际上的产品还是要比该公司的价廉。

三、商品风险

绝对价格变化风险敞口是指商品价格上升或下降的风险。只要企业生产或购买商品，或者它的生存与商品价格相联系，它就会面临商品价格风险。

有些商品无法进行套期保值，因为该种商品没有有效的远期市场。一般而言，如果远期市场存在，期权市场就可能发展起来。期权市场既可以是交易所的形式，也可以是机构间的场外交易形式。

作为场内交易商品市场的替代物，很多商品供应商向客户提供远期合约或固定价格合约。金融机构在市场存在或有助于规避自身风险的情况下，也会向客户提供类似的产品。在有些市场上，尽管金融机构可以从事商品衍生工具交易，但其所能够从事的商品交易类型却受到了相关法规的限制。

1. 商品价格风险

必须购买或销售的商品的价格有可能变化时，商品价格风险就会出现。如果非商品业务的投入、产品或服务与商品相关，那么非商品业务也会产生商品风险敞口。

商品价格风险会影响消费者和最终用户，如制造商、政府加工商和批发商等。如果商品价格上升，购买商品的成本就会增加，交易的利润就会下降。

价格风险同样也会影响商品生产者。如果商品价格下降，产品收入下降，进而营业利润也会下降。价格风险通常是影响商品生产者生存的最重要的风险，应灵活应对它。

本地卖方和买方为了照顾本地客户，很可能会以本币设定商品价格。然而，如果以本币进行交易的商品通常是用其他货币进行交易（美元）的话，汇率就会成为影响该种商品总体价格的因素，这时就要进一步将货币风险敞口考虑进去。

有些企业通过用本币报价来帮助客户进行风险管理。企业可以在一段时间内固定商品的价格，或者在改变商品价格的同时允许客户以固定的汇率计算本币价格。在后一种情况下，货币风险完全由商品供应商承担。而对小企业和那些只偶尔购买某种商品因而不愿自己进行风险管理的企业而言，这两种方案都很有效。

2. 商品数量风险

企业对商品资产的需求是数量风险产生的原因；尽管数量与价格密切相关，数量风险仍然是一种商品风险，因为供给和需求是实物商品的关键要素。

例如，如果一个农民预期其产品的需求很高并相应地安排生产，那么他就面临着市场需求低于所生产的产品数量的风险。市场需求过低，可能是若干该农民不能控制的原因所导致的。这种情况一旦发生，即使价格没有大幅变动，该农民也会因为不能将产品全部出售而遭受损失。而签订规定了最低商品数量的固定价格合约，就可以规避这种风险。

3. 期货顺价和期货倒价

在正常市场即期货顺价（Contango）市场上，未来交付的商品的价格高于现金价格或现货价格。较高的远期价格与从交易日到交付日持有商品的成本相对应，其中包括融资、保险和仓储等成本。现货买方会负担这些成本而期货买方不会。因此，期货卖方通常会要求一个较高的价格以补偿较高的成本。

一般来说，迟延交付的时间越长，卖方收取的仓储费就越高。当交割期临近时，远期或期货价格会与现金或现货价格逐渐一致。

市场并非总是遵循正常的价格结构。当市场对现货或近期交付的商品的需求超过供给，或供给出现问题时，就会出现市场价格倒挂即期货倒价。如果市场参与者哄抬现货的价格，近期交付的商品价格就会超过远期交付的价格。

商品市场如果在一段时间中保持期货倒价状态，则很有可能给企业带来损失。或许公司猜测期货倒价状态还会持续，因而制定了相应的套期保值和交易战略。结果，当市场从期货倒价状态恢复到正常价格结构时，公司就会遭受巨大的损失。

4. 商品基差

基差是任何时点上现金或现货价格与期货或远期价格之间的差额。现货和期货价格之间的差额改变所导致的基差的变化，意味着套期保值者额外的收益或损失。远期或期货合约虽能规避一定价格风险，但不一定能规避基差风险。

假设现货和期货都是完全相同的商品，当期货合约临近交割日时，期货价格会向现货价格收敛，商品基差就会消失。基差变化可能给套期保值带来重大损失。

基差这一术语在期货市场上具有特定含义，在商品市场上也可以指特定的商品特性所带来的差异，如交货时间或地点质量。地点基差计算指的是通过调整市场价格（期货交易所决定的价格）来反映当地特征和价格。基差随时间而变。对使用不完全套期保值的套期保值者而言，基差也是一种风险来源。

四、信用风险

信用风险是金融界和商业界最普遍的风险之一。总的来说，当企业有未收回的欠款或必须依赖于其他公司向它支付或代表它支付时，就应该考虑到信用风险问题。如果交易对方对企业不存在净负债，那么对方的破产对企业来说就不是太大的问题，不过这在某种程度上还取决于法律环境的约束，以及单个合约中的资金是按净额计算的还是按总额计算的。证券发行人等主体的信用质量的恶化，会使企业持有的证券的市值下降，因而也是一种风险来源。

到期时间、结算时间或期限越长，信用风险就越高。由国际性监管者缩短特定类型的证券交易的结算时间，是降低系统风险的一种尝试，系统风险建立在单个市场参与者风险的基础之上。当利率升高或经济基本面不佳时，系统风险也会升高。

所有依赖于他方进行支付和履行合约义务的商业和金融交易，都会使企业面临信用风险。交易对方风险敞口所导致的风险，通常被称为交易对方风险。

1. 违约风险

当借款人无力或不愿偿还所借款项时，就会产生违约风险。这种风险在放贷或投资中都会出现。风险数额等于违约数额减去可以从借款人那里收回的数额。在很多情况下，违约数额占了贷出资金的大部分甚至近乎全部。

2. 交易对方结算前风险

除了结算风险，当对方违约或不按合同规定的条款履行义务时，企业就很可能需要按远不如之前的价格签订新的合同，这时也会产生交易对方风险敞口。假设不要求全额结算风险数额就等于企业被欠的未来现金流的净现值。

潜在的未来交易对方风险敞口是对市场利率发生有利变动时的潜在未来重置成本的概率估计。市场利率变动对套期保值者有利，意味着套期保值者面临更大的未实现收益，但也意味着违约事件发生时更大的损失。风险数额就等于该企业可能被欠的未来现金流的净现值。

3. 交易对方结算风险

当发生与合同相关的支付行为，特别是交易双方间的交叉支付时，结算风险就会产生。它有可能导致巨大的损失产生，因为如果交易一方在结算过程中无法履约，交易双方间的全部支付数额都会面临风险。因此，由支付的性质所定，风险数额可能相当可观，因为名义数额可能全部面临风险。因为可能带来损失，结算风险是主要的市场风险之一。市场参与者和监管者都在采取措施降低这种风险。

结算风险同样存在于场内交易合约中。不过场内交易合约的交易对方通常是清算机构或清算所，而非个体机构。

4. 主权或国家风险

主权风险包括各种影响国际交易和资金跨境流动的法律、监管和政治风险。它通常产生于政府和国家行为当中，并且通常会导致显著的金融波动。任何对非国内企业的风险敞口都涉及对相关主权风险的分析。在政治不稳定地区，考虑主权风险尤其重要。

5. 集中风险

集中化是信用风险的来源之一。企业若对集中化程度较高的部门存在信用风险敞口，就面临着集中风险。由于行业或地区影响而未多元化的企业就存在着集中风险。尽可能提高多元化程度，可以非常有效地规避集中风险。

6. 法律风险

交易方无权或无力合法从事交易（特别是衍生工具交易）的风险，就是法律风险造成的。过去，交易方因未结算的衍生工具合约而遭受损失时，往往会发现是由于法律风险造成的。因为许多衍生工具交易参与者都是企业为特殊目的而建立的全资子公司，所以交易方的法律结构就成为与法律风险相关的问题。

如果某实体的员工有足够的权限参与衍生工具交易，而该实体自身却没有，这时也会产生法律风险并可能导致产生损失。因此，企业必须确保交易对方有足够的法律权限参与交易。

五、操作风险

操作风险是由人为差错和欺诈行为、流程和程序以及技术和系统引起的风险。操作风险是企业面临的最大的风险之一，因为它可能造成多种损失，而且一旦发生，损失就会特别大。

1. 人为差错和欺诈

多数商业交易都涉及人的决策制定和人际关系。金融交易的规模和数量使得重大差错或欺诈的潜在破坏作用特别巨大。

2. 流程和程序风险

流程和程序风险指的是流程、程序、控制、监控和平衡等的缺失或无效而造成不利后果的风险。控制不足就是一种程序风险。

3. 技术和系统风险

技术和系统风险指的是产生于支持企业流程和交易的技术和系统中的操作风险。

六、其他类型的风险

其他类型的风险包括股票价格风险、流动性风险和系统风险，这些风险同样是金融市场参与者所关心的。内嵌期权风险也是应考虑的因素。

1. 股票价格风险

股票价格风险会影响那些持有股票或其他表现与股票价格挂钩的资产的机构投资者。例如，投资于养老基金的企业就有可能面临股票价格风险，因为它的收益依赖于股息流以及股票价格的有利变动所带来的资本利得。这种风险敞口可能是针对一只或多只股票的，也可能是针对某行业甚至整个市场的。

股票价格风险也会影响企业通过出售股权及与股票相关的证券来为经营融资的能力。因此，股票价格风险与企业获得充足资金或流动性的能力也有一定关系。

2. 流动性风险

流动性影响所有市场。它影响企业购买或出售某种证券或债务的能力（不管这种购买或出售是出于套期保值目的还是出于交易目的），或者进行平仓的能力。流动性也可以指企业有履行短期义务的资金实力。

流动性评估通常是主观的，并且涉及定性评价。流动性指标包括市场上活跃的金融机构的数量、平均买卖价差和交易规模，有时也包括价格波动程度。

流动性风险难以被度量或预测，但是企业可以尽量减少高度定制化的交易或非正常交易，或者减少流动性依赖于很少几个交易方的交易，因为这种交易的流动性可能很差。

企业没有足够的流动性来维持日常经营，是流动性风险的另外一种形式。企业如果在短期内出现现金不足，即使长期发展能实现足够的收入或销售，依然会出现流动性问题，这时就不得不作出可能对长远发展有害的决策。

3. 内嵌期权

内嵌期权是授予有价证券持有者或合约缔约方的期权，能向他们提供特定的权利。允许买卖某种东西是一种期权，它本身具有价值。比如，允许借款人在贷款到期日前偿还贷款就是一种期权。在这种情况下，如果借款人提前还款时必须支付一定的费用，那么这项期权就是有成本的。如果不需支付任何费用就可提前还款，这项期权对借款人来说就是免费的（至少看起来是这样的），不过至少部分期权价值会隐含在贷款利率中。

内嵌期权通常是在企业发行的债券中包含的可赎回或可提前偿还等期权，以及其他一些类似的特征。内嵌期权也可能存在于企业与客户或供应商达成的定价合约中或固定价格商品合约中。期权持有者是拥有权利的一方，期权发行者是对内嵌期权履行义务的一方。

企业在制定风险管理决策时，经常会忽视或不重视内嵌期权。然而，内嵌期权会影响企业的潜在风险，同时也为风险管理提供了机会，因而应受到重视。

4. 系统风险

某个大型金融机构的破产，会引发"多米诺"效应，导致一系列企业破产，从而威胁到整个金融系统的完整性，这种风险就是系统风险。单个企业除了严格遵循风险管理原则以外，很难有办法降低系统风险。较大的交易量（特别是外汇和证券交易）能提高市场流动性，从而使市场参与者受益。然而，较大的交易量也提高了系统风险。技术故障和重大事故也会导致系统风险。

第三节　财务风险管理的影响因素

一、影响利率和价格的因素

利率和价格受到许多因素的影响。我们有必要首先对这些因素进行了解，因为它们最终会影响企业的潜在风险。

1. 影响利率的因素

利率是许多市场价格的关键组成部分，是经济状况的重要晴雨表。利率由实际利率加上预期通货膨胀率组成，因为通货膨胀会降低贷款人资产的购买力。期限越长，不确定性越大，利率也就越高。利率同时也反映了资金供求状况和信用风险。

利率对企业和政府来说尤其重要，因为利率是构成资本成本的关键因素。大多数企业和政府都需要通过发债来实现扩张和投资于资本项目。利率上升会对借款人造成显著影响，同时，利率也影响着金融市场上的其他价格，因而利率变化的影响非常深远。

构成利率的其他因素还包括反映借款人信誉的风险溢价。例如，政治和主权风险的威胁会使利率上升，有时上升幅度还很大。因为这些情况会导致违约风险的提高，投资者理应要求得到额外的补偿。

影响市场利率水平的因素包括：

（1）预期通货膨胀水平。

（2）总体经济状况。

（3）货币政策和中央银行的态度。

（4）外汇市场活动。

（5）外国投资者对债券的需求。

（6）未偿国债的水平。

（7）金融和政治稳定性。

2. 收益率曲线

收益率曲线通过图示反映不同期限的证券对应的收益率。例如，收益率曲线可以反映期限从1天（隔夜）到30年所对应的收益率。采用的收益率通常是零息政府债券的收益率。

因为当前利率是对未来预期的反映，因此收益率曲线可以提供市场对未来利率预期的有用信息。利用收益率曲线所包含的信息，我们可以计算出从未来某个时点开始的期限的隐含利率。例如，使用1年期和2年期利率，我们就可以计算出1年后的预期1年期利率。

市场参与者对收益率曲线的形状进行了广泛的分析和监控。作为一种对预期的度量，收益率曲线常常被视为未来经济活动的预测器，还可能预示经济基本面即将发生的变化。

正常情况下收益率曲线是向上倾斜的，斜率为正。这是因为占用资金的期限越长，贷款人/投资者对借款人所要求的利率就越高。借款人违约的概率会随着期限的增加而提高，因此贷款人需要得到相应的补偿。

构成收益率曲线的利率同样受到预期通货膨胀率的影响。除了本金和风险溢价部分以外，投资者至少要从借款人那里得到按预期通货膨胀率计算的利息。如果投资者预期未来通货膨胀率会升高，则期限越长，投资者要求的补偿这种不确定性的溢价就会越高。因此，在其他条件相同的情况下，期限越长，利率就越高，这致使收益率曲线向下倾斜。

个别情况下，如果短期资金需求猛增，短期利率就会上升，并可能超过长期利率，这就会引起收益曲线倒挂，变为向下倾斜。取得短期资金的高成本会减少本可以通过投资或扩张取得的收益，并且使经济变得易于衰退或萧条。利率上升最终会降低对短期资金和对长期资金的需求。当经济衰退发生时，各种利率都会下降，收益率曲线的形状也可能重新恢复常态。

3. 利率决定理论

用于解释利率期限结构及收益率曲线的一些主要理论有：

（1）预期理论认为，远期利率代表预期的未来利率。因此，收益率曲线的形状及利率的期限结构是对市场总预期的反映。

（2）流动性理论认为，如果给予投资者额外的收益作为对缺乏流动性的补偿，投资者就愿意接受较长的利率期限。因此，该理论认为远期利率中包含着流动性溢价和利率预期的成分。

（3）习惯偏好理论认为，对于那些更偏好某种期限的投资者，只要给予恰当的补偿，就可以说服他改变对利率期限的选择。这意味着，收益率曲线的形状取决于市场参与者的策略。

（4）市场分割理论认为，不同的投资者因其业务性质和投资限制的不同，具有不同的投资时间范围，并且不会为了获得利率上暂时的好处而过多改变到期日。因此，投资时间范围较长的公司可能不会对短期的利率收益感兴趣。

二、影响汇率的因素

汇率由货币的供求决定，而货币的供求又受到经济中的要素、对外贸易和国际投资者活动的影响。资本流动由于其规模之大，流动性之强，也是决定汇率的重要因素。

在实行浮动汇率制即由市场决定汇率的国家，影响利率水平的因素也同样会影响汇率。汇率对利率变化、预期利率变化以及主权风险等因素相当敏感。一些影响汇率的主要因素有：

（1）不同货币实际利率的差值。

（2）以其他货币进行的贸易活动。

（3）国际资本和贸易流量。

（4）国际机构投资者的观点。

（5）金融和政治稳定性。

（6）货币政策与中央银行。

（7）本国债务水平（负债与 GDP 的比率）。

（8）经济基本面。

1. 汇率的主要决定因素

在过去，与他国进行的商品和服务贸易是汇率波动的主要决定因素，市场参与者为了了解货币的未来走势，需要严密监控贸易流量统计数据。如今，资本流动也成为影响汇率波动的重要因素，因而也日渐引起人们的密切关注。

在假定其他风险相同的情况下，短期实际利率较高的货币会比短期实际利率较低的货币更加吸引国际投资者，这些货币之所以更有吸引力，还得益于资本的流动性。

资本的自由流动使企业能够自由进行跨国投资和撤资，也使资本有更多机会获得更为安全的回报。一些货币在经济动荡时期特别具有吸引力，瑞士法郎、加元和美元都曾于不同时期成为"避风港"货币。

远期外汇市场与利率市场密切相关。在货币自由兑换的条件下，交易者可以不断地在远期外汇市场和利率市场之间进行套利，从而确保利率平价。

2. 汇率决定理论

用于解释汇率如何被决定的理论包括：

（1）购买力平价理论。该理论部分建立在"一价定律"的基础之上。购买力平价理论认为，不考虑流动性和其他问题的情况下，当不同国家的商品和服务的价格一样时，汇率即处于均衡状态。对于同一种产品，假设两国间的结构关系没有发生变化，如果本国价格比另一国上涨得多，那么本国货币相对另一国货币的价值就会下跌。

（2）国际收支法的观点认为，汇率是由贸易和资本交易形成的，而贸易和资本交易又影响着国际收支平衡。当国内和国际的贸易与资本交易都达到均衡时，汇率就处于均衡状态。

（3）货币论的观点认为，汇率是由货币供给与需求之间的平衡决定的。相对于贸易伙伴国，当一国货币供给增加时，其物价就会上涨，货币就会贬值。

（4）资产理论认为，外国投资者选择持有某国货币，是基于与他国相比的实际利率等因素。

三、影响商品价格的因素

实物商品的价格受供求关系的影响。与金融资产不同，商品价格同时还会受到诸如物理状况和地理位置等因素的影响。

商品供给是产量的函数。如果出现与商品的生产或交付有关的问题（粮食歉收或劳务纠纷），供给就可能会下降。对于某些商品来说，供给和需求的季节性变动是很正常的，出现短缺也很寻常。

如果最终消费者能获得成本更低的替代品，商品的需求就会受到影响。如果存在供给或成本问题，消费者的偏好就可能发生较大的转变，也会影响需求。

商品交易者对某些商品的价格变化趋势非常敏感，这可以体现出经济周期的不同阶段。比如，在经济周期的末期，由于经济扩张和需求的增加，基础金属的价格可能上涨。这些商品的价格被作为前导性指标而受到监测。

商品价格受到许多因素的影响，其中包括：

（1）预期通货膨胀水平，特别是贵金属的预期通货膨胀水平。

（2）利率。

（3）汇率，取决于汇率的决定方式。

（4）总体经济状况。

（5）生产成本和交付能力。

（6）替代品的可获得性以及消费者偏好和消费方式的转变。

（7）天气（特别是对农产品和能源产品）。

（8）政治稳定性（特别是对能源产品和贵金属）。

第四节　财务风险管理的发展史

要对财务风险管理进行充分讨论，就必须简要回顾一下金融市场的发展史。尽管下面的回顾并不完整，却足以说清楚过去几百年中发生的重大事件。

一、早期市场

金融衍生工具和金融市场通常被认为是近代的产物，但事实并非如此。最早期的贸易就包含了商品贸易，因为它们对人类的生存至关重要。早在工业化发展之前，为了便于产品的买卖，非正式的商品市场就已经开始运行了。

市场在小村庄和大城市里已存在了数个世纪。农民可以在市场中用他们生产的粮食交换其他价值的物品。这些市场是现代交易所的早期形态。后来，正式的期货市场发展起来，使生产者和购买者能够提前确定销售和购买的价格。对于那些寿命有限或因过于笨重而无法经常向市场运输的产品而言，市场这种产品交换和确定价格的功能便显得尤其重要。

早在 12 世纪的中世纪商品交易会中，佛兰芒的交易商就已经开始使用远期合约，通过跟单信用证对未来的交付做出详细规定。关于契约性合约的其他记录甚至可以追溯到腓尼基时代。此外，在 17 世纪的郁金香狂热时代，期货合约还便利了阿姆斯特丹的郁金香球茎交易。

在 17 世纪的日本，大米是一种重要的商品。随着水稻种植者开始用米券交换现金，二级市场繁荣了起来。大阪的大米期货市场于 1688 年成立于京都的商业中心，注册米商有 1300 名。预期价格会下降时，大米交易商就可以在大米收获前出售期货；而在预期收成不佳米价可能很高时，大米交易商则提前购买大米期货合约。米券既可以代表库存大米，也可以代表未来收获的大米。

当大阪市场进行交易时，在悬挂于天花板上的一个盒子里放着一根慢慢燃烧的绳子。当绳子烧尽时当天的交易即结束。如果绳子烧尽时仍没有交易价格，或者绳子提前熄灭了，当天的交易就可能被取消。

二、北美地区的发展

北美地区期货市场的发展也是与农产品市场密切联系的，特别是19世纪的谷物市场。谷物价格的波动使谷物种植者和购买者都面临着挑战。

成立于1848年的芝加哥期货交易所是美国最早的期货交易所。它交易的是非标准化的谷物远期合约。然而，由于没有中心清算机构，一些参与者可能会违约，使其他参与者无法实现套期保值。

鉴于此，芝加哥期货交易所在1865年开发出带有标准条款和履约担保要求的期货合约，这就是北美最早的期货合约。这种合约以标准化的形式，使农民能够在交货之前就确定谷物的销售价格。在七八十年间，北美期货交易都围绕谷物产业进行。谷物的大规模生产和消费，外加需要运输和仓储费用等特征，使谷物成为期货市场上最理想的商品。

三、金融市场的动荡

20世纪70年代，由于世界金融市场的大幅动荡，金融市场出现了若干重大发展。在那个年代，不断发生的区域性战争和冲突、持续的高利率和高通货膨胀率、疲软的股票市场以及农业歉收，是价格变得不稳定的主要原因。

浮动汇率制正是在这种动荡中诞生的。在美国结束用美元兑换黄金不久之后，布雷顿森林体系就彻底崩溃了，主要工业国的货币开始实行浮动汇率制。尽管货币市场是虚拟市场，但它却是最大的市场。伦敦仍然是最重要的外汇交易中心。

利率期货交易始于20世纪70年代，它的出现反映了日益加剧的市场动荡。纽约商业交易所在1978年引入了最早的能源期货合约，即燃油期货合约。这些合约为套期保值者提供了一种管理价格风险的方法。20世纪70年代金融市场的其他发展还包括美国商品期货交易委员会的成立。

四、自动化与增长

最早的自动化交易所不是出现在纽约或伦敦，而是于1984年出现在百慕大的国际期货交易所。尽管地理位置很有吸引力，其首先采用自动化技术也很有远见，但交易所并没有生存下来。对于今天的交易所来说，自动化技术已成为它们得以生存的关键。各种新技术不断被应用到交易和电子对盘系统中，提高了效率并降低了交易成本。现在，一些交易所已经实现了完全虚拟化，取代了以往有形的交易大厅和世界各地相互联结的交易商。

1987年10月，金融市场受到了股票市场大规模衰退的考验，大部分衰退是在几天之内发生的。一些主要股票交易所的交易量单日下跌了 20% 以上。而这引起了期货交易规模的迅猛增长，各中央银行为市场提供了大量流动性也使得利率下降。芝加哥期货交易所的期货交易规模竟达到了纽约证券交易所的 3 倍之多。

此后，一些观察家认为，期货市场加剧了投资者的恐慌情绪。交易所随之收紧了原有的价格限幅，实施了新的价格波动限幅。股票价格最终开始反弹，使一些交易商重获对杠杆期货交易的信心。期货市场就开始重整旗鼓，并且带动了其他市场，市场的深度和流动性逐渐得到恢复。

1987 年给监管部门和中央银行带来了深刻的教训。金融市场的动荡和非正常事件凸显了金融系统的脆弱性，引起了人们对系统风险的关注。财务风险管理在全球的协调已进行了数年时间，但是其效果却是持久的。

五、金融新世纪

20 世纪 90 年代，天气和灾害合约等新的衍生工具开始出现，衍生工具也被更为广泛地采用。风险管理中越来越多地使用险值方法及类似工具，改进了风险管理方法，更新了管理理念。

但 20 世纪 90 年代期间却发生了一些惨重损失，使这个年代备受关注，其中包括古老的巴林银行的倒闭和橙县财政的破产，以及大和银行（Daiwa bank）和美国长期资本管理公司发生的重大损失。衍生工具损失再也不是什么重大新闻。在金融新世纪，只有高达几十亿美元的损失才有新闻价值，几百万美元的损失根本不值一提。

1999 年，一种新的欧洲货币欧元诞生了，并开始在奥地利、比利时、芬兰、法国、德国爱尔兰、意大利、卢森堡、荷兰、葡萄牙和西班牙使用，两年后希腊也开始使用这种货币。与同时管理 12 种货币相比，统一货币的使用极大地降低了那些在欧洲从事交易的企业的外汇风险。欧元的使用还掀起了一股银行兼并的浪潮。

随着持续了七八年的股票牛市渐渐走低，科技股最终在 2000 年到达巅峰后开始跌落。随后一些股票也开始走低，其程度甚至比 1929 年后大萧条时期的下跌还严重，导致了大量公司的破产。此后不久，2001 年 9 月 11 日发生的恐怖袭击大大改变了人们对风险的观念。在越来越不稳定的地缘政治环境中，贵金属和能源商品变得越来越有吸引力。

财务风险管理发展的前沿领域包括开发新的风险建模能力和新的衍生工具交易种类，如天气衍生工具、环境（污染）信用衍生工具及经济指标衍生工具等。

第三章 筹资风险与防范

第一节 吸收直接投资风险防范

吸收直接投资是指企业按照"共同投资、共同经营、共担风险、共享利润"的原则直接吸收国家、法人、个人投入资金的一种筹资方式。吸收直接投资与发行股票、留存收益都是企业筹集自有资金的重要方式。发行股票要有股票作媒介,而吸收直接投资则无须公开发行证券。吸收直接投资中的出资者都是企业的所有者,他们对企业具有经营管理权。企业经营状况好,盈利多,各方可按出资额的比例分享利润,但如果企业经营状况差,连年亏损,甚至被迫破产清算,则各方要在其出资的限额内按出资比例承担相应损失。

一、吸收直接投资的出资方式

企业在采用吸收直接投资这一方式筹集资金时,投资者可以用现金、厂房、机器设备、材料物资、无形资产等作价出资。具体而言,出资方式主要有以下几种

1. 现金出资。现金投资是吸收直接投资中一种最重要的投资方式。有了现金便可获得其他物质资源。因此,企业应尽量动员投资者采用现金方式出资。吸收直接投资中所需投入现金的数额,取决于投入的实物、工业产权之外尚需多少资金来满足建厂的开支和日常周转需要。

2. 实物投资。以厂房、建筑物、设备等固定资产和原材料、商品等流动资产所进行的投资,均属实物投资。一般来说,企业吸收的实物投资应符合如下条件:(1)确为企业科研、生产、经营所需;(2)技术性能比较好;(3)作价公平合理。

投资实物的具体作价,可由双方按公平合理的原则协商确定,也可聘请各方同意的专业资产评估机构评定。

3. 工业产权投资。工业产权投资是指以专有技术、商标权、专利权等无形资产所进行的投资。一般来说,企业吸收的工业产权应符合以下条件:(1)能帮助研究和开发

出新的高科技产品；（2）能帮助生产出适销对路的高科技产品；（3）能帮助改进产品质量，提高生产效率；（4）能帮助大幅度降低各种消耗；（5）作价比较合理。

企业在吸收工业产权投资时应特别谨慎，进行认真的可行性研究。因为以工业产权投资实际上是把有关技术资本化了，把技术的价值固定化了。而技术实际上都在不断老化，价值在不断减少甚至会完全丧失。

4.土地使用权投资。投资者也可以用土地使用权来进行投资。土地使用权是按有关法规和合同的规定使用土地的权利。企业吸收土地使用权投资应符合以下条件：（1）确为企业科研、生产、销售活动所需要的；（2）交通、地理条件比较适宜；（3）作价公平合理。

二、吸收直接投资的程序

企业吸收其他单位的投资，一般要遵循如下程序：

1.确定筹资数量。

2.寻找投资单位。

3.协商投资事项。

4.签署投资协议。

5，共享投资利润。

三、吸收直接投资的风险防范

（一）吸收的现金投资比例太小

设立企业，一是要有一定数额的自有资金，二是要这些资金能够营运起来。如果吸收的现金投资比例太小，就会影响企业资金的循环和周转。

因此，企业应在公司合同和公司章程中规定现金的投资比例，在验资过程中严格审核实收资本的形态，工商管理部门对吸收的现金投资比例要有一定控制。

（二）吸收的实物资产价格高于市价

由于技术方面的原因、地理方面的原因和其他方面的原因，可能使企业吸收的实物资产价格高于市价，这样一方面使企业资金虚增，另一方面使各投资者在企业所得的利润不合理，还会由于折旧扩大等原因而减少国家税收。

因此，作为企业来说，应了解实物资产价格，或请资产评估部门对资产进行评估。对查账人员来说，应在掌握实物资产价格的基础上，要求企业调整账面，或在会计报表附注中说明有关情况。

（三）吸收的实物资产可用性差

由于技术方面的原因或其他方面的原因，可能使吸收的实物资产无可用性或可用性差。例如，某种设备在国外可广泛使用，而在我国由于设备的配套性等原因无法使用等。

为防止吸收的实物资产可用性差，企业应在完善公司合同、公司章程的基础上，对吸收的实物资产的可用性进行直接或间接的考察、论证。对境外提供的实物资产，由于地理位置和技术性等方面的原因，考察论证的难度相对大，因此，一方面应注重合同中有关责任条款的制定；另一方面应尽力去采取可行的考察、论证方法。

（四）吸收的无形资产价值高于其实际价值

无形资产是指企业长期使用但不具有实物形态的资产。与有形资产相比，无形资产的特征是：第一，不具有实物形态；第二，能够在多个会计期间为企业带来经济利益；第三，能提供的未来经济效益具有高度的不确定性。无形资产的内容有专利权、商标权、土地使用权、非专利技术和商誉等。由于无形资产的特点，吸收的无形资产的价值可能高于其实际价值。

因此，对吸收的无形资产首先要确认其存在，然后确认其价值。无形资产是否有价值以及价值的大小因企业不同而异。因此，对无形资产的价值及其实现应进行可行性研究，以免吸收的无形资产价值高于其实际价值。

（五）吸收外币合同汇率过高

我国企业绝大部分以人民币为记账本位币，业务收支以外币为主的企业，也可采用某种外币为记账本位币。有的企业在吸收外币投资时，在企业合同里规定了汇率，称合同汇率。由于外币的市场汇率是不断变化的，因此有可能收到外币投资的合同汇率会大大高于市场汇率。

为了防范吸收的外币合同汇率过高，可在企业合同里规定外币折合为人民币的汇率采用接受投资时"当月一日"汇率的中间价或"当日"汇率的中间价（买入价与卖出价的平均数）。

第二节　股票筹资风险防范

随着市场经济的发展，股份制企业将会越来越多，股票筹资将会越来越广泛。与其他筹资方式相比，股票筹资风险较小。这是因为，一方面不管企业经营情况如何，企业都不担心投资者抽回资本。另一方面公司终止与清算时面临的主要问题：一是债务清偿；二是企业清算时如果无剩余财产，可依法不分给股东财产。因此，从以上意义上说，股票筹资风险相对较小。

但是，公司的管理人员是由股东大会推选的董事会任命的，他们代表着全体股东行使职权。大体而言，他们要满足股东两项要求，一是公司经营期内股东分到尽可能多的利润；二是公司清算时股东能分到尽可能多的剩余财产。要达到上述两个要求并非易事。因此，从这个意义上说，股票筹资与其他筹资渠道的风险是同样大的。

一、股票的发行

（一）股票发行的目的

明确股票发行的目的，是股份公司决定发行方式、发行程序、发行条件的前提。股份公司发行股票，总的来说是为了筹集资金，但具体来说，主要有以下不同原因：

1. 设立新的股份公司。股份公司成立时，通常以发行股票的方式来筹集资金并进行经营。

2. 扩大经营规模。已设立的股份公司为不断扩大生产经营规模，也需通过发行股票来筹集所需资金。通常，人们称此类发行为增资发行。如果拟发行的股票在核定资本的额度内，只需经董事会批准；如果超过了核定资本额度，则需召开股东大会重新核定资本额。在核定的资本额度内增资发行，董事会通过之后，还要呈报政府有关机构，办理各种规定的手续。

3. 其他目的。其他目的的股票发行通常与集资没有直接联系，如发放股票股利。

（二）股票发行的条件

1. 初次发行股票。初次发行股票是指股份有限公司设立时申请公开发行股票，《证券法》规定初次发行股票应当符合下列条件：

（1）其生产经营符合国家产业政策；

（2）其发行的普通股限于一种，同股同权；

（3）发起人认购的股本数不少于公司拟发行的股本总额的 35%；

（4）在公司拟发行的股本总额中，发起人认购的部分不少于人民币 3000 万元（国家另有规定的除外）；

（5）向社会公众发行的部分不少于公司拟发行的股本总额的 25%，其中公司职工认购的股本数额不得超过拟向社会公众发行的股本总额的 10%；公司拟发行的股本总额超过人民币 4 亿元的，证监会按照规定可以酌情降低向社会公众发行的部分的比例，但是最低不少于公司拟发行的股本总额的 10%；

（6）发起人在近 3 年内没有重大违法行为；

（7）国务院证券监督管理机构规定的其他条件。

原有企业改组设立股份有限公司申请发行股票，除应当符合上述条件外，还应符合下列条件：

（1）发行前一年末的净资产在总资产中所占比例不低于 30%，无形资产在净资产中所占比例不高于 20%（国务院证券监督管理机构另有规定的除外）；

（2）近 3 年连续盈利。

此外，国有企业改组设立股份有限公司公开发行股票的，国家拥有股份在公司拟发行的股本总额中所占的比例由国务院或者国务院授权的部门规定。

2.增资发行股票。股份有限公司成立后，为了增加资本而再次申请公开发行股票时，除应当符合上述公司设立时发行股票的各项条件外，还应符合下列条件：

（1）前一次公开发行股票所得资金的使用与其招股说明书所述的用途相符，并且资金使用效益良好；

（2）距前一次公开发行股票的时间不少于 12 个月；

（3）从前一次公开发行股票到本次申请期间没有重大违法行为；

（4）中国证监会规定的其他条件。

股份有限公司发行新股有相应的条件，具体为：

（1）前一次发行的股份已经募足，并间隔 1 年以上；

（2）公司在最近 3 年内连续盈利，并可以向股东支付股利（公司以当年利润分派新股，不受此限）；

（3）公司在最近 3 年内财务会计文件无虚假记载；

（4）公司预期利润可达到同期银行存款利率。以向社会公开募集方式发行新股，还应符合国务院证券监督管理部门规定的其他条件。

3.定向募集公司发行的股票。定向募集公司是指由公司发起人和内部职工认购股份而设立的公司。定向募集公司申请公开发行股票除了要符合设立或改组设立股份有限公司发行股票所应符合的条件以外，还应当符合下列条件：

（1）定向募集所得资金的使用与其招股说明书所述的用途相符，并且资金使用效益良好；

（2）距最近一次定向募集股份的时间不少于 12 个月；

（3）从最近一次定向募集到本次公开发行期间没有重大违法行为；

（4）内部职工股权证按照规定范围发放，并且已交国家指定的证券机构集中托管；

（5）国务院证券管理机构规定的其他条件。

（三）发行股票的程序

1.提出申请。企业要发行股票，首先要获取预选资格，企业应按隶属关系征得省、自治区、直辖市或计划单列市人民政府（简称地方各级人民政府）或国务院有关主管部门的同意。经同意后，向直属证券管理部门提申请，证券监督管理机构考察后进行预选资格审定。被选定为可以向社会公开发行股票的企业还须经直属证券监督管理机构报请国务院证券管理机构核定发行额度。发行额度确定下来后，企业应聘请具有证券从业资格的会计师事务所、律师事务所、资产评估事务所对企业资产进行评估、验证，为企业出具资产评估报告（如土地单独评估，还需提供土地评估报告）、盈利预测报告、财务报表及其注释和审计报告、验资报告和法律意见书等，并按国务院证券监督管理机构制定的《申请公开发行股票公司报送材料标准格式》制作申报材料。

2. 国务院证券监督管理机构核准。国务院证券监督管理机构设有发行监督部和发行审核委员会，对企业拟发行股票的申请材料先由发行监督部进行审核，然后由审核委员会依法审核，以无记名投票方式决定发行申请核准事项。国务院证券监督管理机构对股票发行申请的核准程序应当公开，并依法接受监督。国务院证券监督管理机构应当在管理股票发行申请文件之日起 3 个月内作出是否核准的决定。如不予核准的，应当说明理由。国务院证券监督管理机构对已作出的核准决定，不符合法律、行政法规的，应当予以撤销；股票尚未发行的，停止发行；已经发行的，股票持有人还可以按照发行价并加算银行同期存款利息，要求发行人返还。国务院证券监督管理机构依照法定条件核准股票发行申请，不承担发行后的风险责任。股票发行后，发行人经营与收益的变化，由发行人自行负责；由此变化引致的投资风险，由投资者自行负责。

企业获准发行股票后，应当依照法律、行政法规的规定，在股票公开发行前，公告公开发行募集文件，并将该文件置备于指定场所供公众查阅。企业不得在公告公开发行募集文件之前发行股票。

二、股票的上市

（一）股票上市必须符合的条件

1. 股票经国务院证券监督管理机构核准已向社会公开发行；

2. 公司股本总额不少于人民币 5000 万元；

3. 开业时间在 3 年以上，最近 3 年连续盈利；原国有企业依法改制而设立的，或者《公司法》实施后新组建成立，其主要发起人为国有大中型企业的，可连续计算；

4. 持有股票面值达人民币 1000 元以上的股东人数不少于 1000 人，向社会公开发行的股份达公司股份总额的 25% 以上；公司股本总额超过人民币 4 亿元的，其向社会公开发行股份的比例为 15% 以上；

5. 公司在最近 3 年内无重大违法行为，财务会计报告无虚假记载；

6. 国务院规定的其他条件。

（二）股票上市的程序

1. 报请国务院证券监督管理部门核准。

2. 提请证券交易所安排上市。根据规定，公司提交给证券交易所的股票上市申请，由证券交易所的上市委员会进行审查。证券交易所上市委员会应自收到申请之日起 20 个工作日内做出审核，6 个月内安排该股票上市交易。

3. 上市公告。股票上市交易申请经证券交易所同意后，上市公司应当在其股票上市交易前 5 个工作日内，在国务院证券监督管理机构指定的全国报刊上公告经核准的股票上市有关文件及事项。

（三）股票上市的暂停和终止

1. 上市公司有下列情形之一的，由国务院证券监督管理机构决定暂停其股票上市：

（1）公司股本总额、股权公布等发生变化，不再具备上市条件；

（2）公司不按规定公开其财务状况，或者对财务会计报告作虚假记载；

（3）公司有重大违法行为；

（4）公司最近 3 年连续亏损。

2. 股票上市的终止。股票上市的终止情形与暂停情形基本一样，只是程度和要求上有差异，其中有暂停情形第（2）项、第（3）项所列情形之一，经查实后果严重的，终止其股票上市；有暂停情形第（1）项、第（4）项所列情形之一，在限期内未能消除，不具备上市条件的，则终止其股票上市。

公司决议解散、被行政主管部门依法责令关闭或者被宣告破产的，由国务院证券管理部门终止其股票上市。

三、股票筹资风险防范

（一）股票发行数量不当、筹资成本过高带来筹资风险

如果股份有限公司在筹资时，股票发行数量达不到《公司法》的规定，则不能注册成立。如果股票发行数量与公司经营规模不相匹配，就会使公司的自有资本结构不合理，从而产生筹资风险。股票发行数量确定不当，还会对公司的经营控制权产生重大影响。股票发行数量过多，分散公司的控制权，新股东分享公司未发行新股前积累的盈余，降低了股票的每股净收益，从而可能引发股价下跌，产生筹资风险。反之，若股票发行数量过少，可能使少数股东就可达到控股，从而对公司经营决策产生影响，变更企业发展方向。

企业应当本着自身的实际资金需要量来确定股票的发行规模。既不能超出实际资金需要量来发行股票，这会增大企业的资金成本，也不能将股票发行规模确定得过小，这不能满足企业的资金需要。此外，企业还应使发行股票后企业的资金结构处于最优状态。

（二）股票发行价格确定不当产生筹资风险

股票发行可以采用平价发行和溢价发行两种。平价发行就是以股票的票面额为发行

价格。这种发行价格，一般在股票的初次发行或在股东内部分摊增资的情况下采用。平价发行股票容易推销，但无从取得股票溢价收入。溢价发行是以高于股票面额的价格发行股票，溢价发行可以取得溢价收入。但问题在于，如果溢价发行价格过高，势必会影响股票的推销，可能会出现股款未募足的情况。因此，合理确定发行价格就显得格外重要。

企业既要正确评价自身当前的经营业绩，也要考虑到企业未来的发展前景，同时还要考虑到股市行情，以使确定合理的发行价格能够筹集到足够的资金。

（三）股票上市时机不当产生筹资风险

股市受到国家产业政策、银行利率水平、企业自身生产经营状况及社会心理等诸多因素的影响。如果企业股票上市时股市整体低迷、股民投资股票欲望不强、银行提高利率而使越来越多的人从股市抽走资金投向银行或企业自身生产经营发生危机，则股票的筹资风险就会大大增强。

因此，在发行股票之前，企业应对当前股市行情、银行利率水平、居民投资心理进行分析，选择市场资金充裕、经济繁荣、股票交易活跃的时机上市。

（四）股利分配政策不当产生筹资风险

一般而言，企业分配的每股股利增加，股价就会上升；反之，则会下降。但当企业有着良好投资机会时，需要有强大的资金支付，因而往往不分或少分股利。这就有可能影响股东的投资信心。同时，股利的支付既可采用现金股利，又可采用股票股利。当采用股票股利方式时，由于发行了新股而稀释了企业的控制权，这却是企业原有的持有控制权的股东们所不愿看到的。

企业在确定股利分配政策时，应在不放弃良好投资机会的前提下，留足用于企业未来发展所需的资金，同时满足股东的分红要求，权衡现金股利与股票股利的利弊，选择最优的股利支付形式。

第三节 债券筹资风险防范

债券是指企业（包括公司）或政府向社会公众募集资金而向出资者出具的债务凭证。持有者凭借这种凭证有权在约定期限内要求发行者还本付息。发行债券是企业筹集资金的一个重要渠道，必须依法进行。我国《公司法》对公司债券的发行作出了一系列规定，我国《企业债券管理条例》对非公司企业发行企业债券作出了一系列规定。

一、发行公司债券和企业债券的条件

《公司法》对公司发行债券的条件作了较严格的规定：

1. 股份有限公司的净资产额不低于人民币 3000 万元，有限责任公司的净资产额不低于人民币 6000 万元。

2. 累计债券总额不超过公司净资产额的 40%，累计债券总额是指公司成立以来发行的所有债券的尚未偿还部分。

3. 最近 3 年平均可分配利润足以支付公司债券 1 年的利息。可分配利润是指公司依法缴纳了各种税款、弥补了亏损、提足了法定公积金、法定公益金后所余的利润。

4. 筹集的资金投向符合国家产业政策。

5. 债券的利率不得超过国务院限定的利率水平。

6. 国务院规定的其他条件。

此外，我国《公司法》还就公司再次发行债券的条件作了限制性的规定，即前一次发行的公司债券尚未募足，或已发行的公司债券或者其债务有违约或者延迟支付本息的事实，且仍处于继续状态的，不得再次发行公司债券。

《企业债券管理条例》规定，企业发行企业债券必须符合下列条件：

1. 企业规模达到国家规定的要求；

2. 企业财务会计制度符合国家规定；

3. 具有偿债能力；

4. 企业经济效益良好，发行企业债券前连续 3 年盈利；

5. 所筹资金用途符合国家产业政策。

二、公司债券和企业债券的发行程序

（一）由公司和企业权力机关作决议

股份有限公司、有限责任公司发行公司债券，由董事会制订方案，股东大会或股东会作出决议。国有独资公司发行公司债券，由国家授权投资的机构或者国家授权的部门作出决定。非公司性企业发行企业债券，由其法定代表人决定并报政府有关部门批准。

（一）报请有关部门批准

公司发行公司债券，在本公司的权力机关作出决议之后，报批时，应提交下列文件：（1）公司登记证明；（2）公司章程；（3）公司债券募集办法；（4）资产评估报告和验资报告。非公司性企业发行企业债券也要报经政府有关部门批准，中央企业发行企业债券，要报经中国人民银行会同国家发展计划委员会审批。

地方企业发行债券，由中国人民银行直属分行会同有关省级计划部门审批。企业在向人民银行报批时，应提交下列文件：（1）发行企业债券的申请书；（2）营业执照；（3）发行章程；（4）经会计师事务所审计的企业近 3 年的财务报告；（5）审批机关要求提供的其他材料。

三、可转换公司债券

可转换公司债券是指上市公司和重点国有企业依照法定程序发行、在一定期间内依据约定的条件可以转换成股份的公司债券。可转换公司债券在转换股份前，其持有人不具有股东的权利和义务。可转换公司债券可以依法转让、质押和继承。

（一）可转换公司债券的发行条件

上市公司发行可转换公司债券，应当符合下列条件：

1. 最近3年连续盈利，且最近3年净资产利润率平均在10%以上；属于能源、原材料、基础设施类的公司可以略低，但是不得低于7%；

2. 可转换公司债券发行后，资产负债率不高于70%；

3. 累计债券余额不超过公司净资产额的40%；

4. 募集资金的投向符合国家产业政策；

5. 可转换公司债券的利率不超过银行同期存款的利率水平；

6. 可转换公司债券的发行额不少于人民币1亿元；

7. 国务院证券委员会规定的其他条件。

重点国有企业发行可转换公司债券，除应当符合上述第3、4、5、6、7项条件外，还应当符合下列条件：

1. 最近3年连续盈利，且最近3年的财务报告已经具有从事证券业务资格的会计师事务所审计；

2. 有明确、可行的企业改制和上市计划；

3. 有可靠的偿债能力；

4，有具有代为清偿债务能力的保证人的担保。

（二）可转换公司债券的发行程序

上市公司发行可转换公司债券，应当经省级人民政府或者国务院有关企业主管部门推荐，报国务院证券监督管理机构审批；重点国有企业发行可转换公司债券，应当由发行人提出申请，经省级人民政府或者国务院有关企业主管部门推荐，监督管理机构审批，并抄报国家发展计划委员会、国家经济贸易委员会、中国人民银行、国家国有资产管理部门。符合规定条件的，国务院证券监督管理机构予以批准。

（三）发行可转换公司债券的方式和要求

可转换公司债券的发行，应当由证券经营机构承销，证券经营机构应当具有股票承销资格。承销方式由发行人与证券经营机构在承销协议中约定。

发行人应当在承销期前2个至5个工作日内，将可转换公司债券募集说明书刊登在国务院证券监督管理机构指定的至少一种全国性报刊上。可转换公司债券募集说明书的有效期为 6 个月，自可转换公司债券募集说明书签署之日起计算。可转换公司债券募集说明书失效后，可转换公司债券的发行必须立即停止。

发行人和证券经营机构应当在可转换公司债券承销期满后 15 个工作日内，向国务院证券监督管理机构提交承销情况的书面报告。

可转换公司债券的最短期限为 3 年，最长期限为 5 年。

上市公司发行可转换公司债券的，以发行可转换公司债券前 1 个月股票的平均价格为基准，上浮一定幅度作为转股价格。重点国有企业发行可转换公司债券的，以拟发行股票的价格为基准，折扣一定比例作为转股价格。

前一次发行的债券尚未募足的，或是对已发行的债券存在延迟支付本息的事实，且仍处于继续延期支付状态的，不得发行可转换公司债券。

（四）可转换公司债券转换股份及债券偿还

上市公司发行的可转换公司债券，在发行结束 6 个月后，持有人可以依据约定的条件随时转换股份。重点国有企业发行可转换公司债券，在该企业改建为股份有限公司且其股票上市后，持有人可以依据约定的条件随时转换股份。

可转换公司债券持有人请求转换股份时，若所持债券面额不足转换一股股份的部分，发行人应当以现金偿还。

重点国有企业发行可转换公司债券，转换期满时仍未转换为股份的，利息一次性支付，不计复利。

可转换公司债券到期未转换的，发行人应当按照可转换公司债券募集说明书的约定，于期满后 5 个工作日内偿还本息。可转换公司债券发行人未按期偿还本息的，除支付本息外，应当按每日 1‰的比例向债权人支付赔偿金。

四、债券筹资风险防范

（一）定期支付利息产生筹资风险

债券有固定的到期日，并定期支付利息。利用债券筹资，要承担还本付息的义务。在企业经营不景气时，向债券持有人还本、付息，无异于釜底抽薪，会给企业带来更大的困难，严重的甚至导致企业破产。

对于此种风险，企业必须加强经营管理，提高盈利能力，扩大利润总额。债券筹资风险的一个重要方面就是由于企业的盈利能力下降而无法到期还本付息。企业盈利水平高，有足够的资金用于还本付息，这就意味着企业有足够的再筹资能力进行筹资用于归还债务，从而使债券筹资风险得到有效的防范。此外，企业还应合理安排债券的发行期限，使其还本付息期限与企业的生产经营周期相匹配。对于企业来说，在一个会计年度中，总存在一定期间内资金比较紧张，而另一期间内资金比较丰裕。使债券的还本付息期限与企业资金的丰裕期相一致，可以保证企业届时有足够的资金用于还本付息，从而达到降低筹资风险的目的。

（二）企业信用等级产生筹资风险

企业的信用等级越高，越为社会公众所信任，发行债券筹集资金也就越容易；反之，若企业的信用等级较低，社会公众对该企业的还本付息能力表示怀疑，则企业通过发行债券来筹集资金就比较困难。

企业应当明白，企业信誉对企业的生存、发展极为重要。企业只有积极参加信誉等级评估，提高信用等级，才能增强投资者的投资信心，及时有效地筹集到所需资金。

（三）债券利率确定不当产生筹资风险

若企业在确定债券票面利率时，没有考虑企业的产品销售状况和盈利能力，当企业的未来利润率低于债券利率，则企业无法保证能到期按时还本付息。同时，通货膨胀程度也对债券利率的确定产生重大影响。比如，债券发行时经济处于高通货膨胀水平，则债券利率也相应较高，但若债券发行后，通货膨胀水平下降，企业就必须负担较高的利率而发生损失；反之，若此后通货膨胀水平上升得更高，企业会因支付较低的利率而获益。

因此，企业在确定债券利率水平时，必须合理确定债券的利率。利率水平的高低意味着企业筹资时所费成本的多少。必须考虑到当前资金市场的供求状况、企业的信用等级及未来通货膨胀水平等诸多因素，在保证企业能够足额筹集到所需资金的前提下，使债券利率处于最低状态。

第四节　银行借款风险防范

一、银行借款的种类

银行借款是指企业根据借款合同从有关银行或非银行金融机构借入的需要还本付息的款项。银行借款的种类很多，按不同标准可进行不同的分类。

（一）按借款的期限分类

按借款的期限，银行借款可分为短期借款和长期借款。短期借款指企业借入的期限在一年以下的各种借款。短期借款一般是企业为维持正常的生产经营所需的资金而借入的或者为抵偿某项债务而借入的。长期借款是指借款期限在一年以上的借款。

（二）按借款的用途分类

按借款的用途，银行借款可分为基本建设借款、专项借款和流动资金借款。

（三）按照提供贷款的机构分类

按照提供贷款的机构分类可分为政策性银行贷款、商业银行贷款等。

此外，企业还可从信托投资公司取得实物或货币形式的信托投资贷款、从财务公司取得各种中长期贷款等。

（四）按照有无担保，分为信用贷款和抵押贷款

信用贷款指不需企业提供抵押品，仅凭其信用或担保人信誉而发放的贷款。抵押贷款指要求企业以抵押品作为担保的贷款。长期贷款的抵押品常常是房屋、建筑物、机器设备、股票、债券等。

二、取得银行借款的条件

我国金融部门对企业发放贷款的原则是：按计划发放、择优扶植、有物资保证、按期归还。企业申请贷款一般应具备的条件是：

1. 独立核算、自负盈亏、具有法人资格。
2. 经营方向和业务范围符合国家产业政策，借款用途属于银行贷款办法规定的范围。
3. 借款企业具有一定的物资和财产保证，担保单位具有相应的经济实力。
4. 具有偿还贷款的能力。
5. 财务管理和经济核算制度健全，资金使用效益及企业经济效益良好。
6. 在银行设有账户，办理结算。

三、银行借款的信用条件

按照国际惯例，银行发放贷款时，往往附带有一些信用条件，主要有：

（一）信贷额度

信贷额度亦即贷款限额，是贷款人与银行在协议中规定的允许借款人借款的最高限额。如借款人超过规定限额继续向银行借款，银行则停止办理。此外，如果企业信誉恶化，即使银行曾经同意按信贷限额提供贷款，企业也可能得不到借款。这时，银行不承担法律责任。

（二）周转信贷协定

周转信贷协定是银行具有法律义务地承诺提供不超过某一高限额的贷款协定。在协定的有效期内，只要企业借款总额未超过最高限额，银行必须满足企业任何时候提出的借款要求。企业享用周转协定，通常要对贷款限额的未使用部分付给银行一笔承诺费。

（三）补偿性余额

补偿性余额是银行要求借款人在银行中保持按贷款限额或实际借用额的一定百分比（通常为10%~20%）计算的最低存款余额。补偿性余额有助于银行降低贷款风险，补偿了其可能遭受的损失；但对借款企业来说，补偿性余额则提高了借款的实际利率，加重了企业的利息负担。

（四）借款抵押

银行向财务风险较大、信誉不好的企业发放贷款，往往需要有抵押品担保，以减少自己蒙受损失的风险。借款的抵押品通常是借款企业的应收账款、存货、股票、债券以及房屋等。银行接受抵押品后，将根据抵押品的账面价值决定贷款金额，一般为抵押品账面价值的30%至50%。这一比率的高低取决于抵押品的变现能力和银行的风险偏好。

（五）偿还条件

无论何种借款，一般都会规定还款的期限。根据我国金融制度的规定，贷款到期后仍无能力偿还的，视为逾期贷款，银行要照章加收逾期罚息。贷款的偿还有到期一次偿还和在贷款期内定期等额偿还两种方式。一般来说，企业不希望采用后种方式，因为这会提高贷款的实际利率；而银行则不希望采用前种方式，因为这会加重企业还款时的财务负担，增加企业的拒付风险，同时会降低实际贷款利率。

（六）以实际交易为贷款条件

当企业发生经营性临时资金需求，向银行申请贷款以求解决时，银行则以企业将要进行的实际交易为贷款基础，单独立项，单独审批，最后作出决定并确定贷款的相应条件和信用保证。

四、银行借款利息的支付方式

（一）利随本清法

利随本清法，又称收款法，是在借款到期时向银行支付利息的方法。采用这种方法，借款的名义利率（约定利率）等于其实际利率（有效利率）。

（二）贴现法

贴现法是银行向企业发放贷款时，先从本金中扣除利息部分，而到期时借款企业再偿还全部本金的一种利息方法。采用这种方法，企业可利用的贷款额只有本金扣除利息后的差额部分，因此，其实际利率高于名义利率。

五、银行借款风险防范

（一）财务风险较大

企业举借长期借款，必须定期还本付息，在经营不利的情况下，可能会产生不能偿付的风险，甚至会导致破产。

因此，企业应制定合理的还款规划，在保证按合同要求按时还款的前提下，保证资金不出现过分紧张的情况。企业可根据自身资金使用的实际情况，在借款合同中写明是采用到期日一次偿还、或是定期偿还相等份额的本金或是分批偿还的还款方式，并在日常的生产经营中计提一定数量的风险基金，以降低财务风险。

（二）浮动利率与固定利率的选择

当采用浮动利率时，企业的利息支出会随着市场利率的波动而波动，使企业不能确定其应付利息费的多少，而采用固定利率时，若出现在向银行借款后，利率总水平下降，则企业会蒙受极大损失。

因此，企业在向银行借款时应选择有利的利率标准。当企业预计市场利率水平会上升时，应选择采用固定利率来筹集资金，而当企业预计市场利率水平会下降或市场利率水平波动不定时，则应采用浮动利率来筹集资金。

（三）不可抗力产生筹资风险

不可抗的自然现象或社会现象，如自然灾害、战争、世界性的金融危机等诸多因素可对企业产生巨大影响。当企业遭受这类风险时，可能使企业良好的生产经营状态遭到突如其来的打击，严重影响企业的还款能力甚至导致企业破产，无法还款。

对于不可抗力因素，企业管理者应当始终保持谨慎态度，对企业的财产进行保险，将因自然灾害产生的风险转由保险公司承担。企业还应对国家未来经济政策走向进行预测，规避此类风险。

第五节　融资租赁风险防范

一、融资租赁的特点

根据租赁的目的，可将租赁分为经营租赁和融资租赁两种。经营租赁是指承租人为了满足经营上的临时或季节性需要而租赁资产。融资租赁则是在实质上转移与一项资产所有权有关的全部风险和收益的一种租赁。严格地说，融资租赁协议是一种特殊形式的贷款协议，它以融资为主要目的，且具有明显的购置特点。

它的租赁期限相对较长，承租人不能随意提前终止租赁协议。在租赁期内资产的使用价值在该资产的全部使用价值中占有较高的比重。在融资租赁期间，出租人虽然保留租赁资产的所有权，但是实质责任只局限于提供一种融资，占有和使用租赁资产所需要的一切费用和成本，包括维修、保养、保险，以至有关税收则均需要由承租人承担。承租人按照租赁协议定期支付租金，在租赁期满时，承租人有购买租赁资产的优先权，其价格比行使这种权利时的资产公允市价低得多。

二、融资租赁的形式

融资租赁可细分为如下三种形式。

（一）售后租回

根据协议，企业将某资产卖给出租人，再将其租回使用。资产的售价大致为市价。采用这种租赁形式，出售资产的企业可得到相当于售价的一笔资金，同时仍然可使用资产。当然，在此期间，该企业要支付租金，并失去了财产所有权。从事售后租回的出租人为租赁公司等金融机构。

（一）直接租赁

直接租赁是指承租人直接向出租人租赁所需要的资产，并付出租金。直接租赁的出租人主要是制造厂商、租赁公司。除制造厂商外，其他出租人都是从制造厂商购买资产出租给承租人。

（三）杠杆租赁

杠杆租赁要涉及承租人、出租人和资金出借者三方当事人。

从承租人的角度来看，这种租赁与其他租赁形式并无区别，同样是按合同的规定，在基本租赁期内定期支付定额租金，取得资产的使用权。但对出租人却不同，出租人只出购买资产所需的部分资金（如30%），作为自己的投资；另外以该资产作为担保向资金出借者借入其余资金（如70%）。因此，他既是出租人又是借款人，同时拥有对资产的所有权，既收取租金又要偿付债务。如果出租人不能按期偿还借款，那么资产的所有权就要转归资金出借者。

三、融资租赁的程序

1. 选择租赁公司
2. 办理租赁委托
3. 签订购货协议

4. 签订租赁合同

5. 办理验货与投保

6. 支付租金

7. 租赁期满的设备处理

四、融资租赁风险防范

（一）信用风险

信用风险是指租人设备性能虽然良好，但是由于承租企业没有高效地加以使用，达不到预期的收益，付不起租金，造成出租人受损；或者由于出租人或供货商的败德行为，人为导致设备存在缺陷，而达不到原来设计的技术经济水平，使承租人的利益受到损失。这一风险常常带有隐蔽性，短期内参与人无法觉察到。订单的履行对供货商而言也是一种信用风险。

信用风险的测量指标主要有参与人的信用度、租金安全率等。信用风险是融资租赁中的核心风险，必须对融资租赁参与者的资信进行严格审查，事前消除隐患，同时要对有关参与人的败德行为加以监督和控制。

（二）技术风险

技术风险主要体现为设备的无形损耗，它是由于科学技术的不断进步而必然产生的一种经济现象。承租人不得不承担设备无形损耗的实际速度快于预期速度而遭受损失的风险。

技术风险的测量指标可采用设备的先进度，即承租设备的技术水平与同类设备国内或国际先进水平的比率。对于此类风险的防范，要求承租人密切关注市场动向，认真审核项目的可行性，特别是针对项目盈利水平进行科学预测。

（三）金融风险

融资租赁的金融风险表现在利率风险和汇率风险两个方面。利率风险即市场利率波动造成出租人利息收入的不确定性,将直接对投资设备的成本和投资回收产生影响；汇率风险特指在国际租赁业务中，由于汇率变化对设备的实际生产成本和租金造成的重大影响。上述风险的直接表现有可能降低设备的预期收益，使承租人的租金支付出现困难。

利率、汇率的测量主要通过对融资租赁项目的现金流量进行敏感性分析及风险动态分析来表示。融资租赁的参与者要采取一定的避险措施，如尽量以软货币进口设备，进行加价或压价保值，通过掉期、期权、远期合约或期货合约等风险管理工具的运用，将融资租赁中可能出现的风险降至最低，利用发达的风险转移市场，实现对风险由"预测"到"管理"的飞跃。

（四）市场风险

融资租赁面对的市场风险来自四个方面：第一，租赁设备到期时的残值风险。租赁期满时，承租人一般对设备有购买、续租和退租三种选择。但是，未来市场的变化往往导致设备残值被低估或高估，则对出租人或承租人的某一方来说就是损失。第二，生产设备的原材料、燃料价格上涨，可能使设备投入生产后预期收益减小。第三，该租赁设备的竞争能力下降。由于设备的市场占有率下降或者出现了更新更好的替代产品，也会使承租人的经济效益受到影响，导致租金的支付出现困难。第四，由于国家的宏观经济政策或产业结构调整，或国际经济大环境的影响，导致融资租赁成本增大，盈利能力下降。

市场风险的测量主要通过市场占有率、设备残值估计误差来衡量。这类风险的规避主要利用项目保险、履约担保来实现。

第六节　商业信用风险防范

一、商业信用的主要形式

商业信用是指在商品交易中由于延期付款或预收货款所形成的企业间的借贷关系。商业信用产生于商品交换之中，是所谓的"自发性筹资"。它运用广泛，在短期负债筹资中占有相当大的比重。商业信用的具体形式有应付账款、应付票据、预收账款等。

（一）应付账款

应付账款是企业购买货物暂未付款而欠对方的账项，即卖方允许买方在购货后一定时期内支付货款的一种形式。卖方利用这种方式促销，而对买方来说延期付款则等于向卖方借用资金购进商品，可以满足短期的资金需要。

与应收账款相对应，应付账款也有付款期、折扣等信用条件。应付账款可以分为：免费信用，即买方企业在规定的折扣期内享受折扣而获得的信用；有代价信用，即买方企业放弃折扣付出代价而获得的信用；展期信用，即买方企业超过规定的信用期推迟付款而强制获得的信用。

（二）应付票据

应付票据是企业进行延期付款商品交易时开具的反映债权债务关系的票据。根据承兑人的不同，应付票据分为商业承兑汇票和银行承兑汇票两种，支付期最长不超过6个月。应付票据可以带息，也可以不带息。应付票据的利率一般比银行借款的利率低，且不用保持相应的补偿余额和支付协议费，所以应付票据的筹资成本低于银行借款成本。但是应付票据到期必须归还，如若延期便要交付罚金。因而风险较大。

（三）预收账款

预收账款是卖方企业在交付货物之间向买方预先收取部分或全部货款的信用形式。对于卖方来讲，预收账款相当于向买方借用资金后用货物抵偿。预收账款一般用于生产周期长、资金需要量大的货物销售。

此外，企业往往还存在一些在非商品交易中产生，但亦为自发性筹资的应付费用，如应付工资、应交税金、其他应付款等。应付费用使企业受益在前、费用支付在后，相当于享用了受款方的借款，一定程度上缓解了企业的资金需要。应付费用的期限具有强制性，不能由企业自由斟酌使用，但通常不需花费代价。

二、商业信用风险防范

商业信用期限较短，企业必须在规定的信用期内筹集到相应的款项归还。对存在折扣期限的商业折扣，放弃折扣时所付出的成本较高，而且若企业不能偿还到期债务，则会对企业声誉产生不利影响。

对于商业信用存在的风险，由于商业信用期限较短，企业应当严格按照约定或合同规定，及时筹集到相应数额的资金归还债权人。权衡享受和放弃折扣的利弊，决定是否提前付款。若无特殊情况，企业不应拖欠其他企业的款项。

第四章 投资风险防范

第一节 股票投资风险防范

一、单一股票品种投资的风险防范

企业利用股票进行投资时，总是在证券市场众多的股票品种中选择一种或几种作为投资对象。投资者选择的基本原则：收益相同时，选择风险较小的方案；风险相同时，选择收益较大的方案。这就要求根据计算期望收益的有关方法，计算各种股票品种的期望收益，然后比较其大小，再做出选择。

二、股票组合投资的风险防范

组合投资理论是 20 世纪 60 年代兴起的一种投资理论，是近几十年来金融理论的一个发展。按照这一理论的创始人托宾的话，组合投资就是"不要把所有的鸡蛋都放在一个篮子里"。那么，这些"鸡蛋"该怎样放才是最安全的，并且可以"生蛋"呢？就股票投资而言，就存在这样的问题：在股票投资收益不确定的条件下，投资者如何将资金在风险差别较大的众多股票品种中进行分配、组合，以确定最佳投资结构，取得良好的投资收益。而这正是证券组合理论所研究的重要内容。

证券组合理论认为，对于期望降低风险、稳定收益的投资者来说，多样化投资是一种良好的选择。证券组合理论认为，风险不确定的多种股票按一定方式组合后，整个股票组合的风险要小于其中任何一种股票的风险。其理由是，在股票组合中，一种股票收益的变动会被其他股票收益的互补变动所抵销。在一定条件下，股票组合包含的品种越多，这一组合的总体风险就越小。不过，当股票组合的品种达到一定数量限度后，再增加组合的品种，则不能使总体风险进一步降低。而且，股票组合投资也不能完全消除风险，而只能消除一部分风险。那么，组合投资能消除哪些风险，而哪些风险又不能消除呢？

从风险形成的原因来看，可以将风险分为系统性风险和非系统性风险两种。前者是指由全局性的不确定性因素造成的风险，如整体性的财政、金融、价格、利率政策的调整，可能使证券的价格、收益发生变化。这类政策的效果是没有哪种证券可以"幸免"的。这就是一种系统性风险，是一种难以消除的风险。非系统性风险是由非全局性的事件所造成的风险。这类事件通常指证券发行者调整管理政策和经营方针、重大人事变革、变更收益分配办法等。非系统性风险包括经营风险、违约风险、商业风险和财务风险。这类风险可以通过组合投资予以消除。

第二节　债券投资风险防范

一、债券收益率的确定

债券的风险是与收益相对应的一个概念。所以，在讨论债券的风险防范对策之前，有必要讨论其收益问题。

1. 债券的偿还损益。债券有按面值发行、溢价发行和折价发行三种发行方式。当债券采取溢价或折价发行时，发行价与面值之间有一个差额。这便是债券的偿还损益。当债券溢价发行时，发行价高于面值。其差额可称为偿还差益。当债券折价发行时，发行价低于面值，其差额可称为偿还差损。

债券是按面值偿还的。因此，偿还损益对投资者的投资代价、收益有直接影响，从而改变债券投资风险。所以，研究债券投资风险的防范对策，不能不考虑债券的偿还损益。

2. 债券的理论收益率。债券的理论收益率是债券的票面收益（约定的利息）与票面价格（面值）之比。它是计算债券其他类型收益率的基础。其计算公式为：

债券的理论收益率 = 债券的票面收益 / 债券的票面价格 × 100%

该公式适用于计算按面值发行的债券的收益率。这里的收益率实质上债券的利息率。

3. 债券的实际收益率。债券的实际收益率是在其理论收益率的基础上，考虑偿还损益计算出来的收益率。其计算公式为：

债券的实际收益率 =[年票面利息 +（面值 – 发行价）÷ 偿还期限]/ 发行价 × 100%

在该公式中，当债券溢价发行时，出现偿还差益；折价发行时，出现偿还差损。这样的损益要平均分摊到偿还期内的各个年份。

4. 债券的最终收益率。债券的最终收益是指投资者在证券二级市场买进债券，并将之持有到到期日止所得到的收益。最终收益与买入价之比，就是债券的最终收益率。对于一年付一次利息的剪息债券而言，最终收益率的计算公式为：

最终收益率 =[年票面利息 +（面值 – 买入价）÷ 剩余时间]/ 买入价 × 100%

在该公式中，剩余时间指投资者在二级市场买进债券到债券到期日止所剩下的时间。

对于一次性还本付息的债券而言，应考虑从发行之日起到买进之日止、按约定利息率计算的利息。这部分利息由买入者在债券到期时一次性获得，是一种投资收益。此时，债券的最终收益率的计算公式为：

最终收益率 =[年票面利息 +（面值 – 买入价 + 前期利息）÷ 剩余时间] 买入价 × 100%

5. 债券的持有期间收益率。债券的持有期间收益率是指在二级市场买入债券，持有一段时间后，在债券到期前将其卖出所得到的收益率。对剪息债券而言，计算公式为：

持有期间收益率 =[年票面利息 +（卖出价 – 买入价）÷ 持有时间 / 买入价]×100%

二、债券转让价格的确定

债券在二级市场上的转让价格，取决于债券的最终收益率与持有期间收益率。一般地讲，投资者在转让债券时，会将这两个收益率与同期市场利率进行比较，并根据比较结果决定是否转让。如果持有期间收益率高于同期市场利率，而最终收益率低于市场利率，那么，转让便是上策；反之，应将债券持有下去，以获得最终收益率。因此，市场利率是决定转让价格的关键因素。我们可以用市场利率取代最终收益率或持有期间收益率，确定债券的转让价格。

1. 贴现债券的转让价格。贴现债券是根据货币时间价值理论设计的一种债券。其特点是发行时按一定的折现率将面值折算为现值，而到期按面值兑付。由于卖出方和买入方所站的角度有所不同，所以，卖出价格和买入价格有一些差异。

2. 一次性还本付息债券的转让价格。一次性还本付息债券的转让，实质上是在转让的时点上，根据最终收益将终值（本利总额）折算为现值。

3. 剪息债券的转让价格。剪息债券与一次性还本付息债券的基本区别，就是前者是分次付息，而后者则在到期时一次性归还本金、支付利息。因此，剪息债券转让时，应将转让之日前业已领取的利息收入，从利息总额中扣除，即只能考虑剩余利息。

三、债券投资风险的防范对策

基于以上对债券收益率和价格确定方法的讨论，下面我们分析债券投资风险的防范对策。

1. 根据债券的资信等级防范风险。债券的资信等级是衡量债券风险的一个重要依据。它是指对债务人的债务或相关责任在债务有效期内及时偿付的意愿和能力的评价。一般地讲，资信度高的债券，收益相对低，但风险小，而资信度低的债券收益相对高、但风险大。不同的资信评估机构在评级时采用的方法、符号有所不同，但其基本含义是一致的。目前，美国穆迪公司的资信评估有很大的代表性。下面，我们以其规定的符号为依据，介绍债券资信等级和相关风险问题。

第一，长期债券资信评估：这里的长期债务包括期限超过一年的债券和有关的债务责任。

AAA 级：最高级安全债券，又称为"金边"债券。投资风险最小，利息支付能力有充分的保证。即使各类保证因素可能发生变化，但是，这些变化是可以预见的，并且不会影响这类债券的根本稳定的发行地位。

AA 级：高级安全债券，还本付息能力很强。各种保证因素的波动也许会很大，并且还会有其他一些因素使债券面临一定的长期风险。总体资信等级低于 AAA 级。

A 级：中上等债券，有值得投资的价值，本金和利息安全有足够的保证，但保障性不如 AAA 级和 AA 级。

Baa 级：中等级别的债券，即具有不高、又不低的保证程度，目前的安全性、收益性没有疑问，但给予保证的因素消失、或不稳定时，本息安全可能会受到影响。

Ba 级：中低级别债券，被认为有投机性质的债券。不能认为将来的状况是良好的，还本付息的能力是有限的。

B 级：一般缺乏投资的价值，本息偿付或长期内履行合同中其他条款的保证都是极小的。

Caa 级：投机性债券，安全性极低，存在违约的可能，或者目前就存在危及本息安全的因素。

Ca 级：具有高度的投机性，经常违约。

C 级：最低等级的债券，前途无望，根本不能用来作真正的投资。

第二，短期债券资信评估：短期债务资信评估是对发行者偿还 1 年内优先债务的能力鉴定。

Prime 级：发行者具有极强的偿付短期优先债务的能力。其基本特征有：

①在成熟产业中居于市场的领先地位；

②有较高的资金回报率；

③有稳健的资本结构、适中的负债程度和充分的资产保护；

④有丰厚的盈利支付固定的财务成本；

⑤在各个金融市场上有良好的信誉。

Prime-2 级：发行者具有较强的偿付短期优先债务的能力。这种能力一般也具有上面列举的几点特征，但要弱一些。与 Prime 级相比，收益趋势、利息与利润的比率更易变化，资本特征更易受到外部环境的影响。

Prime-3 级：发行者具有可接受的偿付短期优先债务的能力。这种能力主要受产业特征、市场结构的影响，收益和获利能力的变动将引起债务保护水平的变化，并且要求相对高的融资杠杆比率。

Not Prime 级：发行者的资信状况较以上三个等级均差。

债券发行者的资信评估结论，对债券投资有很大的指导作用。投资者可根据结论选择级别高、风险小、收益有保证的对象进行投资。当然，正如穆迪公司所说的，资信评估结论只是参考性意见，不是债券买卖的推荐书，也不能保证其完全准确。并且，资信评估结论也只是债券投资决策中考虑的一项因素，随着债务人经营状况的变化，债券的级别也会相应地变化。因此，投资者应综合权衡各种因素后作出投资决策。

2. 根据经济运行环境防范风险。国内外的经济发展史表明，社会经济运行总是呈现一定的周期性。一般地讲，当经济趋于衰退阶段时，社会的资金需求总量萎缩，市场利率下降，投资机会减少；反之，当经济趋于繁荣阶段时，社会的资金需求总量放大，市场利率上升，投资机会增多。经济运行的周期性环境对债券投资风险回避的启示是：在经济运行趋于繁荣时，买入利息较高、期限较短的债券；而当经济运行环境趋于衰退时，则买入利息较低、期限较长的债券。

3. 根据财政金融政策防范风险。财政金融政策是国家调节经济运行的基本工具。当政府采取增加公共支出、加强基础设施建设等从宽的、积极的财政政策时，社会对资金的需求量会增加，利率可能上升，投资者可买入短期债券、而卖出期限较长的债券；反之，利率会下降，投资者可买入长期债券、而卖出期限较短的债券。

在金融政策方面，央行银根放松，如货币供给量增加、中央银行贴现率降低、银行存款准备金比率下调，必然有大量资金流入证券市场，这会导致利率下降。在这种情况下，投资者应买入长期债券、卖出短期债券，以回避风险。反之，银根紧缩，资金会流入银行，这会导致利率上升。投资者应买入短期债券、卖出长期债券，以回避风险。

4. 从操作策略上防范债券风险。投资者可以选择的防范策略有：

（1）持有到期末。持有到期末的基本做法，是在对债券的风险、收益进行分析的基础上，购买某种债券，并持有到期末的一种投资策略。采用这种策略，可以在一定程度上消除市场利率波动对债券价格的影响，以获得较稳定的收益。同时，这种策略还可以避免经常转换债券所增加的成本。

（2）品种互换。品种互换主要有以下几种交易方式：

第一，短期债券更换长期债券。如上所述，当市场预期的利率呈下降之势时，投资者应买入长期债券、卖出短期债券，以避免风险。因为长期债券的到期日长，在利率下跌时，价格上升幅度较大。

第二，长期债券更换短期债券。当市场预期利率呈上升之势时，投资者应买入短期债券、卖出长期债券，以回避风险。因为短期债券的到期日短、风险较低，在利率变动时可以减少一定损失。

第三节　房地产投资风险防范

一、房地产投资的特征

1.房地产业的特征。房地产业一般是指从事房地产开发、经营、管理和服务的行业，主要包括土地的开发，房屋的建设、维修、管理，土地使用权的有偿划拨、转让，房屋所有权的买卖、租赁，房地产抵押贷款，以及由此形成的房地产市场。

房地产是一种特殊的商品，与一般商品相比，有许多不同的特点。

（1）土地兼有自然的和经济的双重属性。土地的自然属性是指土地作为单纯的可被利用的自然资源所具备的特征。土地是自然造化之物。所以，土地的自然属性是"与生俱来"的。这表现在以下几点：①不可位移性。即土地的空间位置是天然形成的，后天无法改变。②供给总量的不变性。从经济学角度讲，土地是一种稀缺的自然资源，其总量是固定不变的，不可能随着人类社会对土地需求量的增加而增加。③生产力的永存性。这是指土地天然存在的可以被人类利用的属性不会消失。要说明的是，这里的永存性不包括对土地开发、利用不当而导致的土地的生产率下降的情形（如对农田掠夺性经营后，土地的肥力下降，产量减少）。

土地的经济属性是指土地在被人类利用中所体现出来的一些特性。这主要表现在以下几点：①经济功能的多样性。这是指一片土地具有可以替代的多种用途。正因如此，在开发、利用土地资源时，要反复论证，以使土地的使用效率最高、效果最好。②使用方式的可改变性。由于土地的功能具有可替代的特征，因而，可以根据经济社会发展的需求改变原有土地的使用方式。③土地价值的区域差异性。这是从地缘上考察土地的价值。在现实经济生活中，区域不同，土地价值的差别相当大，有的可以说有天壤之别。例如，城市与乡村土地的价值不一样；在城市，商业中心与非商业中心土地的价值也不一样。

（2）房产与地产的不可分离性。土地上如有房产等建筑物、附着物，便具备了房产与地产不分离的特征。投资购买有建筑物、附着物的土地使用权，应连带购买建筑物、附着物；从另一角度讲，投资购买一栋房产、或者附着物，也应享受该建筑物、附着物使用范围内的土地使用权。

（3)显著的正外部效应。经济学上的外部效应是指一种活动带来的积极或消极影响。对应分为正外部效应和负外部效应。房地产业有很强的正外部效应。许多国家或地区在经济发展中，都将房地产业作为主导产业、支柱产业，期望通过对房地产业的扶持，从而带动经济增长。产业经济学的研究表明，房地产业可以带动机械、化工、建材、冶金、汽车、交通等几十个产业的发展。另外，房地产业的快速、健康发展，可以为地区经济的发展创造良好的投资、生产、生活环境。

（4）发展速度的依附性。虽然房地产业有很强的正外部效应，但是，从总体上讲，房地产业的发展有很强的依附性。这主要是指以下内容：①对政策的依赖。就我国的情况而言，房地产业的兴衰在很大程度上取决于政府的宏观经济政策，或者说，与整个经济周期有很大的相关性。经济高速增长阶段，银根放松，房地产业发展速度快；反之，其发展则比较慢。②对其他产业的依赖。房地产业有时是其他产业发展的中间环节，这就使得它对这样的产业有很大的依附性。例如，建筑密度大的老工业基地房地产业的发展，在很大程度上取决于对老工业基础的改造，如厂房翻新、道路拓宽、基础设施改造、技术改造，会带来房地产业的快速发展。

2. 房地产业投资的特征。房地产业有一些独特的属性，使其在投资上也有一些特殊性。这表现在以下几个方面：

（1）房地产的供给弹性小，对其投资要有一定的超前性。

如前所述，土地的供给总量是既定的，加之房产、建筑物等地上附着物的投资需求量大、建设周期长，使得房地产的供给弹性小。即房地产供给的变化幅度要小于其价格的变化幅度。

从经济学的角度讲，供给弹性小，调整生产、增加供给的难度比较大。因此，为满足经济社会发展的需要，房地产投资要保持一定的超前速度。否则，在社会对房地产业有较大需求时，房地产的供给能力有限，一方面将难以满足社会需求，另一方面也会使自身陷入被动局面。

（2）房地产投资可以延缓通货膨胀的压力。房地产业发达的国家的经济发展表明，房地产投资在很大程度上可以延缓通货膨胀的压力。在美国，20世纪40年代中期到70年代中期，建筑成本指数与房产租金指数呈同步变化态势。这意味着房地产业在一定程度上消除了通货膨胀的影响。从经济学的角度讲，房地产业投资延缓通货膨胀压力的基本原因，在于土地是稀缺资源，供给有限，而随着社会经济的发展，人类对房地产的需求则呈增长之势。供给有限和需求无限，就使得房地产的价格可以与物价保持同步增长的态势。

（3）融资功能强。房地产投资的一个优势就是便于利用债务形式融资。其典型形式是抵押贷款。在西方发达国家，房地产投资中债务融资的比例可能占到一项房地产投资价值的80%，甚至更高。为什么房地产投资能够比较方便地获得金融机构的贷款呢？那是因为房地产具有自身价值大、不能位移、能延缓通货膨胀压力等优势，所以，它较易为金融机构接受，容易获得抵押贷款。

（4）流动性不强。与股票、债券等金融资产相比，房地产的流动性较差。其基本原因有：①房地产的通用性较差。例如，工业厂房一般难以用于居民居住，即使可以转换用途，也要付出很大的代价。这使得其流动性不强。②房地产投资所需资金大，这使得一般人难以涉足房地产投资领域。③对居民而言，房地产是供居住的基本生活必需品，对企业而言，房地产是基本的生产资料。这样的特征使得房地产不能像股票、债券那样被大众"炒作"等，不一而足。

二、房地产投资风险防范

1. 房地产开发中的风险防范

如果投资者从买地建房开始，那么，应防范以下几个方面的风险：

（1）建筑成本上升带来的风险。一般而言，建筑成本包括土地开发成本和房屋建筑物建造成本。在预算和人工成本等可控因素基本保持不变的情况下，建筑成本的高低主要由建筑材料决定。而建筑材料成本又是投资者不可控制的一个因素。建筑成本上升，主要是通货膨胀造成的。因此，投资者要根据有关通货膨胀会计理论，做好防范建筑成本上升带来的风险的会计处理。

（2）施工工期延长带来的风险。影响施工工期的主要因素有：①自然条件，如天气变化不利，可能延长工期；②不可抗拒的意外事故；③材料、人工短缺，资金供给矛盾大。这些因素会使工期延长，从而加大建筑成本。防范这类风险的主要对策有：①强化预算，切实做好可行性研究，减少、以至杜绝盲目性；②认真执行预算，严格按照规划进行施工；③增强协调能力，及时研究、处理施工中出现的问题。

2. 房地产市场运行中的风险防范。

（1）我国房地产市场运行中存在的主要问题。综合地讲，改革开放以来，我国房地产市场经过近二十年的发展，取得了非常大的成绩。但是，目前还存在一些问题。这主要表现在以下几个方面：①市场运行缺乏均衡性、稳定性。房地产开发、房地产买卖时冷时热。1981 年，全国仅有几家房地产公司，而到 1988 年，就发展到 3124 家。1992 年后，房地产开发、房地产市场就更为"火爆"。但是，到 1996 年我国经济成功"软着陆"后，房地产市场进入极度的萎缩期，全国许多大中城市有大量的现房卖不出去，有许多未完工程等待完工。可以毫不夸张地说，到 2000 年，我国的房地产开发、房地产市场也未走出低谷。②房地产市场政策不配套。新房地产市场与旧房地产市场政策不配套，现房交易市场难以建立、运行；对成片开发的房地产而言，物业管理问题多，消费者权益经常受到损害；等等。③房地产价格不合理。这是一个有目共睹、也引起了广大投资者、消费者不满的问题。价格不合理的基本原因，是因为与房地产开发、经营直接、间接有关的费用太高、太多。这应通过改革减少、取消不合理收费。④房地产市场的中介组织建设问题多。第一，中介组织虽然设立了不少，但真正懂经营、会管理、知法律的专业人才，还是比较少的。第二，中介市场运行的政策不统一。以评估为例，现在全国有关房地产评估的政策，有财政部门制定的、有房地产管理部门制定的。并且按照财政部门的政策完成房地产评估后，还要得到房地产部门的认可。这种做法既增加了中间环节、成本，又不符合国际惯例。因此，要按照国际惯例和建立统一的房地产市场、评估市场的要求，规范我国的房地产中介政策。

（2）房地产市场运行中的风险防范。房地产市场运行中防范风险的对策有：

①掌握房地产市场结构的特点。我国通常将房地产市场分为二级。一级市场即土地使用权出让市场。这是指政府代表国家将国有土地的使用权在一定年限内让渡给土地使用者，由其向政府交纳使用费的市场。一级市场的特点有以下几点：第一，土地使用权出让的唯一主体是代表国家的各级政府。政府垄断了一级市场的土地出让。第二，被出让土地的用途由政府单方面决定，并且一经确定，土地使用权的购买者不能擅自改变。第三，被出让土地的价格由政府根据市场行情、经济发展趋势、评估价决定。第四，由政府根据需要分别采取协议出让、招标投标和拍卖等方式出让土地使用权。在这几种方式中，以拍卖、招投标方式的公开化、市场化程度最高，效果也最好。正因为可以采取这样的方式，所以，在一级房地产市场上，也存在着竞争。第五，我国目前各类土地使用权出让的最高年限由国务院确定。二级市场是房地产开发经营市场，即对取得使用权的土地进行开发，生产出建筑产品，如房屋、基础设施等，用于出租、出售，或者将经过开发的土地使用权（所谓的"熟地"）再有偿转让的市场。二级市场的特点有以下几点：第一，市场主体是房地产开发企业。第二，对取得使用权的土地进行开发，必须符合土地使用权出让合同约定的用途。第三，"生地"开发为"熟地"后方能转让。转让年限为出让合同约定的年限减去已使用年限的剩余年限。第四，房地产转让时，应向县级以上地方人民政府规定的管理部门如实申报成交价。从上面的分析中可以看出，掌握房地产市场结构的特点，可以从土地使用权的使用年限、用途、转让条件（如"熟地"方能转让）等方面，回避风险。

②认真研究房地产市场动态。研究房地产市场动态是作好投资决策的基本前提。市场动态研究可以掌握市场的现状、变化趋势，了解市场的潜在机会和危机，可以为制定经营决策、营销策略、价格政策，提供切实可靠的依据。研究房地产市场，首先要分析影响房地产市场运行的因素。一般地讲，影响房地产市场运行的因素有以下几点：第一，国家的宏观政策。房地产投资是整个国家金融活动的组成部分，很明显地受到国家宏观政策的影响。国家的消费政策、财政政策、金融政策等，对房地产市场的投资有直接的影响。第二，土地的供给量。土地是房地产市场的基本构成单位。离开土地，就不会有房地产市场。因此，土地的数量对房地产市场有直接影响。土地的数量取决于土地的供给量，而供给量又是由国有土地的划拨、出让，集体土地征用，旧城区改造，复垦等因素决定的。第三，房屋等建筑物的供给量。这种供给量决定房地产市场的价格走势，是投资的重要影响因素。第四，社会需求。这主要是指居民对房地产商品有支付能力的需

求。如果需求旺盛，那么，企业投资开发的房产的销路就好，反之，销路就差。需求的大小，受居民现实收入水平和对收入的预期、国民经济发展状况、人口增长等因素的影响。根据以上因素，在市场调查的基础上，对未来市场动态进行预测，就可以避免盲目投资。这样就回避了最大的风险。

③掌握房地产投资方面的法律规范。在许多情形下，法制不健全是风险的一大来源。因此，掌握、运用法制是回避风险的一大武器。目前，我国房地产市场的法律体系由《城市房地产管理法》《土地管理法》和《城市规划法》三部法律及相关管理制度、条例等组成。《城市房地产管理法》是房地产开发和经营的基本法律依据；《土地管理法》则为土地的行政管理提供了保证；《城市规划法》是依法规划城市的准绳。从房地产开发程序的角度讲，利用法律、制度回避房地产投资风险，要注意以下几点：

第一，在获取土地使用权阶段，要根据《土地管理法》《城镇国有土地使用权出让和转让暂行条例》及《外商投资开发经营成片土地暂行管理办法》等法规，依法取得土地使用权。在取得使用权时，要与有关单位、部门签订土地使用权出让合同。

第二，取得土地使用权后，便进入开发阶段。此阶段可能遇到的第一个问题就是城市房屋拆迁。这就要按照国务院发布的《城市房屋拆迁管理条例》的要求，完成拆迁工作。其中一个重要问题是防范和化解拆迁过程中出现的纠纷。

第三，在房地产开发过程中，要按照《城市房地产管理法》等法规的要求，管理好开发项目。其主要内容有可行性研究管理、规划与设计管理、项目的招投标管理、现场管理、质量监理、竣工验收等。

第四，利用房地产项目筹资是房地产投资的重要特征。房地产项目开发需要的资金量大，向银行抵押贷款，或者向社会集资、出售楼花等，是可行的筹资渠道。在筹资中，房地产企业要严格执行金融、企业财务等方面的法规，防范和化解一些投资风险。

第五章　成本管理风险防范

第一节　现代成本管理新动向

一、作业成本

（一）作业成本的产生

70 年代以来，面对高科技蓬勃发展的新形势，西方国家企业采取了各种提高劳动生产率、降低成本、提高产品质量的自动化方案和管理策略。在生产自动化方面，电脑辅助设计、电脑辅助制造、弹性制造系统以至电脑一体化制造系统的使用日趋普及起来。电脑化设计与制造系统的建立，也使在管理方面的适时制（JIT）应运而生。它的出现，使传统的成本管理会计受到了强烈的冲击，并由此引发了成本会计发展史上的第三次革命。

JIT 的涵义是指以必要的劳动，确保在必要的时间内，按必要的数量，生产必要的产品。与传统的制造系统相比，JIT 主要有以下几个特点：

1. 以需求拉动生产。JIT 的基本哲学是仅在顾客需要时才生产，并只生产顾客需求的数量。在制造过程中，前一步骤的生产是为了满足后一步骤的需要，若后一步骤未发出需求信号时，则不生产。

2. 零存货。JIT 系统由于仅在接到需求信号时才生产，且零件及原材料均于生产使用时才及时到达，因而可能实现"零存货"（或仅有少量存货）。

3. 全面质量管理。传统的质量管理允许品质水准存在，而在 JIT 环境下，由于没有存货备用，一旦产品发生质量问题，将会使整个生产过程中断，导致严重的不良后果。所以 JIT 的实施，要求全面质量管理相配合，无止境地追求完美品质，即为实现"零缺陷"的目标而奋斗。

4. 制造单元与多功能工人。传统的制造环境采用部门作业和专业工人，而 JIT 则采用制造单元的方式进行生产。制造单元可称为"工厂中的工厂"，每一单元容纳一群机器，担任并完成一种产品或同一系列产品的生产。JIT 环境要求工人改变以往只能胜任某一固定作业的情况，对其施以各种培训，使之成为多功能工人，能胜任单元内的各种作业。

5. 服务部门分权化。JIT 要求能简单而迅速地提供支援服务，因而反对集权式的服务策略，代之以服务部门的分权化。

作业成本的推行，使传统的成本计算方法受到挑战。

1. 变动成本法由理论推向全面实践。遇到了困难，企业家更重视完全成本法。变动成本法是流行于西方会计理论界的一种先进的成本计算方法，其基本原理是将成本分为固定成本与变动成本，固定成本是不可避免成本，与业务量多少无关，只有变动成本才是随业务量变化的成本，计算产品的成本应只计算变动成本，这样提供的成本信息及与此有关的创利能力信息适用于企业作出科学的经营决策。但在市场竞争实践中，企业家发现，只有确定了产品的全部成本，才能作出较为合理的售价与订货决策。同时，适时生产系统的广泛推行，使变动成本占总成本的比重越来越小，往往低于 10%，把固定成本按期间费用处理，并不能为日益增长的固定成本管理提供良策。所以，在现代经济中，完全成本法是比变动成本法更具适用性的方法。

2. 完全成本法下传统的间接费用分配方法不尽合理，迫切需要探求新的分配方法。完全成本法要求把包括直接成本和间接成本在内的全部成本追溯到各有关产品中去。由于直接成本的归属对象明确，可以做到相对准确，但间接费用需要采用一定的分配方法才能归属到各产品中去，而这些分配方法的合理性历来就是人们议论的焦点。

分配间接费用，国际通行的是"两步成本分配法"：第一步，将成本分配到各成本中心；第二步，将各成本中心的成本分配到各产品中去。问题的关键在第二步，究竟以什么标准将间接成本分配到各产品中去？

对此，目前流行的做法是以直接人工即工资为分配依据。这在直接人工占全部制造成本绝大比重的条件下，分配结果可能较为准确。但在生产自动化和计算机辅助生产线已广泛推行的条件下，绝大部分产品和劳务的直接人工成本比例显著减少，如人工分配间接费用的做法，结果必然会导致产品成本的严重扭曲。

3. 作业成本法是改革传统成本计算体系的成功尝试。面对成本计算方法中存在的间接费用分配不甚合理的现实，理论与实务界一致认为必须予以改革。

第一种是较多企业已采用的"小改"尝试，以机器小时代替人工工时作为分配基础。

第二种是少数企业采取的"中改"尝试，以"复合数量基础法"代替传统方法。所谓"复合数量基础"，是对不同性质的间接费用，分别采用几种不同的数量加以分配。例如，对一般行政管理费按人工分配，对动力费按机器运转小时分配，对修理费按劳务受益量分配等。

第三种是个别企业（高科技企业）采取的"大改"尝试，实行作业量基础成本计算法。

（二）有关概念

有关作业成本的基本概念，不同于传统成本会计的基本理论知识。

1. "作业"和"作业成本"。作业是企业提供产品或劳务过程中的各个工作程序或工作环节，也是所消耗的人力、技术、原材料、方法和环境的集合体。产品生产过程由作业构成，生产过程中的消耗表现为作业消耗。企业的作业种类繁多，表现出不同的特性，有些作业使每一单位产品都受益，与产品量成比例变动；有些作业与产品批别有关，使一批产品受益，与产品的批数成比例变动；有些作业与某种产品相关而与产品产量及批数无关。

维持作业所发生的消耗称为作业成本。作业消耗资源与成本，产品消耗作业，因而作业成本同时又是产品成本形成的基础，产品生产过程中的费用消耗表现为作业的费用消耗。

2. "作业链"和"价值链"。在作业管理观念下，企业的生产经营被看作为最终满足顾客需要而设计的"一系列作业"的集合体，因而形成企业的作业链。企业的作业链由直接人工作业、材料消耗作业及其他制造作业三条平行而又相互交织的作业链构成。

按照作业会计的原理，产品消耗作业，作业消耗资源，于是就有下述关系：每完成一项作业就消耗一定量的资源，同时又有一定价值量和产出转移到下一个作业，照此逐步接转下去，直至最后一个步骤将产品提供给顾客。作业的转移同时伴随价值的转移，最终产品是全部作业的集合，同时也表现为全部作业的价值集合。因此也可以说，作业链的形成过程，也就是价值链的形成过程。

作业形成价值，但并非所有的作业都增加转移给顾客的价值。有些作业可以增加转移给顾客的价值，称为增加价值的作业；有些则不能增加转移给顾客的价值，称为不增加价值的作业，或浪费作业。企业管理就是要以作业管理为核心，尽可能消除不增加价值的作业，对于增加价值的作业，尽可能提高其运作效率，减少其资源消耗。

3. "成本动因"。成本动因是指引起成本发生的作业或因素。成本动因驱动成本，发生的成本按成本动因进行分配。作业成本计算中，发生的成本按作业的消耗量进行分配。例如，"检验"这一作业，其成本就应按产品所消耗的检验作业量会进行分配，由于检验作业量可以用检验小时表示，检验成本分配的主要依据就是检验小时，当每次检验的时间较稳定时，分配依据可简化为检验次数。

4. "作业成本制"。作业成本制认为产品成本由作业成本构成。作业成本计算的基本思路是：产品消耗作业，作业消耗成本，生产费用应根据其产生的原因汇集到作业，计算出作业成本，再按产品生产所消耗的作业，将作业成本计入产品成本。按这一思路，作业成本计算既可计算出产品成本以满足损益计算的要求，又可计算出作业成本以满足作业管理的要求。作业成本制实质上是将制造费用按作业划分为不同的各个部分，每一部分按与之相关联的作业进行分配，选用的成本动因较多，比传统成本计算方式下成本分配标准更多更具体，其计算的产品成本更为准确，对决策更为有用。

（三）作业成本的计算原理

作业成本和传统成本计算方法的不同，在于它从以"产品"为中心转移到以"作业"为中心上来，通过对作业成本的确认、计量，尽可能消除"不增加价值作业"，改进"增加价值作业"以及提供有用信息，从而促使有关的损失、浪费减少到最低限度。作业成本计算法通过分别设置多样化的成本库，并按多样化的成本动因进行成本分配，使成本计算特别是使比重日趋增长的制造费用按产品对象化的过程大大细化了，从而使成本的可归属性大大提高。也就是使产品成本中有技术依据，能直接归属于有关产品的成本比重大大增加，而按照人为标准间接分配于有关产品的成本比重缩减到最低限度，使得产品成本尽可能与产品实际成本接近，提高了成本计算的相对正确性。

作业会计程序与传统成本程序的根本差异表现在三个方面：

（1）成本库是作业而不是产品成本中心；（2）将作业成本分配到产品中去的基础是成本动因，这一点在传统成本制度下是没有的，或者说还没有定义过作业和成本动因；（3）将各个作业中心的成本分配到最终产出（产品、劳务或顾客）。

在作业成本制下，产品成本由作业成本构成，汇集的作业成本按各产品消耗的作业量的比例分配，计算出各产品的作业成本，确定各产品成本。

二、质量成本

质量是产品的生命线。一个企业的产品是否畅销，质量是关键。质量高，产品销路好；质量差，产品就会滞销。但是，如果企业追求不必要的过高质量，也会使产品因成本的大幅度提高而导致售价过高，反而限制了产品销路，致使企业得不偿失。这就出现了一个问题，如何保证产品质量与质量成本的最佳配合，使企业取得最好效益，即如何加强对质量成本的控制。

（一）质量成本的构成

质量成本是指企业为保持或提高产品质量所支出的一切费用，以及因产品质量未达到规定水平所产生的一切损失。这样质量成本的内容包括两方面：一是预防和检验成本；二是损失成本。

1.预防和检验成本。预防和检验成本由两部分构成：预防成本和检验成本。所谓预防成本是指为保证产品质量达到一定水平而发生的各种费用。例如，质量计划工作费用，新产品评审费用，质量审核费用，质量情报费用，人员培训费用和质量奖励费用等。所谓检验成本是指为评估和检查产品制造质量而发生的费用。如进货检验费，工序检验费，产品检验费，破坏性试验的产品试验费用和检验设备的维护、保护费用等。

2. 损失成本。损失成本包括内部质量损失成本和外部质量损失成本两部分。所谓内部质量损失成本是指生产过程中因质量问题而发生的损失成本，包括产品在生产过程中出现的各类缺陷所造成的损失，以及为弥补这些缺陷而发生的各类费用支出，如报废损失、返修损失、复检费用、停工损失、事故分析处理费用和产品降级损失等。所谓外部质量损失成本是指产品销售后，因产品质量缺陷而引起的一切费用。例如，支付用户的索赔费用、退货损失、保修费用和折价损失等。

损失成本和与质量有关的预防和检验成本是两类具有不同性质的成本。预防和检验成本属于不可避免成本，随着产品质量的不断提高，这部分成本不断增大。损失成本则属于可避免成本，随着产品质量的不断提高，这部分成本将逐渐下降，产品质量的高低通常以产品的合格品率来表示。质量成本是预防和检验成本与损失成本之和。

具体控制措施程序如下：

1. 确定最优质量成本，并以此作为质量成本控制的总目标。质量成本线是一条由两类不同性质的成本所决定的凹形曲线，最优质量成本既不是在质量最高时，也不是在质量最低时，而是在使质量成本两项内容之和最低时的质量水平上。

从理论上讲，当单位预防和检验成本等于单位质量损失成本时，可找到最优合格品率及最优质量成本。

2. 建立健全质量成本管理的组织体系。有了质量成本的控制标准，还应建立健全质量成本管理的组织体系，以确保目标能够实现。由于质量成本涉及企业的诸多部门，如供应、生产、销售、质检、财会等部门，因此，必须划分责任，控制。

3. 应坚持预防为主的方针。在质量成本控制中为保证一定的质量水平，应适当地增大预防检验成本占质量成本的比重，这样可减少事故成本的发生。

4. 计算和分析质量成本差异。企业应及时计算实际质量成本脱离预算的差异，并对此分项逐一进行分析，寻找原因，以采取相应措施加以控制。

（二）最佳质量成本控制模型方法

确定最优质量成本的方法有两种：边际分析法和合理比例法。

1. 边际分析法。边际分析法又称公式法，此法是微分边际理论在最优质量成本控制中的应用。如果以合格品率代表质量水平，则存在最优质量成本即最佳的合格品率。

2. 合理比例法。此法是根据质量成本各项目之间的比例关系，确定一个合理的比例，从而找出质量水平的适宜区域，而不是确定最优质量成本点。因为达到某一点的合格品率不易保持，而使合格品率保持在某一范围内还是容易做到的。

如果产品质量处于改善区，说明产品质量水平较低，损失成本高，这为企业敲响警钟，企业应尽快采取措施，追加预防和检验成本，尽可能提高产品质量；如果产品质量处于至善区，说明产品质量水平过高，而且超过了正常的需要，出现了不必要的质量成本损失，这也是不可取的。理想的质量水平区域是适宜区，在这一区域内，质量适当，成本低，经济效益质量成本诸项目间，客观地存在着一个合理比例，当达到这一合理比例时，质量便处于适宜区。外国专家研究认为，在一般情况下，质量成本中，预防成本占 10% 左右，检验成本占 30% 左右，损失成本占 60% 左右。经过我国一些企业的实践证明，这一比例基本上具有代表性。当然，我们不能对此绝对理解，还应根据企业自身的具体情况来确定。

三、标准成本

在一般情况下，工业企业的产品成本是依据生产产品实际耗用的直接材料、直接人工及制造费用计算出来的。这种成本是一种历史实际成本，其成本的高或低已成为事实，在成本管理中所起的积极作用并不是很大，因而就产生了标准成本。

标准成本是指按照成本项目反映的，在已经达到的生产技术水平和有效经营管理条件下，应当发生的单位产品成本目标。

（一）制定标准的主要作用

制定标准成本，对于指导和控制企业的日常经济活动意义重大，主要体现在以下几个方面。第一，便于分清各部门责任。由于标准成本的每个成本项目都采用单独的价格标准和数量标准，因而就可确定每个成本项目实际脱离标准的差异的责任归属，从而分清各部门责任。第二，用于控制日常发生的经济业务，揭示差异，分析原因，并保证企业预定目标的实现。第三，标准成本可以为正确进行经营决策提供有用的数据。因为要评价不同方案的经济效果，往往需要考核不同方案的差别成本，而差别成本的资料来源是事先制定的标准成本卡，它为差别成本提供现成的资料。第四，促进和简化产品成本的计算。在标准成本系统中，将标准成本和成本差异分别列示。原材料、在产品、产成品和产品销售成本在日常账务处理中均可按标准成本入账，这就大大简化了日常的账务处理工作。

（二）标准成本的制定

标准成本的种类有基本标准成本、理想标准成本、正常标准成本等，其中在实际工作中应用最广泛的是正常标准成本。正常标准成本是根据企业的正常生产能力，以有效经营条件为基础而制定的标准成本。这种标准成本的实现，既不是轻而易举，又不是高不可攀的，而是经过努力可以达到的，因而在成本管理中能充分发挥其应有的作用。后面我们所说的标准成本一般就是指正常标准成本。

产品成本由直接材料、直接工资和制造费用三个成本项目组成。标准成本应分别按照这三个项目制定。其基本形式是：

标准成本 = 标准用量 × 标准价格

"标准用量"包括直接材料的标准用量和生产工时的标准用量；"标准价格"包括材料标准单价、人工标准单价（标准小时工资率）、制造费用标准单价（小时费用率）。"标准用量"主要由工程技术部门制定，标准价格则由会计部门会同有关责任部门（如采购部门、劳动部门等）研究制定。

1. 直接材料的标准成本。制定直接材料的标准成本，应先确定单位产品的用料标准和材料的标准单价，然后可按下列公式计算直接材料的标准成本：

直接材料标准成本 = 单位产品的用料标准 × 材料的标准单价

2. 直接工资的标准成本。制定直接人工的标准成本，应先确定单位产品的标准工时和每小时的标准工资率。单位产品的标准工时，相当于单位产品的工时定额，每一工时的标准工资率，为每一工时应分配的标准工资，其计算公式如下：

标准小时工资率 = 预计直接人工工资总额 / 标准总工时

确定了上述两个标准后，可按下列公式计算直接工资的标准成本：

直接工资标准成本 = 单位产品的标准工时 × 标准小时工资率

3. 制造费用的标准成本。制造费用包括变动性制造费用和固定性制造费用两部分。制造费用的标准成本也需区分为两个方面加以确定。

（1）变动性制造费用的标准成本

变动性制造费用的标准成本 = 单位产品标准工时 × 变动性制造费用标准小时费用率

其中：变动性制造费用标准小时费用率 = 变动性制造费用预算总额 / 产品标准总工时

（2）固定性制造费用的标准成本

固定性制造费用的标准成本 = 单位产品标准工时 × 固定性制造费用标准小时费用率

其中：固定性制造费用标准小时费用率 = 固定性制造费用预算总额 / 产品标准总工时

（三）成本差异的揭示分析

在标准成本制度下，成本差异是指在一定时期生产一定数量的产品所发生的实际成本与相关的标准成本之间的差额。从成本差异产生的原因来看，有用量差异和价格差异两种；从成本管理的效果来看，则有有利差异（负差异）和不利差异（正差异）两种。

由于标准成本是分别按直接材料、直接人工和制造费用制定的，所以，成本差异也从这三方面进行分析。

1. 材料成本差异。材料成本差异的分析包括消耗量变动差异和单价变动差异两方面。计算公式为：

材料成本总差异 = 材料实际消耗总成本 − 材料标准消耗总成本

其中：

材料成本用量差异 = （材料实际消耗总量 − 材料标准消耗总量）× 材料标准单价

材料成本价格差异＝材料实际消耗总量 ×（材料实际单价－材料标准单价）

注意计算中"材料标准消耗总量"指标应按产品实际产量的口径计算，即以产品实际产量乘以单位产品的用料标准得到。

对用量差异和价格差异需进一步分析差异产生的实际具体原因，以便进行成本控制。

2.工资成本差异。工资成本差异包括人工效率差异（量差）和工资效率差异（价差）两方面。

3.制造费用差异。

第一，变动性制造费用差异。变动性制造费用差异包括变动性制造费用耗用差异（价差）和效率差异（量差）。

第二，固定性制造费用差异。固定性制造费用主要是与生产能力的形成及其正常维护相联系的，生产活动水平在一定范围内变动，并不会对它直接产生影响。因此，对于固定性制造费用，主要是按一定期间编制预算，在一定相关范围内采用固定预算而不是弹性预算，根据固定性制造费用的特点，其差异包括效率差异、耗费差异和生产能力利用差异。

通过各方面的揭示分析，有助于明确区分经济责任，正确评价各有关方面的工作质量和效果。

（四）成本差异的账务处理方法

对成本差异的账务处理方法，大体上有三种。

1.直接处理法，即将本期发生的各种差异全部计入损益表，由本期收入补偿，视同于销货成本的一种差异处理方法。

2.递延法，即把本期的各类差异按标准成本的比例在期末存货和本期销货之间进行分配，从而将存货成本和销货成本调整为实际成本的一种差异处理方法。

3.稳健法，即将各类差异按主客观原因分别处理：对客观差异（一般指价格差异）按递延法处理，对主观差异（一般指用量差异）按直接处理法处理。

对上述各种处理方法，企业可根据各自的情况选择采用。

四、物流成本

所谓物流，就是物品借助于人力、物力和信息在空间上的实体运动。其基本构成要素包括物品的包装、运输、保管、装卸等活动。企业物流按经历的物流领域可分为供应物流、生产物流、销售物流、废弃物流和退货物流。

物流成本则是指企业在物流活动中发生的各项费用支出。在美国兴起的物流管理学中，把物流成本称为"降低费用的宝库工是降低成本继销售额增加、生产成本降低之后的"第三利润源泉"，也是"降低成本的最后边界"。

（一）物流成本的内容

物流成本的内容，可以从以下三个方面来分析。

1. 从物流领域看，物流成本包括供应物流成本、公司内物流成本、销售物流成本、退货物流成本、废弃物流成本。

2. 从支付形式看，物流成本包括材料费、人工费、公用事业费、维持费、一般经费、委托物流费等物流费用。

3. 从物流机能看，物流成本包括包装费、运输费、保管费、装卸费、流通加工费、情报流通费和物流管理费等物流费用。

（二）物流成本管理技巧

1. 建立物流子公司

物流子公司是代行母公司物流管理业务的公司，它将本来分散于各企业中的物流职能分离出来，把本来无论从规模及管理上都不受重视，但对企业效益有重要影响的物流成本，形成专门经营物流的行业，从而大量地降低物流成本。建立物流公司，由于明确了物流费用，就可以最经济有效地使用费用；有利于企业与物流公司之间在物流经济上形成互为制约的机制；有助于物流子公司长远地培养各种人才，并进行系统教育；扩大了物流合理化的对象领域，而不再是单纯服务于某一个特定企业物流的"辅助生产"。物流子公司的建立，也会带来一些新的问题，如：如果母公司物流合理化，物流子公司的销售额会减少；来自母公司的干涉有时很强，子公司在涉及与母公司利害关系问题上即使有利于本身物流业务优化也无自决权；与母公司交涉事项较多，不得不浪费能源等。

2. 采取多种措施，努力实现物流合理化。

（1）缩短物流途径，扩大直接运送，少库存点，从而完善物流途径。

（2）扩大运输批量。货物的批量化，可以在降低运输费用方面取得明显的效果。

（3）合理的库存。减少库存点，切实管理好库存物资，运用经济库存维持合理的库存量，提高保管效率。

（4）物流作用合理化，实现机械化、集装箱化、托盘化。

（5）建立物流信息系统。这不仅能提高为顾客服务的质量，将接受订货的商品迅速、准确地交给顾客，而且还有助于降低物流成本，消除与物流各种有关的浪费现象，运用协调而有效率的物流系统，以降低总成本。

我国企业正面临物价与工资联动的环境，第一、第二利润源泉的挖掘已困难重重，第三利润源泉的开发已势在必行。中国企业确实到了必须重视并开展物流成本管理的关键时期。

第二节　成本管理风险防范

一、成本预测

成本预测方法包括历史资料分析法、因素预测法、定额测算法和预计成本测算法等。我们在此只介绍历史资料分析法中的高低点法、因素变动预测法等。

（一）高低点法

产品成本与产量的依存关系，如用直接方程表示，就是：

$$y=a+bx$$

式中：y 代表产品成本，a 代表固定成本，b 代表单位变动成本，x 代表产品产量。这个方程表示了产品成本的发展趋势，只要求 a、b 的数值，就可以利用这个直线方程预测出产品在任何产量下的总成本。

高低点法就是根据一定时期的历史资料中的最高最低产量及其成本指标，确定单位变动成本 b 和固定成本 a，最后根据计划期的预计产量来预测计划期产品成本的一种历史资料预测方法。其具体步骤是：

1，根据历史资料，确定产量最低点 x_1 及成本 y_1，产量最高点 x_2 及成本 y_2；

2，计算单位变动成本 b，$b=（y_2-y_1）/x_2-x_1$；

3.计算固定成本 a，$a=y_2-bx_2$，或者 $a=y_1-bx_1$；

4.根据确定的 b 和 a，写出成本方程 $y=a+bx$；

5.根据预测期产量 x'，代入成本方程，算出预测成本 y'，

$$y'=a+bx'。$$

高低点法的优点在于简便易行，便于理解。其缺点是由于它只选择了高点和低点资料作为计算依据，往往使建立的成本方程不具有普遍性，导致较大的计算误差。这种方法主要适用于成本变化趋势比较稳定的企业使用。

（二）因素变动预测法

因素变动预测法是以基期实际产品成本为基础，预见到各个成本项目中今后一定时期将受哪些因素的影响及影响程度，预测今后的产品单位成本及总成本。因素变动预测法分为三大步骤：

1.计算各因素变动使产品成本的变动幅度。

2.汇总计算各因素变动使产品成本变动的幅度。

3.计算计划年度的成本预测值。

二、目标成本规划

目标成本规划是指在目标利润既定的前提下，其他因素不变，揭示成本费用应该控制的目标水平。目标成本规划包括两项内容：目标固定成本规划和目标变动成本规划。

（一）目标固定成本规划

它是指在目标利润和经市场预测确定的最大销售量的基础上，为了完成目标利润而确定的目标固定成本。

（二）目标变动成本规划

固定成本往往是很难降低的，因此，从内部挖潜的角度看，单位变动成本的降低是实现目标利润的主要途径。在已知最大市场销售的情况下，可以规划其目标变动成本，并以此作为企业内部目标管理的主要依据。

三、成本控制

（一）成本控制概述

1. 成本控制的定义。严格意义上的成本控制，是指运用以成本会计为主的各种方法，预定成本限额，按限额开支成本和费用，以实际成本和成本限额比较，衡量经营活动的成绩和效果，并以例外管理原则纠正不利差异，以提高工作效率，实现以至超过预期的成本限额。

广义的成本控制，是指管理方面对任何必有作业所采取的手段，目的是以最低的成本达到预先规定的质量和数量。它是成本管理的同义，包括了一切降低成本的努力。

狭义成本控制与广义成本控制的区别：

1. 狭义的成本控制以完成预定成本限额为目标；广义的成本控制以成本最小化为目标。

2. 狭义的成本控制仅限于有成本限额的项目；而广义的成本控制不受这种限制，涉及企业的全部活动。

3. 狭义的成本控制是在执行决策过程中努力实现成本限额；而广义的成本控制还应包括正确选择经营方案，涉及制定决策的过程，包括成本预测和决策分析，通常称为成本经营。

4. 狭义的成本控制是指降低成本支出的绝对额，故又称为绝对成本控制；广义的成本控制还包括统筹安排成本、数量和收入的相互关系，以求收入的增长超过成本的增长，实现成本的相对节约，故又称为相对成本控制。

我们这里讨论的成本控制是指狭义的成本控制。

（二）成本控制的重要性

首先，成本控制是企业增加盈利的根本途径，直接服务于企业的目的。增加利润是企业的目的之一，也是社会经济发展的动力。无论在什么情况下，降低成本都可以增加利润。在收入不变的情况下，降低成本可使利润增加；在收入增加的情况下，降低成本可使利润更快增长；在收入下降的情况下，降低成本可抑制利润的下降。即使不完全以营利为目的的国有企业，如果成本很高，不断亏损，其生存受到威胁，也难以在调控经济、扩大就业和改善公用事业等方面发挥作用，同时还会影响政府财政，加重纳税人负担，对国计民生不利，失去其存在的价值。

其次，成本控制是抵抗内外压力、求得生存的主要保障。企业在经营过程中，外有同业竞争、政府课税和经济环境逆转等不利因素，内有职工改善待遇和股东要求分红的压力。企业用以抵御内外压力的武器，主要是降低成本、提高产品质量、创新产品设计和增加产销量。其中，降低成本是最主要的。降低成本可以提高企业价格竞争能力；可以提高安全边际率，使企业在经济萎缩时继续生存下去；提高售价会引发经销商和供应商相应的提价要求和增加流转税负担，而降低成本可避免这类外部压力；成本降低了，才有力量去提高质量、创新设计，或者提高职工待遇和增加股利。

最后，成本控制是企业发展的基础。把成本控制在同类企业的先进水平上，才有迅速发展的基础。成本降低了，可以削减售价以扩大销售，销售扩大后经营基础稳固了，才有力量去提高产品质量，创新产品设计，寻求新的发展。许多企业陷入困境的重要原因之一，是在成本失去控制的情况下盲目发展，一味在促销和开发新产品上冒险，一旦市场萎缩或决策失误，企业没有抵抗能力，很快就垮下去了。

二、成本控制系统的组成

一个企业的成本控制系统包括组织系统、信息系统、考核制度和奖励制度等内容。

1. 组织系统

组织是指人们为了一个共同目标而从事活动的一种方式。在企业组织中，通常将目标划分为几个子目标，并分别指定一个下级单位负责完成。每个子目标可再划分为更小的目标，并指定更下一级的部门去完成。一个企业的组织机构可以用管理等级和平均控制跨度来描述。管理等级是最高级单位和最低级单位之间的等级，控制跨度是指一个单位所属下级的数目。一个企业的组织机构还可以用各级管理等级之间权力集中和分散的程度来描述。在一个高度集中的组织机构中，权力集中于较高级别的管理层次，低级管理人员只拥有很少的决策权。在一个企业里，权力很可能在一个职能领域中高度集中，而在其他职能领域则高度分散。一般说来，生产、财务和人事管理都属于高度集中的领域。

　　成本控制系统必须与企业组织机构相适应，即企业预算是由若干分级的小预算组成的。每个小预算代表一个分部、车间、科室或其他单位的财务计划。与此有关的成本控制，如记录实际数据、提出控制报告等，也都是分小单位进行的。这就是所谓"责任预算"和"责任会计"。

　　在责任会计系统中，把每个内部单位称为"责任中心"，即企业内部负有特定管理责任的部门或单位。作为责任中心，必须有十分明确的、由其控制的行动范围。按其所负责任和控制范围不同，分为成本中心、利润中心和投资中心。成本中心是以达到最低成本为经营目标的一个组织单位。利润中心是以获得最大净利为目标的一个组织单位。投资中心是以获得最大的投资收益率为经营目标的一个组织单位。按企业的组织结构合理划分责任中心，是进行成本控制的必要前提。

　　2. 信息系统

　　成本控制系统的另一个组成部分是信息系统，也就是责任会计系统。责任会计系统是企业会计系统的一部分，负责计量、传送和报告成本控制使用的信息。

　　责任会计系统主要包括编制责任预算、核算预算的执行情况、分析评价和报告业绩三个部分。

　　通常企业分别编制销售、生产、成本和财务等预算。这种预算主要按生产经营的领域来落实企业的总体计划。为了进行控制故而必须分别考查各个执行人的业绩，这就要求按责任中心来重编预算，按责任中心来落实企业的总体计划。这项工作被称为责任预算，其目的是使各责任中心的管理人员明确其应负的责任和应控制的事项。

　　在实际业务开始之前，责任预算和其他控制标准要下达给有关人员，他们以此控制自己的活动。对实际发生的成本、取得的收入和利润，以及占用的资金等，要按责任中心来汇集和分类。为此，需要在各明细账设置时考虑责任中心分类的需要，并与预算的口径一致。在进行核算时，为减少责任的转嫁，分配共同费用时，应按责任归属选择合理的分配方法。各单位之间相互提供产品或劳务，要拟定适当的内部转移价格，以利于单独考核各自的业绩，报告预算的执行情况。

　　在预算期末要编制业绩报告，比较预算和实际的差异，分析差异的产生原因和责任归属。此外，要实行例外报告制度，对预算中未规定的事项和超过预算限额的事项，要及时向适当的管理级别报告，以便可以及时作出决策。

　　3. 考核制度

　　考核制度是控制系统发挥作用的重要因素。考核制度的主要内容有：

　　（1）规定代表责任中心目标的一般尺度。它因责任中心的类别而异，可能是销售额、可控成本、净利润或投资收益率。必要时还要确定若干级次目标的尺度，如市场份额、次品率、占用资金的限额等。

　　（2）规定责任中心目标尺度的唯一解释方法。例如，什么是销售额，是总销售额还是扣除折让和折扣后的销售净额。作为考核标准，对它们必须事先规定正式的解释。

（3）规定业绩考核标准的计量方法。例如，成本如何分摊，相互提供劳务和产品使用的内部转移价格，使用历史成本还是使用重置成本计量等，都应作出明确规定。

（4）规定采用的预算标准。例如，使用固定预算还是弹性预算，是宽松的预算还是严格的预算，编制预算时使用的各种常数是多少等。

（5）规定业绩报告的内容、时间、详细程度等。

4. 奖励制度

奖励制度是维持控制系统长期有效运行的重要因素。

人的工作努力程度受业绩评价和奖励办法的影响。经理人员往往把注意力集中到与业绩评价有关的工作上面，尤其是业绩中能够影响奖励的部分。因此，奖励可以激励人们努力工作。

奖励有货币奖励和非货币奖励两种形式，如升职、加薪；表扬、奖金等。惩罚也会影响工作努力程度，惩罚是一种负激励。

规定明确的奖励办法，让被考核人明确业绩与奖励之间的关系，知道什么样的业绩将会得到什么样的奖励。恰当的奖励制度将引导人们去约束自己的行为，尽可能争取好的业绩。奖励制度是调动人们努力工作的积极性以求实现企业总目标的有力手段。

三、成本控制的原则

虽然各个企业的成本控制系统是不一样的，但是有效的控制系统仍有一些共同特征，它们是任何企业实施成本控制都应遵循的原则，也是有效控制的必要条件。

根据成本控制的长期经验和体会，以及人们对成本形成过程的研究，许多人提出过有效控制成本的基本原则，看法并不统一。

我国大力推广的邯郸钢铁总厂"模拟市场核算与成本否决"的经验，大部分是有关成本控制方面的。邯钢的主要做法是：在非独立核算的二级分厂，以市场为导向，以国内先进水平和本单位历史最好水平为依据，对组成成本的各项指标逐项进行比对，找出潜在的效益，将原材料和出厂产品均以市场价为核算参数，进而核定出产品的内部目标成本和目标利润，层层分解落实，实行成本否决。其主要特点是：以市场为导向，建立符合社会主义市场经济需要的经营机制；以降低成本、增加效益为核心，全面硬化企业内部管理；以强化分级经济核算为手段，充分挖掘各环节的潜力；以层层分解指标，实行重奖重罚的利益机制为动力，充分调动广大职工当家理财的积极性。其核心是把提高经济效益放在第一位，通过指标的层层分解，将国有资产的管理、使用落实到每个职工身上，让广大职工当家理财，使职工真正成为企业的主人。邯钢成功的基本经验是：领导的高度重视是可靠保证，部门间的很好配合是必备条件，全员参加是坚实的基础。

成本控制的基本原则可以概括为以下三条：

（一）经济原则

经济原则是指因推行成本控制而发生的成本不应超过因缺少控制而丧失的收益。

与销售、生产、财务活动一样，任何管理工作都要讲求经济效益。为建立某项控制，要花费一定的人力或物力，付出一定的代价。这种代价不能太大，不应超过建立这项控制所能节约的成本。

通常，增加控制环节发生的成本比较容易计量，而控制的收益则较难确定，但并不能因此就否定这条原则。在一般情况下，控制的收益会明显大于其成本，人们可以作出定性的判断。当然，确实有些企业为了赶时髦，不计工本，搞了一些华而不实的烦琐手续，经济效益不大，甚至得不偿失。实践证明，不符合经济原则的控制办法是没有生命力的，也是不可能持久的。

经济原则在很大程度上决定了我们只在重要领域中选择关键因素加以控制，而不对所有成本都进行同样周密的控制。

经济原则要求成本控制要能起到降低成本、纠正偏差的作用，并具有实用性。成本控制系统应能揭示何处发生了失误、谁应对失误负责，并能确保采取纠正措施。

经济原则要求在成本控制中贯彻"例外管理"原则。对正常成本费用支出可以从简控制，而特别关注各种例外情况。例如，对脱离标准的重大差异展开调查，对超出预算的支出建立审批手续等。

经济原则还要求贯彻重要性原则。应把注意力集中于重要事项，对成本的细微尾数、数额很小的费用项目和无关大局的事项可以从略。

经济原则要求成本控制系统应具有灵活性。面对已更改的计划和出现的始料未及的情况，控制系统应仍能发挥作用，而不至于在市场变化时成为无用的"装饰品"。

（二）因地制宜原则

因地制宜原则是指成本控制系统必须个别设计，适合特定企业、部门、岗位和成本项目的实际情况，不可完全照搬别人的做法。

适合特定企业的特点，是指对大型企业和小型企业，老企业和新企业，发展快和相对稳定的企业，这个行业和那个行业的企业，以及同一企业的不同发展阶段，管理重点、组织结构、管理风格、成本控制方法和奖励形式都应当有所区别。例如，新建企业的管理重点是销售和制造，而不是成本；正常营业后管理重点是经营效率，要开始控制费用并建立成本标准；扩大规模后管理重点转为扩充市场，要建立收入中心和正式的业绩报告系统；规模庞大的老企业，管理的重点是组织的巩固，需要周密的计划和建立投资中心。适用所有企业的成本控制模式是不存在的。

适合特定部门的要求，是指销售部门、生产部门、技术开发部门、维修部门和管理部门的成本形成过程不同，建立控制标准和实行控制的方法也应有所区别。

适合职务与岗位责任要求，是指总经理、厂长、车间主任、班组长需要不同的成本信息，应为他们提供不同的成本控制报告。

适合成本项目的特点，是指材料费、人工费、制造费和管理费的各明细项目，以及资本支出等有不同的性质和用途，控制的方法也应有所区别。

（三）领导重视与全员参加原则

企业的任何活动都会发生成本，都应在成本控制的范围之内。任何成本都是人的某种作业的结果，只能由参与或者有权干预这些活动的人来控制，不能指望另外的人来控制成本。任何成本控制方法，其实质都是设法影响执行作业或有权干预作业的人，使他们能自我控制。所以，每个职工都应负有成本责任，成本控制是全体职工的共同任务，只有通过全体职工协调一致的努力才能完成。

1. 成本控制对企业领导层的要求

（1）重视并全力支持成本控制。各级管理人员对于成本控制是否认真办理，往往视最高当局是否全力支持而定。

（2）具有完成成本目标的决心和信心。管理当局必须认定，成本控制的目标或限额必须而且可以完成。成本控制的成败，也就是他们自己的成败。

（3）具有实事求是的精神。实施成本控制，不可好高骛远，更不宜急功近利、操之过急。唯有脚踏实地，按部就班，才能逐渐取得成效。

（4）以身作则，严格控制自身的责任成本。

2. 成本控制对员工的要求

（1）具有控制成本的愿望和成本意识，养成节约成本的习惯，关心成本控制的结果。

（2）具有合作精神，理解成本控制是一项集体的努力过程，而不是个人活动，必须在共同目标下同心协力。

（3）能够正确理解和使用成本控制信息，据以改进工作，降低成本。

有效控制成本的关键，是调动全体员工的积极性。一般来说，人是不希望别人控制自己的。严格的成本控制并不是一件令人愉快的事情，不论对各级管理人员还是一般职工都是如此。但是，控制总是必须的。

3. 调动全体员工成本控制积极性应注意的问题

（1）要有客观的、准确的和适用的控制标准。虽然管理会有主观成分，但对一名下属的业绩评价，应尽可能实事求是，减少个人偏见和主观性。

（2）鼓励参与制定标准。当一个人真正参与了制定计划和标准时，他常会在心理上觉得介入了该项工作，并愿意承担相应责任。或者，至少也让下级充分了解控制标准建立的依据和必要性。

（3）让员工了解企业的困难和实际情况。采用压力和生硬的控制，常会导致不满，而了解实情则会激发员工的士气，自觉适应工作的需要。

（4）建立适当的激励措施。努力工作，会取得好的业绩，并得到较多的物质或精神的奖励，从而使人更努力地工作。如果努力之后未得到肯定的评价，取得好的业绩而未得到奖励，或者没有努力的人却得到了奖励，成本控制的积极性就会受挫。

（5）冷静地处理成本超支和过失。在分析成本不利差异时，应始终记住其根本目的是寻求解决问题的办法，而不是寻找"罪犯"。

第六章　企业财务风险预警体系研究

第一节　企业财务风险预警理论概述

一、财务预警与财务预警系统的含义

预警，是指度量某种状态偏离警械线的程度，并发出预警信号的过程。

财务预警，是指以企业的财务报表、经营计划及其他相关的财务数据为依据，利用财务、会计、金融、企业管理、市场营销等理论，采用比例分析、数学模型等方法，发现企业存在的风险，并向经营者示警。它的数据采集来源于企业经营的各个方面。

财务风险预警机制，是指通过对企业日常财务运行情况进行连续有效的监测，来控制企业财务风险给企业造成的损失。作为企业财务诊断的一种工具，企业财务风险预警的灵敏度越高就能越早地发现存在的问题。

财务预警系统，是指通过对企业财务报表及相关经营数据的分析，利用及时的财务数据和相应的数据化管理方式，将企业已面临的危险情况预先告知企业经营者和其他利益关系人，并分析企业发生财务危机的原因和企业财务运营体系隐藏的问题，以提早做好防范措施的财务分析系统。它使企业可以利用该模型或管理活动提高自身防范风险能力，及早发现财务恶化征兆，采取有效措施避开或化解可能出现的财务危机，同时也可以使企业获得更多的有预测性，能反映企业真实价值的信息，为企业的经营管理服务。它与企业财务评价系统相互依赖、互为补充。但前者主要突出事前预测与控制；而后者则注董事后反映与监督。

二、财务风险预警系统的主要功能

财务风险预警系统是从企业微观的角度，以模型的形式，对企业财务过程进行监督，对监测结果进行识别，判定监测到的财务信息属于何种状态以及预示着何种危机程度，并预报财务运行过程将要走向的状态。该系统拥有如下功能：

1. 监测功能

财务风险预警系统的基本功能是对风险预先做出警报和防范。监测即通过跟踪企业的生产经营过程，将企业生产经营的实际情况同企业预定的目标、计划、标准进行对比，对企业营运状况做出预测，找出偏差，进行核算、考核，从而发现产生偏差的原因或存在的问题。当出现可能危害企业财务状况的关键因素时，财务预警系统能预先发出警告，提醒经营者早作准备或采取对策。当危害企业财务状况的关键因素出现之时，财务预警系统可以提出警告，提醒企业经营者早日寻求对策，避免风险的发生或是减少损失的程度。

2. 诊断功能

诊断是预警体系的重要功能之一。它将跟踪、监测的结果进行对比分析，运用现代企业管理技术、企业诊断技术对企业营运状况的优劣做出判断，找出企业运行中的弊端及其病根所在。例如：某企业被发现流动比率过低，经分析是因为该企业急于追求成长，又缺乏整体规则，才导致资金被分散、冻结，出现支付困难情况，产生财务危机。

3. 治疗功能

通过监测、诊断，判断企业弊病、找出病根后，应对症下药，更正企业营运中的偏差或过失，使企业回复到正常运转的轨道。一旦发现财务危机，经营者既要阻止财务危机继续恶化下去，也要寻求内部资金的创造之道，还要积极寻求外部财源。

4. 健身功能

通过预警分析，企业能系统而详细地记录财务风险发生的缘由、处理经过、解除危机的各项措施以及处理回馈与改进的建议，作为未来类似情况的前车之鉴。这样，企业将纠正偏差与过失的一些经验、教训转化成企业管理活动的规范，以免再犯同样或类似的错误，从而不断增强企业自身的免疫能力。

三、财务风险预警系统的主要特征

企业财务风险预警系统具有以下特征：

（1）先兆性。财务风险预警系统必须具有高度的先兆性，即一旦发出报警，往往意味着财务风险可能发生或将要发生，也就是说该系统的建立应当在风险初步产生时就发出报警，而非已经陷入严重危机状态时进行结果的揭示。

（2）敏感性。财务风险预警系统必须具有高度的敏感性，即财务风险一旦发生，就能够在该系统中迅速反映出来。

（3）参照性。根据企业发展规律和结构特点，从众多的财务指标体系中选出能够灵敏、准确地反映出企业财务风险发展变化的指标及指标体系，运用数理统计学的基本原理和相关知识测算指标以及指标体系，来反映企业发展中所处的财务状态，为企业决策层提供指示器或参照物。

企业财务风险预警系统的上述特征，决定了它可以为揭示企业财务状况提供依据，能够尽量减少企业的财务损失。企业财务风险预警系统建立以后，还可以对企业进行动态的监测与管理，从动态中发现问题、解决问题，从而实现动态调控，将财务风险消灭于萌芽状态之中。

四、构建企业财务风险预警体系的必要性

在竞争激烈的现代市场经济条件中，企业构建财务风险预警体系是完全必要的，也是必须的。

（1）企业的生产经营与全球社会、政治、经济、文化等各方面的发展变化密切联动，而且敏感度相当高，有影响成倍放大的效应。

（2）企业之间的关联性也是企业需要构建风险预警机制的一个重要原因。相关企业相应产品的价格略有提高，就会给企业的成本和支付能力带来更大的挑战，这无疑增加了企业的财务风险。

（3）企业的组建背景和发展环境决定其在生产经营的过程中，在财务安排方面承受了较高的财务风险。企业资本金规模普遍偏低，为保证生产经营，很多企业被迫大规模举债，从而形成了较高的筹资风险、投资风险、利率汇率风险等财务风险。

（4）随着世界经济的发展和我国的改革开放，我国企业身处的国内外环境日益复杂，所面临的市场竞争日趋激烈，这些更加剧了企业面临的风险。从目前来看，国内企业无论从规模上还是在管理水平上都无法与国外公司进行抗衡，普遍是规模小、竞争力差，这也将直接影响国内企业抗击风险的能力。

五、财务风险预警管理目标

首先，企业财务风险预警管理能够培育和提高企业财务风险意识，减轻或消除不确定性因素的影响。提高企业的适应能力和发展能力，保障企业的长期生存和持续发展。其次，通过建立风险预警系统，能够随时捕捉企业财务管理活动中各种管理漏洞、管理失误、重大风险和隐患，并采取适当措施，保持企业的资金运动始终处于安全区域内，增强企业资金运动的效益性和持续性。再次，提供企业一个有安全保障的理财环境，使企业领导和职工在应对财务风险的过程中增强信心，形成坚强的合力。最后，可以使企业的领导从纷繁杂乱的日常事务中解脱出来，有更多的时间和精力考虑企业重大决策。管理者在预警管理的过程中，能够充分利用企业现有管理基础，充分发挥企业 ERP、IT 技术的优势，提高企业的财务管理水平和档次。

六、信息收集与传导机制

信息是企业财务风险预警管理的关键，良好的财务风险预警系统必须建立在对大量财务风险信息的统计分析基础之上，只有采集到风险最原始的信息，才能作出相应的评估、度量和管理决策。因此，企业首先要在财务风险预警系统中设置信息监测机制。该机制应重点收集能灵敏、准确地反映企业内部生产、经营、市场开发等发展变化的财务信息，并对这些信息进行分析和处理，根据分析结果找出企业经营过程中出现的各种问题。只有这样才能准确及时地预测到企业财务风险的程度，进而采取有效的措施规避和控制财务危机，促使企业健康、持续的发展。

风险预警的传导机制是企业财务风险控制的基本保证，其有两个基本功能，一是及时将采集到的各种风险信号传递到企业预警系统中，再将预警系统所做出的风险管理和控制指令及时有效传递到风险管理部门，来指挥控制风险的管理工作的实施。二是及时将对风险预警管理后的实际效果评价信息回馈给企业预警系统，以便寻找风险预警系统中可能存在的缺陷与不足，做出对风险预警及管理行为和工具的修正或调整，再将这些指令准确传递到承接部门。一个有效的传导机制，能提高企业本身的运行能力和结构，保持在资本市场具备较高的经营能力。

七、财务风险评估与分析机制

财务风险预警系统首先要对企业财务活动过程中所产生的财务风险进行正确分类和评估，以便有效判断财务决策的正确与否、环境和市场是否可以保障等，从而将财务风险扼杀在萌芽状态。虽然目前国内已经建立了一些企业财务风险的预警模型，但真正针对企业的财务风险的预警还很不成熟。

企业必须针对所面对的财务风险和环境，结合财务风险预警目标与管理水平，选用适用的财务风险评估与分析模式，以保证企业对财务风险的结构分类、程度测评、结果分析和发展趋势的可能性做出准确判断，及时做出财务风险控制和管理的指令。

八、预警信号报警与处理机制

企业可以通过设置财务风险报警系统来实现对警情的预报。在指标超过临界值的情况下发出警报，通知相关部门和个人。报警方式可以多样化，如用指示灯：红——巨警；黄——中警；蓝——轻警；绿——无警等，也可以用不同的声音来表示危险度的大小。

企业对存在的财务风险发出警报后，就应立即发出财务风险控制指令。通过采取相应的措施，分析财务风险产生的原因，减少风险带来的损失。企业的财务风险如果始终很大，就会威胁一个企业的生命。企业要想摆脱财务风险给企业带来的不利影响，步入正轨，就必须预先制订处理方案，从而削弱风险带来的负面影响，甚至可以杜绝和避免类似财务风险再度发生。

九、预警组织机制

财务风险预警管理的主体是人，因此企业在建立财务风险预警系统的同时，必须要根据自身和预警系统的要求建立适合的组织机构。财务风险预警系统是对企业现存组织体系的一种进入和补充。为了实现企业的财务风险预警管理的目标，企业的组织机构就必须要实用、简洁、系统和有效率。

在职能上，预警机构与企业经营、财务活动相分离，相对独立于企业其他组织机构，但又必须要渗透到企业各个角落，完全掌握财务活动的状况。

从预警管理机构的运行来看，企业的风险预警对象主要是内部的财务风险，但是其中还有很多诸如体制、市场、信用、法律、金融、技术等风险因素的影响。需要一个预警中心进行综合总结，统一向高级管理层报告。为了保持风险预警的独立性，风险预警部门一般向企业的总经理进行报告。

第二节　企业财务风险预警体系的研究设计和指标选取

一、我国企业财务评价指标体系的研究现状

财务评价又称为财务分析，是企业内部或外部人员，以财务报表为主要依据，通过对报表数据的整理、比较和分析，认识企业的财务状况，评价经营成果和业绩，为经营决策提供依据的制度和方法。财务评价经历了从以财务指标评价为主，发展到以财务指标和非财务指标相结合的综合评价，再到目前考虑企业战略的平衡计分卡评价这样的发展过程。

目前我国针对大型企业综合评价的指标体系主要有四套：一是财政部的财务评价指标体系，包括八大指标；二是财政部的企业经济效益评价指标体系，包括十项指标；三是原国家经贸委和国家统计局发布的综合评价指标体系，包括六类十二个指标；四是国家国有资产管理局发布的资本增值保值考评指标体系，包括一个主导指标和若干个辅助指标。

目前，国内对企业的财务评价指标体系并没有完全建立起来，何祖玉（2003）用主成分分析法分析了江苏省某信用担保机构加工企业的数据，建立了企业的信用风险评价体系，其中资产负债率、流动比率、销售利润率、资产报酬率、应收账款周转率、存货

周转率能够集中体现企业的财务状况。在国外，Muphy（1996）对 1993~1997 年发表的有关企业业绩评价论文研究后发现，西方学者从八个方面来理解业绩概念，即效率、增长、利润、规模、流动性、成功或失败、市场份额以及负债比重。

二、企业财务风险预警指标的构建原则

财务风险预警作为一种行之有效的防范危机的手段，已经有比较成熟和有效的方法。但是由于各国的经济状况、人文环境、市场经济的发展完善程度存在差异，不同类型企业各有特点。因此，财务风险预警必须符合企业的实际情况，绝不能照搬照抄。考虑到我国企业的独有特性，我们认为我国企业进行财务风险预警指标设置时，应突出考虑以下几个原则。

1. 简便性原则

在现有的财务风险预警模式中，大多数模式预警指标比较多，不仅涉及企业的盈利能力、偿债能力、发展能力等，而且计算方法也比较复杂烦琐，通常需要具备深厚的数理统计知识才能实现。笔者认为企业应该选择预警指标较少、计算方法简单的预警模式。首先，进行企业财务风险预警最重要的就是确认影响企业营运的核心问题。其实真正决定企业营运核心的关键变量不多，特别是企业本身产出规模小、业务内容简单，决定企业变量的方面和指标更有限，因此企业的预警指标没有必要面面俱到，只要能够反映出本质问题就可以。其次，所有设定的各项财务风险预警指标应尽量做到好算易懂，并且最好用浅显字句描述说明，让员工能够遵循其指标。

2. 灵敏性原则

所选取的财务风险预警指标能够敏感地反映财务风险中的某一方面，即一旦财务风险出现变动，能够在预警指标值上迅速反映出来。因此在设计预警指标时，充分考虑到这些指标与财务风险的相关程度，尽量选取与财务风险程度相关度大、先导性强的指标。

3. 重要性原则

企业经营失败的另一个突出表现是资金短缺、偿债能力降低，导致不能清偿到期债务。首先"不能清偿"指的是到期债务，已经到期债务即使初借时是长期债务，到期时也已经变为短期；其次由于企业的信用较差，资金的筹措能力一般也比较差，所以在企业的债务中应付账款等商业信用债务和短期银行贷款等短期流动债务所占比重较大，长期负债的比例一般较少。另外，大多数企业投入资金的构成是流动资金大于固定资本，在企业创办或发展初期，投资者更多关心的是流动资金尤其是货币资金的运用和控制，而不像固定资产规模较大的企业那样，重点关注的是固定资产的回收。这两方面原因决定企业财务风险预警应特别关注相对流动性程度。这方面的指标主要包括现金比率、流动比率、速动比率等短期偿债能力指标。

4.动态性原则

企业不同的发展阶段有不同的特点。财务预警体系应根据企业的发展保持动态的调整，只有这样才能提高其适应性，才具有生命力。

一般来讲，在初创期，企业需要大量资金投入，力图在市场上站稳脚跟。这一阶段面临的主要问题是生存，主要的预警指标是反映企业偿债能力的指标，如流动比率、已获利息倍数等指标；在成长期，预警指标应该关注增长率、财务结构类指标，如销售增长率、资本积累率、资产负债率等；在成熟期，由于企业的市场占有率比较稳定，企业可以获得较大的利润。因此，应注重盈利类、资产运营类指标，如销售利润率、资产周转率等；在衰退期，由于企业盈利能力低，这时应该重点关注企业的财务结构类指标，如资产负债率、资本化比率等。

5.成本效益原则

在财务风险预警指标体系及指标项目的设置过程中应充分考虑成本效益原则。有些评价指标即使有实用价值，但如果为获取该项指标数据所花费的成本大于其所能提供的收益，一般会用其他取得成本较低的指标项目来加以替代。

三、企业财务风险预警系统指标体系的构建

财务评价指标体系与财务风险预警指标体系既有区别，又有联系。区别在于以下几个方面：第一，评价的内容和范围不同。财务评价指标体系评价的内容和范围是整个财务管理的各个步骤、各个方面所需重要指标的总汇，而后者评价的内容和范围仅限于财务管理。第二，重要性不同。前者在财务管理中属于中心地位，其变化与否影响整个财务管理体系，后者重要性弱于前者，但在企业未来发展中也有一定地位。第三，建立的意义不同。前者的建立是必要的，是任何国家的管理不可缺少的，后者的建立与否标志着一个国家企业的独立程度、社会竞争的激烈程度和优胜劣汰法则的作用程度。二者的联系在于财务风险预警指标体系可以看作财务评价指标体系的一个分支，两者有交叉，后者对前者的发展有一定的促进作用。

本书借鉴国内外有关企业财务评价指标，首先把企业财务风险预警指标体系从偿债能力、盈利能力、资产运营能力、成长能力和财务结构五个方面加以确定，然后根据企业处于的不同的生命周期，从总表项目中抽取相应的指标，组成适应各成长阶段的财务风险预警指标体系。

由于对企业财务风险预警体系应该实行动态管理，我们建立如下分阶段的财务风险预警指标体系：

1.初创期财务风险预警指表体系的结构

初创期偿债能力指标包括：①流动比率，②速动比率，③已获利息倍数，④现金比

率；盈利能力指标包括：①销售利润率，②主营业务利润率，③净资产收益率，④总资产收益率；资产运营能力指标包括：①总资产周转率，②流动资产周转率，③应收账款周转率，④存货周转率。

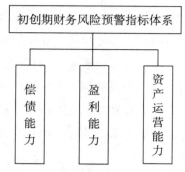

图6-1 初创期财务风险预警指标体系

2. 成长期财务风险预警指标体系的结构

成长期偿债能力指标包括：①流动比率②速动比率③资本周转比率④已获利息倍数；盈利能力指标包括：①销售利润率②主营业务利润率③净资产收益率④总资产收益率；成长能力指标包括：①销售增长率②资本积累率；财务结构指标包括：①资产负债率②资本化比率③固定资产净值率④资本固定化比率。

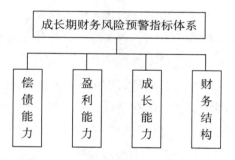

图6-2 成熟期财务风险预警指标体系

3. 衰退期财务风险预警指标系

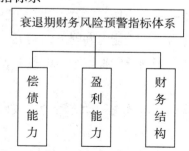

图6-4 成熟期财务风险预警指标体系

衰退期偿债能力指标包括：①流动比率②速动比率③资本周转比率④已获利息倍数；盈利能力指标包括：①销售利润率②主营业务利润率③净资产收益率④总资产收益率；财务结构指标包括：①资产负债率②资本化比率固定资产净值率③资本固定化比率。

四、预警指标标准值和预警临界值的确认方法

1. 预警指标的类型

根据预警指标的特点可以分为四类：指标数值（实际值）越大越好的，定义为正向型变量，如总资产报酬率、净资产收益率、应收账款周转率等；指标数值越小越好的，定义为逆向型变量，如资本化比率等；指标数值在某一点最好的，定义为稳定型变量，如流动比率、速动比率等；若在某一区间最好的，则定义为适度最优型变量，如资产负债率等。

2. 预警指标满意值、不允许值、上下限值的确定

（1）正向型变量。满意值都选取该行业的平均值，但不允许值的选取则有所区别：对反映盈利能力的总资产收益率、销售利润率、主营业务利润率和净资产收益率等，其不允许值选为零；对反映偿债能力的已获利息倍数，其不允许值选为1；对反映资产运营状况的总资产周转率、流动资产周转率、应收账款周转率和存货周转率等，其不允许值选取满意值的一半。

（2）逆向型变量。它的标准值确定方法与正向型变量的相反，满意值为0，其不允许值为0.3。

（3）稳定型变量。选取在该行业平均值之上再添加10个百分点作为满意值，不允许值的上下限则分别取满意值的一倍和一半。

（4）适度最优型变量。根据该比率的行业平均值，在均值的基础上增加和减少10个百分点作为比率满意范围的上下限，在均值上增加一倍和减少一半作为其不允许范围的上下限。

3. 企业生命周期对预警指标标准值的影响

根据生命周期理论，企业的成长阶段可以分为初创期、成长期、成熟期和衰退期四个阶段。在不同的阶段，预警指标的标准值是不一样的，所以必须要考虑到企业成长阶段的影响，需要根据企业不同的成长阶段对预警指标标准值加以修订。

对于整个行业来说，各个企业是随机地处于企业成长的各个阶段，我们把行业的平均值作为成熟期的预警指标的标准值。那么如果以成熟期的标准值为基准，初创期和成长期的标准值应提高10%，衰退期的标准值应降低20%。

4. 预警指标权重的确定

权重是各预警指标对总评价目标重要程度的反映。指标权重的确定是财务风险预警

中的重要环节，可以说在某种程度上影响预警系统功能的有效发挥。目前国内外对权重的确定方法主要可分为主观和客观两种类型。主观赋权方法主要是运用专家意见打分法即德尔菲法（DelPhi）。在权重确定的实际过程中，需要反复地广泛调查和征求专家意见，并在实践中加以验证。客观赋权方法主要采用的是统计方法，包括因子分析法、主成分分析法等。该方法的优点在于能够有效剔除不相关指标的影响，保证评价结果的准确性。根据企业规模小、管理水平低、信息化程度差的特点，在这里建议使用德尔菲法来确定预警指标的权重。

5. 预警方法的选择

对于企业的财务风险预警，应该以可操作性、实用性最为重要。首先，由于企业获取市场信息的能力比较弱，相比大企业，其信息成本也较高，因此简易的预警模式可以节约信息的收集和加工成本。其次，企业的管理人员素质和专业水平相对较差，过于复杂的预警模式不便于其掌握和执行。财务风险预警中比较常用的数学方法是建模法和评分法。建模法所建立的模型精度相对较高，但需要大量的样本数据作为基础。由于我国绝大多数企业的规模较小，在众多的企业中，也很难取得规范、可靠的财务比率数据，因此建模法并不十分适合这些企业。评分法则是将预警指标用线性关系结合起来，运用指数法的计算来反映企业财务风险的程度。它的突出优点是操作方便，实用性强，有利于风险管理人员做出更加详尽的分析。因此，对于企业的财务风险预警选择评分法较好。本书建议对企业财务风险预警采用功效系数评分法。

功效系数评分法是指根据多目标规划原理，把所要评价的各项指标分别对照各自的标准，并根据各项指标的权数，通过功效系数函数转化为可以度量的评价分数，再对各项指标的单项评价分数进行加总，据以对评价对象进行总体评价记分的一种方法。该方法首先对所选定的每个评价指标都规定几个数值：一个是满意值，一个是不允许值及不允许值的上下限值。其次设计并计算各类指标的单项功效系数，再根据各指标值的重要性，运用德尔菲法等方法确定各指标的权数，用加权算术平均值得到平均数，即为该公司的综合功效系数，最后根据综合功效系数的大小去进行评分。

第七章　企业内部控制要素

第一节　企业内部控制的环境要素

内部环境是影响、制约企业内部控制建立与执行的各种内部因素的总称，是实施内部控制的基础。按照《基本规范》的要求，内部环境的构成要素主要包括治理结构、机构设置与权责分配、内部审计、人力资源政策、企业文化等主要方面。

一、治理结构

（一）公司治理是现代公司制的核心

现代企业制度下的公司制企业的主要特点之一就是所有权与经营权相分离，企业以独立的法人资格自主经营、自负盈亏、自我发展、自我完善。建立规范的公司法人治理结构，既是我国企业的改革方向，同时也是建立现代企业制度的核心和关键。健全的治理结构、科学的内部机构设置和权责分配是建立并实施内部控制的基本前提，是影响和制约内部环境的首要因素。

由于公司制使所有权与经营权相分离，在这种分离的基础上，经营者有可能利用私人信息的优势谋取个人利益，由于所有者和经营者之间的信息不对称，导致各相关利益主体的地位及其所拥有的信息量的不同，最终决定了契约各方的不对等。公司治理结构涉及各相关利益方之间的关系。公司治理结构在本质上是一种关系合约，包括签约、履约、计量和评价、再签约等一系列过程。建立规范的法人治理结构，通过科学界定决策、管理、执行、监督各层面的地位、职责与任务，可以形成有效的分工和制衡机制。

狭义的公司治理通常是指公司股东直接或间接（通过董事会）对公司管理层进行监督和评价其表现行为；广义的公司治理则包括了公司的整个内部控制系统，它通过自上而下地分配和行使责权，监督、评价和激励董事会、管理层以及员工实现公司目标，以保障包括股东在内的利益关系网的权益。公司治理的实质是确保经营者的行为符合利益相关者的权益。

公司治理已经是被管理人员、投资者、会计、董事会广泛使用的一个概念。美国证券交易委员会的前任主席亚瑟·列威特认为，有效的公司治理的重要性，是"有效的市场规则必不可少的过程，是公司的管理层、董事及其财务报告制度之间时联结纽带"。

世界经济合作发展组织（OECD）制定的《公司治理结构原则》指出：一个良好的公司治理结构应当实现组织既定的目标，维护股东的权益：确保利益相关者的合法权益，并且鼓励公司和利益相关者积极进行合作，保证及时准确地披露与公司有关的任何重大问题，包括财务状况、经营状况、所有权状况和公司治理状况的信息，确保董事会对公可的战略性指导和对管理人的有效监督，并确保董事会对公司和股东负责。因此，完善的公司治理应该保持良好的内部控制系统，不断检查内部控制的有效性，对外如实指出内部控制现状，保持强有力的内部审计。

国际上认为公司治理的四大基石（关键要素）通常是指以下四个方面：

1. 董事会——确保有效的内都控制系统，确定并监控经营风险和绩效指标；

2. 高级管理层——实施风险管理和内部控制，日常计划、组织安排；

3. 外部审计师——确保独立性，并使审计与咨询业务分开：

4. 审计委员会（内部审计师）——增强报告关系上的独立性，有效的内部审计是公司治理结构中形成权力制衡机制并促使其有效运行的重要手段，是公司治理过程中不可缺少的组成部分。

（二）内部公司治理

公司治理分为外部公司治理与内部公司治理。外部公司治理通过资本市场、经理人市场和商品流通市场等发挥作用；内部公司治理通过股东大会、董事会、监事会等发挥作用。

内部公司治理又分为治理结构和治理机制两个方面，两者互相配合，共同决定着一个公司治理效率的高低。治理结构又称法人治理结构，一般是由股权结构、董事会、监事会、经营班子（或称高层管理人员）等组成的一种组织结构，它们之间构成一种制衡关系。治理机制包括用人机制、监督机制和激励机制等。

企业应当依据《公司法》和其他相关法律、法规的规定，结合企业章程和实际情况，建立规范的法人治理结构，促进企业内部控制的有效运行。企业高层应当科学界定决策、管理、执行、监督各层面的地位、职责与任务，形成有效的分工和制衡机制，切实发挥相关机构的职能作用，为企业内部控制制度的建立和实施提供强有力的组织结构保障和工作机制保障。

按照建立现代企业制度的要求，一些企业已经积累了不少内控管理经验，基本业务的内控管理都有章可循，建立了一定的内控管理基础。但也有一些企业内控制度的基础仍比较薄弱，其中相当一部分企业对建立内控制度重视不够，有的并未建立健全内控度，甚至有些企业对内控制度还存在很多误解，认为内部控制就是内部成本控制、内部资产安全控制等，或者以为内部控制就是手册、文件和制度的堆积等。更严重的是，不少企业有章不循，使内控制度流于形式；在经济业务处理过程中，遇到具体问题以强调灵活性为由而不按规定程序办理，使内控制度失去了应有的刚性和严肃性；有时甚至为了谋取个人或小团体的利益而不择手段，弄虚作假、篡改账目或搞账外账。最为严重的是，在一些大中型企业单位中，虽然表面上都有一套健全的内部控制制度，然而在实际操作中，领导们却常常带有浓厚的计划经济下的经营作风，很多决策往往只是由领导一人说了算，或由领导直接委托下属进行处理，忽视、漠视内部规范流程。在有些单位领导眼里，内控制度是对下属职员的行为控制，而对领导本人没有任何约束力。这些领导的行为不仅破坏了内控制度效力的完整性，而且给下属员工一个很不好的示范效应，使得整个企业没有形成一种遵守制度的良好氛围。

一些号称建立了现代企业制度的股份公司、企业集团的内部控制监督体系主要由监事会、独立董事和内审部门这三大机构组成，其职责是检查、监督和评价"企业董事会、管理层和其他员工实施企业内部控制活动"的效果和效率，保证企业的正常运行，但实践证明，这些企业内部控制监督也并不成功。

管理失控的原因有很多，但治理结构不明、治理机制不清，导致管理体制不顺是不容忽视的重要原因。许多企业不是没有内控制度，而是没有很好地去执行。

加强内部控制应当从治理结构和治理机制两个方面增加舞弊发现概率，包括关键岗位应建立强制轮换制度等。制度建设是重要的，制度不严密，就会出现"牛栏关猫"的现象，但是有了制度，更要认真地执行制度，才能真正发挥制度的作用，否则，制度就是毫无意义的一纸空文。

由此可见，公司治理结构主要包括如何配置和行使控制权，如何监督和评价董事会、经理人员和职工，如何设计和实施激励机制等，以调整若干在企业中有重大利害关系的投资者（股东和贷款人）、经理人员及职工之间的关系，并从中实现经济利益。

通常情况下，公司治理结构的基本构成包括股东大会、董事会、监事会和经理等。股东大会作为资产委托人将其财产交董事会代理，并委托监事会进行监督；作为代理者，董事会又将公司财产委托经理层管理。股东大会是最高权力机构，董事会是经营决策机构，经理是决策执行者，监事会是监督机构。公司治理结构是一个多层委托代理；权责分明、相互制衡、相互协调的结构。

综上所述，内部控制与公司治理既有区别又有联系。企业内部控制与公司治理结构是两个不同的概念。公司治理结构一般是由股东会、荒事会、监事会和经理等组成的用来约束经营者行为的控制制度（内部监控机制）；而内部控制是由企业董事会、证监会、经理层和全体员工实施的、旨在实现控制目标的过程。内部控制又与公司治理结构紧密联系。公司治理结构是促使内部控制有效运行、保证内部控制功能发挥的前提，是实行内部控制的制度环境；而内部控制在公司治理结构中担当的是内部管理监控系统的角色。同时，内部控制与公司治理结构都遵循相互牵制、相互制衡的原则，两者是相辅相成的。

二、机构设置与权责分配

机构设置与权责分配充分体现在组织架构之中。组织架构就是指企业按照国家有关法律、法规、股东（大）会决议和企业章程，明确董事会、监事会、经理层和企业内部各层级机构设置、人员编制、职责权限、工作程序性相关要求的制度安排。依法完善组织架构，有利于促进企业实现发展战略和经营目标，防范企业组织架构设计与运行风险，优化企业治理结构、管理体制和经营机制，建立起现代企业制度。

为此，企业至少应当关注组织架构设计与运行中的下列风险：

一是治理结构形同虚设，可能导致企业缺乏科学决策和运行机制，难以实现发展战略和经营目标。

二是组织构架设计不适当，结构层次不科学，权责分配不合理，可能导致机构重叠、职能缺位、推诿扯皮，运行效率低下。

企业设计组织架构，应当坚持权责对等、精简高效、运转协调的原则，综合考虑企业性质、发展战略、文化理念、行业特点、经营业务、管理定位、效益情况和员工总量等因素予以确定，并有利于促进决策科学化和运行规范化。

企业应当根据国家有关法律、法规，结合企业自身股权关系和股权结构，明确董事会、监事会和经理层的职责权限、任职条件、议事规则和工作程序，确保决策、执行和监督相互分离、有机协调，确保董事会、监事会和经理层能够按照法律、法规和企业章程的规定行使职权。

企业应当按照科学、精简、高效的原则，合理地设置企业内部经理层以下职能部门，明确各部门的职责权限和相互之间的责权利关系，形成各司其职、各负其责、相互协调、相互制约的工作机制。应当避免设置业务重复或职能重叠的机构，将企业管理层次保持在合理水平上。

（一）股东（大）会

企业是股东投资创办的，是投资人的企业，投资者才是企业真正的法律意义上的"主人"。只有投资者管理企业的职能不"缺位"，管理企业的职责才能真正落实到位。

有限责任公司股东会由全体股东组成。股东会是公司的权力机构，股东（大）会享有法律、法规和企业章程规定的合法权利，依法行使企业经营方针、筹资、投资、利润分配等重大事项的表决权。

依照《公司法》相关规定，股东（大）会行使下列职权：

1. 决定公司的经营方针和投资计划；

2. 选举和更换非由职工代表担任的董事、监事，决定有关董事、监事的报酬事项；

3. 审议批准董事会的报告；

4. 审议批准监事会或者监事的报告；

5. 审议批准公司的年度财务预算方案、决算方案；

6. 审议批准公司的利润分配方案和弥补亏损方案；

7. 对公司增加或者减少注册资本作出决议；

8. 对发行公司债券作出决议；

9. 对公司合并、分立、解散、清算或者变更公司形式作出决议；

10. 修改公司章程；

11. 公司章程规定的其他职权。

（二）董事会

有限责任公司董事会为常设机构，是由股东会选举产生的3~13名董事组成的公司经营决策及业务执行机构，对外代表公司。董事会对股东（大）会负责，依法行使企业的经营决策权，董事会负责内部控制的建立健全和有效实施。

董事会设立须由董事担任的董事长1人，为公司的法定代表人，副董事长1~2人。股东人数较少和规模较小的公司可不设董事会，而只设1名执行董事，该执行董事为公司的法定代表人，可兼任公司经理。

依照《公司法》相关规定董事会行使下列职权：

1. 召集股东会会议，并向股东会报告工作；

2. 执行股东会的决议；

3. 决定公司的经营计划和投资方案；

4. 制订公司的年度财务预算方案、决算方案；

5. 制订公司的利润分配方案和弥补亏损方案；

6. 制订公司增加或者减少注册资本以及发行公司债券的方案；

7. 制订公司合并、分立、解散或者变更公司形式的方案；

8. 决定公司内部管理机构的设置；

9. 决定聘任或者解聘公司经理及其报酬事项，并根据经理的提名决定聘任或者解聘公司副经理、财务负责人及其报酬事项；

10. 制定公司的基本管理制度；

11. 公司章程规定的其他职权。

董事任期由公司章程规定，但每届任期不得超过3年。董事任期届满，连选则可以连任。股东会不得在董事任期届满前无故解除其职务。

（三）监事会

监事会或监事为公司常设的监督机构。有限责任公司设监事会，其成员不得少于 3 人，股东人数较少或者规模较小的有限责任公司，设 1~2 名监事，不设监事会。

监事会应当包括股东代表和适当比例的公司职工代表，其中职工代表的比例不得低于 1/3，具体比例由公司章程规定。监事会中的职工代表由公司职工通过职工代表大会、职工大会或者其他形式民主选举产生。

监事会设主席 1 人，由全体监事过半数选举产生。监事会主席召集和主持监事会会议。监事会主席不能履行职务或者不履行职务的，由半数以上监事共同推举 1 名监事召集和主持监事会会议。

董事、高级管理人员不得兼任监事。

监事的任期每届为 3 年。监事任期届满，连选可以连任。监事任期届满未及时改选，或者监事在任期内辞职导致监事会成员低于法定人数的，在改选出的监事就任前，原监事仍应当依照法律、行政法规和公司章程的规定，履行相应监事职务。

监事会对股东（大）会负责，监督企业董事、经理和其他高级管理人员依法履行职责。监事会对董事会建立与实施内部控制进行监督。

依照《公司法》相关规定，监事会或不设监事会的公司的监事行使下列职权：

1. 检查公司财务；

2. 对董事、高级管理人员执行公司职务的行为进行监督，对违反法律、行政法规、公司章程或者股东会决议的董事、高级管理人员提出罢免的建议；

3. 当董事、高级管理人员的行为损害公司的利益时，要求董事、高级管理人员予以纠正；

4. 提议召开临时股东会会议，在董事会不履行本法规定的召集和主持股东会会议职责时召集和主持股东会会议；

5. 向股东会会议提出提案；

6. 依照公司法有关规定，对董事、高级管理人员提起诉讼；

7. 公司章程规定的其他职权。

监事可以列席董事会会议，并对董事会决议事项提出质询或者建议。

监事会、不设监事会的监事发现公司经营情况异常，可以进行调查，必要时，可以聘请会计师事务所等协助其工作，费用由公司承担。

监事会每年度至少召开一次会议，监事可以提议召开临时监事会会议。

（四）经理层

根据《公司法》规定，有限责任公司可以设经理，由董事会决定聘任或者解聘。经理对董事会负责，行使下列职权：

I. 主持公司的生产经营管理工作，组织实施董事会决议；

2. 组织实施公司年度经营计划和投资方案；

3. 拟订公司内部管理机构设置方案：

4. 拟订公司的基本管理制度；

5. 制定公司的具体规章；

6. 提请聘任或者解聘公司副经理、财务负责人；

7. 决定聘任或者解聘除应由董事会决定聘任或者解聘外的负责管理人员；

8. 董事会授予的其他职权。

公司章程对经理职权另有规定的，从其规定。

经理层负责组织实施股东（大）会、董事会决议事项，主持企业的生产经营管理工作。经理可以列席董事会会议。经理层负责组织领导企业内部控制的日常运行。

企业的"一把手"通常是指公司的总经理或董事总经理，鉴于经理层（尤其是总经理）的地位特殊、实际操作的权力巨大，在企业内部的控制管理中，总经理可能既是舞弊风险的最大来源，同时也是控制舞弊风险的关键所在。如果能够有效预防总经理滥用权力，就可以杜绝大部分潜在的舞弊风险。为此，内控管理就必须建立在有效均衡的权力约束机制上，也就是在企业管理体系中应当特别针对总经理等高级管理人员制定一套完整的内部控制系统。

第二节　企业内部控制的风险识别与评估要素

市场经济就是风险经济，因而风险是客观存在的。风险通常是指对实现内部控制目标可能产生负面影响的不确定性因素。风险一般具有以下几个方面的特点。

1. 客观性和普遍性

作为损失发生的不确定性，风险是不以人的意志为转移并超越人们主观意识的客观存在，而且在项目的全寿命周期内，风险是无处不在、无时不有的。这就解释了为什么人类一直希望认识和控制风险，但直到现在也只能在有限的空间和时间内改变风险存在和发生的条件，降低其发生的频率，减少损失程度，而不能也不可能完全消除风险。

2. 某一具体风险发生的偶然性和大量风险发生的必然性

任何具体风险的发生都是诸多风险因素和其他因素共同作用的结果，是一种随机现象。个别风险事故的发生是偶然的、杂乱无章的，但通过对大量风险事故资料进行观察和统计分析：就法规其呈现出明显的运动规律，这就使人们有可能用概率统计方法及其他现代风险分析方法去计算风险发生的概率和损失程度，促进了风险管理的迅猛发展。

3. 可变性

这是指在项目实施的整个过程中，各种风险在质和量上是可以变化的。随着项目的进行，有些风险得到控制并消除，有些风险会发生并得到处理，同时在项目的每一阶段都可能产生新的风险。

4.多样性和多层次性

例如，大型开发项目周期长、规模大、涉及范围广、风险因素数量多且种类繁杂，致使其在全寿命周期内面临的风险多种多样。而且大球风险因素之间的内在关系错综复杂，各风险因素之间与外界交叉影响，又使风险显示出多层次性。

5.扩散性和突发性

例如，在金融市场中，金融机构是整个社会金融活动的中介，是多边信用网络上的节点。金融机构的参与，使原始的信用关系变成相互交织、相互联动的网络。金融活动不是完全独立的，其外部效应广泛存在。任何一个节点出现断裂，都可能产生连锁反应，引起其他节点波动，进而导致金融体系的局部甚至整体发生动荡和崩溃。另外，金融市场风险收益或损失的不确定性，不一定立即表现为现卖的损失。因此，风险责任人往往存有侥幸心理，尽力掩盖风险，期待市场出现转机。加之金融机构具有信用创造能力，能掩盖已经出现的损失和问题。

风险评估是及时识别、科学分析和评价影响企业内部控制目标实现的各种确定因素并来取应对策略的过程，是实施内部控制的重要环节。认识、分析与评估风险的重要意义在于权衡风险，从而做到知己知彼，防患于未然。

一、目标设定

企业管理层在识别和评估实现目标的风险并采取行动来管理风险之前，应采取恰当的程序设定：目标，确保所选定的目标支持和切合企业的发展使命，并且与企业的风险承受能力相一致。

目标设定是风险识别、风险分析和风险应对的前提。企业应当按照战略目标，设定相关的经营目标、财务会计报告目标、合规性目标与资产安全完整目标，并根据设定的目标合理确定企业整体风险承受能力和具体业务层次上的可接受的风险水平。

企业应当根据设定的控制目标，全面系统持续地收集相关信息，结合实际情况，及时进行风险的识别与系统分析，合理确定风险策略。

二、风险识别

风险识别是指企业管理层从影响目标实现的内部或外部原因中识别潜在的风险事项。风险识别技术实际上就是收集有关损失原因、危险因素及其损失暴露等方面信息的技术。风险识别所要回答的问题：存在哪些风险，哪些风险应予以考虑，引起风险的主要原因是什么，这些风险所引起的后果及严重程度如何，风险识别的方法有哪些，等等。

在进行风险识别时，企业应当在充分调研和科学分析的基础上，准确识别影响企业内部控制目标实现的内部风险因素和外部风险因素。风险承受度是企业能够承担的风险限度，包括整体风险承受能力和业务层面的可接受风险水平。

（一）内部风险因素

内部风险因素是企业风险存在的内在原因，属于主要因素。企业应当关注的内部风险因素相当复杂多变，归纳起来主要有以下几个方面：

1. 董事、监事、经理及其他高级管理人员的职业操守、员工专业胜任能力等人力资源因素。

2. 组织机构。

3. 研究开发。

4. 财务状况。

5. 营运安全。

6. 其他有关内部风险因素。

（二）外部风险因素

外部风险因素是企业风险存在的外在原因，属于重要因素。企业应当关注的外部风险因素包括方方面面。按照《基本规范》的归类分析要求，企业识别外部风险，应当关注下列因素：

1. 经济形式、产业政策、融资环境、市场竞争、资源供给等经济因素。

2. 法律法规。

3. 安全稳定。

4. 技术进步。

5. 自然灾害。

6. 其他有关外部风险因素。

企业在进行风险识别时，可以采取座谈讨论、问卷调查、案例分析、咨询专业机构意见等方法，特别应注意总结、吸取企业过去的经验教训和同行业的经验教训，加强对高危性、多发性风险因素的分析与关注。

风险识别是风险评估的重要步骤。识别和分析风险是风险评估中最重要也是最困难的步骤。因为对一种尚未认识到的风险，显然无法有效地加以管理。但是，一旦我们能够识别风险，那么如何以最好的方式加以管理的问题，就可能一下子变得清晰了。

风险识别是一项连续性的工作。这主要是因为任何事物都在变化。新科技、新产品、新道德观均可能改变原来的风险性质，也可能增加前所未有的风险。如没有连续的风险识别工作，企业将难以发现自己所面临的潜在风险。风险识别作为一个管理过程，要有组织、有制度，因而又是一项制度化的工作。当然，这项工作也是一门艺术，需要想象力和洞察力。

第三节　企业内部控制的活动要素

控制是一个过程，控制活动更是一个系统其构成要素，包括控制方法、控制措施、风险预警机制和突发事件应急处理机制等。

一、控制方法

由于控制活动是企业根据风险评估结果，采用相应的控制措施，将风险控制在可承受度之内，所以，企业应当结合风险评估结果，通过手工控制与自动控制、预防性控制与发现性控制相结合的方法，运用相应的控制措施，将风险控制在可承受度之内。

企业可以实施的控制方法众多，且与控制意图密切相关。例如，预防性控制、侦查性控制、纠正性控制、指导性控制和补偿性控制等控制方法由于控制的意图与相应的功能不同，其所发挥的作用是有区别的。

（一）预防性控制，是指为防范风险、错弊和非法行为的发生，或尽量减少其发生机会所进行的一种控制。它主要解决"如何能够在一开始防范风险和错弊的发生"的问题。预防性控制是由不同的人员或职能部门在履行各自职责的过程中实施的。预防性控制措施包括职责分离、授权批准等。虽然预防性控制能够在事前防止损失的发生，降低风险，但全面采取预防性控制可能是相当困难的，实践中很难做到百分之百的预防。因此，光有预防性控制是不够的，还必须有侦查性控制等。

（二）侦查性控制，是指为及时识别已存在的财务危机和已发生的错弊和非法行为或增强识别风险和发现错弊机会的能力所进行的各项控制。在缺乏完善可行的预防性控制措施的情况下，侦查性控制是一种很有效的监督工具，它主要是解决"如果风险和错误仍然发生，如何识别"的问题。例如，通过账账核对、实物盘点，以发现记账错误和货物短缺；通过有关财务指标的分析，识别存在的财务风险等。

（三）纠正性控制，是对那些由侦察性控制查出的问题结果与设计标准的比较，对发现的差异予以适当的纠正。

（四）指导性控制，是为了实现有利结果采取的控制。前面的预防性控制、侦察性控制和纠正性控制是为了预防、检查和纠正不利的结果，而指导性控制却是为了实现有利结果。这种控制在实现有利结果的同时，也避免了不利结果的发生。

（五）补偿性控制，是针对某些环节的不足或缺陷而采取的控制措施。之所以需要这种控制，主要是为了把风险水平限制在一定范围内。对于某个特定系统而言，分析风险水平时，必须充分考虑由于存在薄弱环节将来可能会发生的问题。一项补偿性控制可以包含多个控制措施，也就是说，可把多重控制手段作为一项控制程序来看待。

实施预防性控制实质上就是一种事前控制，由于在行为发生之前就实施相应的控制，可以有效地防止财务资源在质和量上发生偏差等。指导性控制也具有某种程度上的事前控制作用。

实施侦查性控制、纠正性控制和补偿性控制实质：是事中控制和事后控制，其偏重于发现性控制，由于是在财务收支活动发生过程中或结束后进行控制，对发现问题、解决问题、明确责任、落实考核及相应的奖罚都可能是有益的。

二、控制措施

控制措施，是根据风险评估结果，结合风险应对策略所采取的确保企业内部控制目标得以实现的方法和手段，是实施内部控制的具体方式。控制措施应结合企业具体业务和事项的特点与要求制定。按照《基本规范》的要求，控制措施一般包括：不相容职务分离控制、授权审批控制、会计系统控制、财产保护控制、预算控制、运营分析控制和绩效考评控制等。

企业应当根据内部控制目标，结合风险应对策略，综合运用控制措施，对各种业务和事项实施有效控制，确保将剩余风险（企业采取控制措施之后仍可能发生的风险）控制在可接受水平之内，以合理保证企业不出现内部控制的重大缺陷和企业内部控制目标的实现。例如，对实现财务报告真实可靠和资产安全完整控制目标有重要影响的具体业务与事项通常包括但不限于以下各项：货币资金、采购与付款、存货、对外投资、工程项目、固定资产、销售与收款、筹资、成本费用、担保、财务报告编制、信息披露、预算、合同协议、关联交易；企业合并、资产重组、衍生金融工具运用、母公司对子公司的控制、人力资源政策、计算机信息系统等。上述业务与事项随着企业经营管理和外部环境的变化而不断发展变化，企业应当结合实际，运用各种控制方法，采取相应的控制措施，将风险控制在可承受度之内。

第四节　企业内部控制的信息与沟通要素

市场经济的典型特征之一是经济。信息社会中的企业加强控制的重要环节之一就是监控信息，在竞争中掌握信息的主动权。为了有效地防范风险、企业的信息沟通一定要及时、要有用、要有效。按照《基本规范》的要求，信息与沟通的构成要素一般包括建立信息与沟通制度、提高信息的有用性、及时沟通与反馈信息、开发利用信息技术、建立反舞弊机制等几个方面。

一、建立信息与沟通制度

信息与沟通是指及时、准确、完整地收集与企业经营管理相关的各种信息，并使这些信息以适当的方式在企业有关层级之间进行及时传递、有效沟通和正确应用的过程。

企业应当建立有效的信息收集系统和信息沟通渠道，确保影响内部环境、进行风险评估、运用控制措施、实施监督检央的各方面信息有效传递，促进企业董事会、管理层和员工正确履行相应的职责。

《基本规范》第 38 条指出："企业应当建立信息与沟通制度，明确内部控制相关信息的收集、处理和传递程序，确保信息及时沟通，促进内部控制有效运行。"

企业应重视建立与健全会计信息系统。一个有效的会计信息系统应当做到：确认和记录所有有效交易；及时详细地描述交易，以便在报告中对之进行正确分类；能以某种方式计量交易的价值，以便在报告中以适当的货币价值记录交易；确定交易发生的期间，以便将交易记录在恰当的期间；在财务报告中适当地表达交易事项和披露相关事项。

二、提高信息的有用性

信息系统是指利用计算机技术对业务和信息进行集成处理的程序、数据和文档等的总称。企业应当对收集的各种内部信息和外部信息进行合理筛选、核对、整合，提高信息的有用性。

企业内部信息主要包括财务会计信息、生产经营信息、资本运作信息、人员变动信息、技术创新信息、综合管理信息等。企业可以通过财务会计资料、经营管理资料、调研报告、专项信息部、刊物、办公网络等渠道，获取内部信息。

企业外部信息主要包括政策法规信息、经济形势信息、监管要求信息、市场竞争信息、行业动态信息、客户信用信息、社会文化信息、科技进步信息等。企业可以通过行业协会组织、社会中介机构、业务往来单位、市场调查、来信来访、网络媒体以及有关监管部门等渠道，获取外部信息。

三、及时沟通与反馈信息

《基本规范》第 40 条指出："企业应当将内部控制相关信息企业内部各管理级次、责任单位、业务环节之间，以及企业与外部投资者、债权人、客户、供应商、中介机构和监管部门等有关方面之间进行沟通和反馈。信息沟通过程中发现的问题，应当及时报告并加以解决。重要信息应当及时传递给董事会、监事会和经理层。"

企业收集的信息应当真实、准确、完整、及时、相关。企业应当准确识别、全面收集来源于企业外部及内部、与企业经营管理相关的财务及非财务信息，为内部控制的有效运行提供信息支持。

《基本规范》强化了信息的外部沟通，要求企业应当规范信息沟通的渠道、方式和程序，促进内部控制相关信息在企业内部各管理层级、责任单位、业务环节之间，以及企业与外部投资者、债权人、客户、供应商、中介机构和监管部门等有关方面之间的沟通和反馈。

第五节　企业内部控制的监督要素

按照《基本规范》的要求，内部监督的构成要素一般包括内部控制监督制度、内部控制缺陷认定标准、内部控制自我评价等几个方面。

一、内部控制监督制度

实施对企业内部控制的监督制度是防止内部控制制度"徒有虚名"和"走过场"的有效措施。企业应当根据《基本规范》的要求及其配套实施方法，制定内部控制监督制度，明确内部审计机构（或经授权的其他监督机构）和其他内部机构在内部监督中的职责权限，规范内部监督的程序、方法和要求。

内部控制监督一般可以分为日常监督和专项监督两个方面。日常监督是指企业对建立与实施内部控制的情况进行常规、持续的监督检查。持续性监督检查具有连续的、全面的、系统的特征。专项监督是指在企业发展战略、组织结构、经营活动、业务流程、关键岗位员工等发生较大调整或变化的情况下，对内部控制的某一或者某些方面进行有针对性的监督检查。专项监督的范围和频率应当根据风险评估结果以及日常监督的有效性等予以确定。专项监督具有不定期的、专门的、有针对性的特征。日常监督和专项监督（或称为持续性监督检查和专项监督检查）应当进行有机结合，互相补充。

企业董事会所属审计委员会、内部审计机构或者实际履行内部控制监督职责的其他有关机构应当根据国家法律、法规要求和企业授权，采取适当的程序和方法，对内部控制制度的建立与实施情况进行监督检查，形成检查结论并出具书面检查报告。履行内部控制监督检查职责的机构，应当加强队伍职业道德建设和业务能力建设，不断提高监督检查工作的质量和效率，树立并增强监督检查的权威性。

二、内部控制缺陷认定标准

《基本规范》第四十五条要求企业制定内部控制缺陷认可标准，对监督过程中发现的内部控制缺陷，应当分析缺陷的性质和产生的原因，提出整改方案，采取适当的形式及时向董事会、监事会或者经理层进行报告。

内部控制缺陷是指内部控制制度的设计存在漏洞、不能有效防范错误与舞弊，或者内部控制制度的运行存在弱点和偏差、不能及时发现并纠正错误与舞弊的情形。内部控制缺陷包括设计缺陷和运行缺陷。企业对在监督检查过程中发现的内部控制缺陷，应当采取适当的形式及时进行报告，同时，应当分析内部控制缺陷产生的原因，并有针对性地提出改进意见，不断健全和完善企业内部控制制度。

内部控制重大缺陷是指业已发现的内部控制缺陷可能会严重影响财务会计报告的真实可靠和资产的安全完整。对于监督检查中发现的重大缺陷或者重大风险，应当及时向董事长和经理汇报。

企业应当结合其内部控制制度，对在监督检查中发现的违反内部控制规定的行为，及时通报情况和反馈信息，维护内部控制制度的严肃性和权威性。企业应当跟踪内部控制缺陷整改情况，并就内部监督中发现的重大缺陷，追究相关责任企业或者责任人的责任。

第八章　企业内部控制的具体内容

第一节　资金活动控制

资金被视为企业生产经营的血液，是企业生存和发展的重要基础，决定着企业的竞争能力和可持续发展能力，一直受到企业的高度重视。资金活动是企业筹资活动、投资活动和资金营运活动等的总称。

一、资金活动控制的意义

加强资金活动的内部控制是为了维护资金的安全完整、防范资金活动的风险、提高资金的使用效益，促进企业健康发展。

（一）加强资金活动的内部控制事关企业生死存亡

1.资金活动影响企业生产经营的全过程

资金活动与企业生产经营过程密不可分，企业生产经营活动的开展，总是依赖于一定形式的资金支持；生产经营的过程和结果，也是通过一定形式的资金活动体现出来。因此，资金管理一直被视为企业财务管理的核心内容，构成企业经营管理的重要组成部分。

2.资金活动的内部控制通常是企业内部管理的薄弱环节

由于影响企业资金活动的因素很多、涉及面很广、不确定性很强，企业资金活动的管理和控制面临的困难很大。做好资金活动的风险管控，既需要企业对自身业务活动作出科学的、准确的定位，又需要对企业所处的政治、经济、文化和技术等环境作出客观的、清晰的判断，同时还需要企业抉择合理处理自身与外界的各种关系和矛盾。企业由于受到主、客观条件的限制，很难做到自动对资金活动施以有效控制。而资金活动内部控制的失效，往往会给企业带来致命的打击，轻则带来巨额损失，重则可能将企业的百年基业都毁于一旦。资金活动及其内部控制对企业生产经营影响巨大，加强和改进资金活动内部控制，是企业生存和发展的内在需要。

（二）加强企业资金活动的内部控制有利于企业可持续发展

1. 有利于企业防范资金活动风险，维护资金安全

资金活动贯穿企业生产经营的全过程，企业内部各部门、企业外部相关单位和个人都直接或间接参与企业资金活动，其中任何一个环节、任何一个机构和个人出现差错，都可能会危及资金安全、导致企业损失。加强资金活动内部控制，有利于企业及时发现问题，防范并化解有关风险。

2. 有利于企业资金的合理使用，提高资金使用效率

企业生产经营活动的有效开展，依赖于资金所具有的合理存量和流量。加强资金活动的内部控制，能够正确评价企业的资源条件和未来前景，科学地进行筹资和投资，并对生产经营中的资金余缺进行合理调剂，有利于资金均衡流动、提高资金的使用效率，获得更好的经济效益。

3. 有利于规范企业经营活动，促进企业可持续发展

由于资金活动与企业生产经营活动紧密结合，加强资金活动的内部控制，实际是从资金流转的角度对生产经营过程进行控制，有利于促使企业规范地开展业务活动、实现长期可持续发展。

二、资金活动控制的总体要求

企业应当科学确定投融资目标和规划，完善资金的管控制度，对资金活动实施内部控制，需要建立健全相应的内部控制制度，即根据国家和地方有关法律、法规和监管制度的要求，结合企业生产经营的实际需要，设计科学合理、重点突出、便于操作的业务流程，同时还要针对关键控制点及主要风险来源采取相应的控制措施。

（一）科学确定资金管控目标

推进资金管理信息化建设，将资金预算管理与资金适时监控相结合，及时准确地反映出资金运行状况和风险，可以提高决策的科学性，提高资金管理的及时性。具体来说，企业应当根据自身发展战略，综合考虑宏观经济政策、市场环境、环保要求等因素，结合本企业发展实际，科学确定投融资目标和规划。如果目标不明确，决策不正确，控制措施就难以执行到位，资金活动将难以顺利进行。

（二）建立健全资金的管控制度

制度是企业经营管理各项活动顺利开展的基础性保障，企业应当依据《会计法》《企业内部控制基本规范》《企业内部控制应用指引第6号——资金活动》等法律、法规的要求，结合企业自身的管理需要，建立和完善严格的资金授权、批准、审验等相关管控制度，加强资金活动的集中归口管理，明确筹资、投资、营运等各环节的职责权限和不

相容岗位相互分离的要求，建立严格的监督检查和项目后评价制度，跟踪资金活动内部控制的实际运行情况，据以修正制度、改善控制效果。

（三）合理设计资金业务流程

对资金活动实施内部控制，也是对资金业务的控制。企业资金活动内部控制的重点在于科学合理设计业务流程，确定每一个环节、每一个步骤的工作内容和应该履行的程序，并将其落实到具体部门和人员。由于很多资金业务是伴随企业生产经营活动而开展的，因此，在设计资金活动业务流程的同时，要充分考虑相关生产经营活动的特征，根据生产经营活动的流程设计合理的资金控制流程。

（四）抓住关键控制点

在资金活动较为复杂的情况下，资金活动的内部控制不可能面面俱到。因此，企业必须识别并关注主要风险来源和关键风险控制点，以提高内部控制的效率。具体而言，企业应当针对流程中的每一个环节、每一个步骤，认真细致地进行分析，根据不确定性的大小、危害性的严重程度，明确关键的业务、关键的程序、关键的人员和岗位等，从而确定关键的风险控制点；然后针对关键风险控制点制定有效的控制措施，集中精力管控住关键风险。

（五）实行资金集中管理

对于规模较大的企业应首选资金集中管控模式。无论是企业相对其内部部门和分支机构，还是企业集团相对其子公司，都应该加强资金的集中统一管控。企业可以通过建立资金结算中心、财务公司等资金集中管控模式，依托现代化的网络信息技术，实现资金的统一筹集、统一调配、统一管理，及时掌握资金的收入、支出、营运和结存情况，实行有效监督，降低整体资金成本，避免出现资金沉淀，提高资金使用效率。

（六）严格执行资金的管控制度

设计再科学、再完善的制度，如果得不到严格的执行，也只能流于形式而无法发挥实效。因此，制度的执行到位与否是事关整个资金活动内部控制能否取得实效的关键，只有严格执行资金的各项管理制度，才能保证资金活动控制目标的实现。为了加强对资金活动的管控，促使资金活动内部控制制度得到切实有效的实施，企业财务部门应当负责资金活动的日常管理，参与投融资方案等的可行性研究。总会计师或分管会计工作的负责人应当参与投融资决策过程。

筹资是企业根据自身发展战略和生产经营状况，通过一定的渠道，采取适当的方式，获取所需的资金。企业筹资活动是资金活动的起点，也是企业整个经营活动的基础。通过筹资活动，企业取得投资和日常生产经营活动所需的资金，从而使企业投资、生产经营活动能够顺利进行。

筹资活动控制不仅决定着企业能不能顺利筹集生产经营和未来发展所需要的资金，

而且决定着企业能以什么样的筹资成本筹集资金，能以什么样的筹资风险筹集资金，并决定着企业所筹集资金最终的使用效益，进而影响到企业的可持续发展。

三、筹资活动控制的目标

1. 遵循国家的法律、法规，合法筹集资金

企业的筹资活动应严格按照《公司法》《证券法》等相关法律、法规的要求，依法履行法律、法规和筹资合同约定的责任，依法披露信息，维护各方的合法权益。

2. 合理确定资金需要量、安排筹资时间，确保资金供需平衡

企业要准确测算出资金的需要量，合理安排筹资时间，使筹资与用资在时间上衔接，在数量上平衡，并考虑资金市场上的供应能力。

3. 降低筹资成本，控制筹资风险

在筹资过程中，企业要合理选择和优化资本结构，合理的资本结构能够有效控制筹资风险。资本结构是由债务资本和自有资本构成，企业要综合考察各种筹资渠道和筹资方式的难易程度、资金成本，做到长期债务资本与短期债务资本、债务资本与自有资本的最优组合，才能有效地规避和降低筹资中各种不确定性因素给企业带来损失的可能性。

四、筹资活动的业务流程

企业筹资活动的内部控制应当根据筹资活动的业务流程，区分不同的筹资方式，针对业务流程中不同环节可能面临的风险，采取相应的控制措施加以控制。企业的筹资活动通常包括提出筹资方案、筹资方案论证、筹资方案审批、筹资计划编制与执行、筹资活动的评价与责任追究等环节。

（一）提出筹资方案

企业一般由财务部门根据企业经营战略、预算情况与资金现状等因素，提出初始筹资方案。筹资方案主要包括筹资金额、筹资形式、利率、筹资期限、资金用途等内容，要对筹资成本和潜在风险作出充分估计，境外筹资还应考虑所在地的政治、经济、法律、市场等相关因素。提出筹资方案的同时还应与生产经营相关业务部门沟通协调，保证资金筹集和使用的相互协调。

（二）筹资方案论证

企业应当对初始筹资方案进行充分的可行性论证，重大筹资方案应当形成可行性研究报告，全面反映风险评估情况。企业应当组织相关专家对筹资项目进行可行性论证，可行性论证是筹资活动内部控制的重要环节，一般可以从以下三个方面进行可行性论证。

1. 筹资方案的战略性评估

筹资方案的战略性评估，一是要评估筹资方案是否符合企业整体发展战略。企业应对筹资方案是否符合企业整体战略方向进行严格审核，只有符合企业发展需要的筹资方案才具有可行性；二是要评估筹资规模是否适当。在筹资规模上，一方面不能过于贪多求大，资金充裕是企业发展的重要保障，然而任何资金都是有自身成本的，企业在筹集资金时一定要有战略考虑，防止盲目筹集过多的资金而给企业造成沉重的债务负担；另一方面也要防止因资金不足，而使企业丧失投资机会或造成经营困难。

2. 筹资方案的经济性评估

筹资方案的经济性评估，主要分析筹资方案是否符合经济性要求，是否以最低的筹资成本获得了所需的资金，是否还有降低筹资成本的空间以及更好的筹资方式，筹资期限是否经济合理，利息、股息等水平是否在企业可承受的范围之内。例如，筹集相同的资金，选择股票方式与选择债券方式，就会面临不同的筹资成本；选择不同的债券种类或者期限结构，也会面临不同的成本，所以企业必须认真评估筹资成本，并结合收益与风险进行筹资方案的经济性评估。

3. 筹资方案的风险性评估

对筹资方案面临的风险进行分析，特别是对于利率、汇率、货币政策、宏观经济走势等重要条件进行预测分析，对筹资方案面临的风险作出全面评估，并有效地应对可能出现的风险。例如，若选择债权方式筹资，其按期还本付息对于企业来说是一种刚性负担，带给企业的现金流压力较大；若选择股权筹资方式，在股利的支付政策上企业有较大的灵活性，且无须还本，因而企业的现金流压力较小，但股权筹资的成本也是比较高的，而且股权筹资可能会使得企业面临较大的控制权风险。因此，企业应在不同的筹资风险之间进行权衡。

（三）筹资方案审批

筹资方案的审批人员与编制人员、可行性论证人员应适当分离。通过可行性论证的筹资方案，需要在企业内部按照分级授权审批的原则进行严格审批，重点要关注筹资用途的可行性和相应的偿债能力。对于重大的筹资方案，应当按照规定的权限和程序，实行集体决策审批或者联签制度。筹资方案需经有关管理部门批准的，应当履行相应的报批程序。筹资方案发生重大变更的，应当重新进行可行性研究以及履行相应审批程序。

（四）筹资计划编制与执行

企业应根据审核批准的筹资方案，编制较为详细的筹资计划，经过财务部门批准后，严格按照相关程序筹集资金。

1. 银行筹资要求

通过银行借款方式筹资的，应当与有关金融机构进行洽谈，明确借款规模、利率、期限、担保、还款安排、相关的权利义务和违约责任等内容。双方达成一致意见后签署借款合同，据此办理相关借款业务。

2. 债券筹资要求

通过发行债券方式筹资的，应当合理选择债券种类，如普通债券还是可转换债券等，并对还本付息方案做出系统安排，确保按期、足额偿还到期本金和利息。

3. 股票筹资要求

通过发行股票方式筹资的，应当依照《证券法》等有关法律、法规和证券监管部门的规定，优化企业组织架构，进行业务整合，并选择具备相应资质的中介机构，如证券公司、会计师事务所、律师事务所等协助企业做好相关工作，确保符合股票发行的条件和要求。同时，企业应当选择合理的股利支付方式，兼顾投资者的近期利益与长远利益，调动起投资者的积极性，避免分配不足或过度；股利分配方案最终应当经股东大会审批通过，如果是上市公司还必须按信息披露要求进行公告。

此外，企业应通过及时足额还本付息，合理分配和支付股利，保持企业良好的信用记录，这对于企业顺利进行再融资具有重要意义。

（五）筹资活动的评价与责任追究

企业要加强对筹资活动的检查监督，严格按照筹资方案确定的用途使用资金，确保款项的收支、利息和股息的支付、债券和股票的保管等符合有关规定。由于市场环境变化等确实需要改变资金用途的，应当履行相应的审批程序，严禁擅自改变资金用途。筹资活动完成后要按规定进行筹资后评价，对存在违规现象的，应该严格追究其责任。

五、筹资活动的主要风险及其控制措施

（一）筹资活动的主要风险

企业筹资活动可能面临的重要风险类型较多，至少应当关注以下六个方面的风险。

1. 缺乏完整的筹资战略规划导致的风险

在企业具体的筹资活动中，应贯彻既定的资金战略，以目标资本结构为指导，协调企业的资金来源、期限结构、利率结构等，如果忽视战略导向，缺乏对目标资本结构的清晰认识，就很容易导致盲目筹资，使得企业资本结构、资金来源结构、利率结构等处于频繁变动中，给企业的生产经营带来巨大的财务风险。

2. 缺乏对企业资金现状的全面认识导致的风险

为了合理规划筹资活动，企业在筹资之前应先全面了解资金现状，并在此基础上结合企业战略和宏观、微观形势等提出筹资方案。如果资金预算和资金管控工作不到位，使得企业无法全面了解资金现状，将使得企业无法正确评估资金的实际需要和期限等，

很容易导致筹资过度或者筹资不足。特别是对于大型企业集团来说，如果没有对整个集团的资金现状做一个深入完整的了解，很可能出现一部分企业资金结余，而其他企业仍然对外筹资，使得集团的资金利用效率低下，增加不必要的财务成本。

3. 缺乏完善的授权审批制度导致的风险

筹资方案必须经过完整的授权审批流程方可正式实施，这一流程既是企业上下沟通的一个过程，也是各个部门、各个管理层次对筹资方案进行审核的重要风险控制程序。在审批流程中，每一个审批环节都应对筹资方案的风险控制等问题进行评估，并认真履行审批职责。完善的授权审批制度有助于对筹资风险进行管控，如果忽略这一完善的授权审批制度，则有可能忽视筹资方案中的潜在风险，使得筹资方案草率决策、仓促上马，会给企业带来严重的潜在风险。

4. 缺乏对筹资合同的认真审核导致的风险

企业在筹资活动中，都要签订相应的筹资合同、协议等法律文件。筹资合同一般应载明筹资数额、期限、利率、违约责任等内容，企业应认真审核、仔细推敲筹资合同的具体条款表述，防止因合同条款不当而给企业带来潜在的不利影响，使得企业在未来可能发生的经济纠纷或诉讼中处于不利地位。企业可以借助专业的法律中介机构对合同文本进行审核。

5. 因无法保证支付筹资成本导致的风险

任何筹资活动都需要支付相应的筹资成本。债权筹资的成本是固定的利息费用，作为对资金提供者的报酬，是刚性成本，企业必须按期足额支付，如果企业不能按期支付筹资利息，将会导致法律诉讼，信誉受损。股权筹资虽然没有固定的利息费用也没有还本的压力，但是企业也不能忽视对投资者的投资回报，应认真制订好股利支付方案，包括股利金额、支付时间、支付方式等，如果因股利支付不足，或者对股东报酬不足，将会导致股东抛售股票，从而使得企业股价下跌，给企业的经营带来重大不利影响。

6. 缺乏严密的跟踪管理制度导致的风险

企业筹资活动的流程很长，不仅包括资金的筹集到位，还包括资金使用过程中的利息、股利等筹资费用的计提支付，以及最终的还本工作。筹资流程一般贯穿企业整个经营活动的始终，是企业的一项常规管理工作。企业在筹资跟踪管理方面应制定完整的管理制度，包括资金到账、资金使用、利息支付、股利支付等，并时时监控资金的动向。如果缺乏严密的跟踪管理，可能会使企业资金管理失控，因资金被挪用而导致财务损失，也可能因此导致利息没有及时支付而被银行罚息，这些都会使得企业面临不必要的财务风险。

（二）筹资活动的关键控制点及控制措施

筹资活动的流程较长，企业根据筹资业务流程，找出其中的关键风险控制点进行风险控制，提高风险管控的效率。一般来说，筹资活动的关键控制点及控制措施包括以下六个方面的内容。

1. 筹资方案论证

筹资方案的内容是否完整、考虑是否周密、测算是否准确等，直接决定着筹资决策的正确性，关系到整个筹资活动的效率和风险。

2. 筹资方案审批

相关责任部门拟订筹资方案并进行可行性论证以后，股东（大）会或者董事会、高管层应对筹资方案履行严格的审批责任。审批中应实行集体决策审议或者联签制度，避免一人说了算或者拍脑袋行为出现。

3. 筹资计划编制

根据批准的筹资方案，财务部门应制订严密细致的筹资计划，通过筹资计划对筹资活动进行周密安排和控制，使筹资活动在严密控制下能够高效、有序进行。

4. 筹资计划执行

筹资计划经层层授权审批之后，就应付诸实施。在实施筹资计划的过程中，企业必须认真做好筹资合同的签订、资金的划拨、使用和跟踪管理等工作，保证筹资活动按计划进行，妥善管理所筹集的资金，保证资金的安全性。

5. 筹资活动评价与责任追究

筹集资金到位以后，企业应该做好筹资费用的计提、支付和会计核算等工作。对于债券类筹资，企业应按时计提并及时支付债务利息，保持良好的信用记录；对于股权类筹资，企业应制订科学合理并能让股东满意的股利支付方案，并严格按方案支付股利。筹资费用的管理事关资金提供者的积极性，对培养企业良好的筹资环境极为重要。

6. 筹资活动的会计系统控制

为了如实反映企业筹资状况，建立有效的筹资会计系统控制，要从以下四个方面入手：一是准确核算筹资业务。企业应按照国家统一的会计准则，对筹资业务进行准确的会计核算与账务处理，通过相应的账户准确进行筹集资金核算、本息偿付、股利支付等经济业务。二是妥善保管筹资业务的会计凭证。企业的财务部门应当妥善保管筹资合同、收款凭证、入库凭证等会计凭证，与筹资活动相关的合同、协议、凭证等重要文件需登记造册、妥善保管，以备查用。三是搞好资金管理，掌握资金情况。企业的财务部门应当编制贷款申请表、内部资金调拨审批表等，严格管理筹资程序和手续；财务部门应通过编制借款存量表、借款计划表、还款计划表等，掌握贷款资金的动向；财务部门还应与资金提供者定期核对账目，以确保资金及时到位与资金安全。四是控制筹资成本。财务部门要协调好企业筹资的利率结构、期限结构等，最大限度地控制筹资费用，降低企业的资金成本。

因此，企业在制订筹资方案时，筹资规模要适当，要对宏观经济形势、行业环境、经营模式变化等因素进行全面的分析论证，应当充分考虑企业的经营能力、募投项目未来的经济效益、可接受的资金成本水平和偿付能力，对重大筹资方案应当进行风险评估。

第二节　采购业务控制

采购是企业生产经营活动的起点，为企业生产经营提供原材料、设备和工具等，是从事生产经营的前提条件。为了保证企业生产经营活动高效、有序地进行，企业应科学地组织、管理采购活动，以确保采购部门能够供应及时、合理储备生产用料。采购业务运作的好坏直接影响到企业经营的成败，决定着企业的竞争能力。为了规范采购行为，防范采购风险，企业应建立健全相关采购管理制度和措施，强化采购业务的控制和监督，提高经营效率与效果。

一、采购业务的概念及内部控制目标

（一）采购业务的概念

采购业务是指企业购买物资（或接受劳务）及支付款项等相关活动。采购不仅包括对物资，如原材料、辅料、包装物、商品、生产设备、工程物资等实体物品的购买；还包括对无形的物品（或劳务），如技术等的购买。采购业务既是企业的"实物流"的重要组成部分，又与"资金流"密切相关。

由于企业采购的种类、性质差距很大，完全按照统一的控制措施和程序，必将造成采购效率低下，得不偿失。为了保证控制措施的可操作性，企业一般对所购物料进行分类管理。企业可根据自身的情况制定不同的采购管理办法。在一般情况下企业对大宗商品采购、价值高的商品建立严格的控制制度和措施，对于零星的、价值较低的商品，控制制度和措施相对较为简便，以便于提高采购效率。

（二）采购业务内部控制的目标

采购业务内部控制的总体目标是促进企业合理采购，满足生产经营的需要，同时，企业还要规范采购行为，防范采购风险，提高经济效率。上述目标具体表现如下：

（1）保障日常材料供应，维持正常生产，降低缺货风险。一旦管理失控，就可能导致企业因原料不足而停工，引起产品供应中断，给企业造成重大的经济损失。

（2）降低库存，提高资源利用效率。当今世界，消费者需求更加崇尚个性化。为了满足消费者这种消费倾向，生产部门专门引进柔性生产工艺，根据顾客需求生产各种款式、规格的产品。这种变化客观要求采购部门能够科学地计划原材料的采购需求量及采购进度，及时、高效地满足生产需要。加强采购管理，科学规划采购业务，有助于提高生产效率，降低存货库存，减少材料过期、报废。

（3）降低采购成本，提高产品的竞争力。作为生产成本的重要组成部分，材料采购成本包括原材料价格、运输费用、保险费用、税费、仓储费用、流动资金占用费用等。如果材料采购费用过高，或者购回材料不合格，将会增大企业生产成本，给企业造成损失。

（4）规范采购行为，防范采购付款过程中的欺诈和舞弊，合理保证企业采购业务的真实性、合理性及适当的授权，保障企业的合法权益（或资产）不受侵占或控制。

二、采购业务控制的总体要求

（一）制定完善的采购管理制度和措施

企业应当根据实际情况，全面梳理采购业务流程，完善采购业务相关管理制度和措施。第一，明确相关部门的岗位职责和权限，做好请购、审批、购买、验收、记录等不相容职责的分离工作；第二，配备业务素质与职业道德良好的人员；第三，建立严格的授权批准制度，明确授权批准方式、权限、程序、责任范围与工作要求；第四，建立采购登记制度，加强采购过程中的会计控制。

（二）严格执行与监控

企业各部门按照规定的审批权限和程序办理采购业务，落实责任制，建立价格监督机制，定期检查和评价采购过程中的薄弱环节，有针对性地采取相关改进措施，合理保证物资和劳务采购，经济、高效地满足企业生产经营需要，防范采购风险。

三、采购业务流程

在通常情况下，企业要执行一项采购业务，便需要完成以下具体的操作步骤。

（一）编制采购预算

采购业务从预算开始。预算是一种用数量来表示的计划，是将企业未来一定时期内经营决策的目标通过有关数据系统地反映出来是经营决策具体化、数量化的表现。采购业务预算包括需求预算和采购预算。需求部门一般根据生产经营需要向采购部门提出物资需求预算，采购部门根据该需求预算和现有物资库存情况，统筹安排采购预算。编制采购预算的根本目的是保障企业战略计划和作业计划的执行；确保与企业组织目标一致；协调企业各部门之间的合作经营；保证资源分配的效率性；对企业物流成本进行控制、监督。但是，如果企业所有物资采购计划都纳入预算编制，必将会影响采购的效率。为了既能保证采购工作效率，又能有效地对采购数量合理规划，企业通常需要对所采购的物资进行分类，分别采用不同的管理方法。

1.预算内采购

与产品生产直接相关的大宗商品如直接材料、直接人工、固定资产采购一般纳入预算内管理。生产部门根据年度内的目标任务提出的所需采购物资的数量、品种、质量，然后编制需求预算，并结合库存、采购周期、生产耗用量、采购费用、仓储费用等确定采购数量，采购预算一经审批，就需要按预算实施采购。

2.预算外采购

零星小商品的采购一般作为预算外管理，常由仓储部门根据库存和平均每天耗用情况，估算出物资的实际需求数量，直接编制采购申请报告。

（二）采购申请与审批

采购申请与审批是指企业生产经营部门根据采购计划和实际需要，编制申请报告，提出采购申请，并经采购部门负责人签字，然后报告给相关有权审批的领导审核、批准后实施采购的过程。采购申请报告应包括采购物品的规格、型号、类别、式样、性能、数量、用途、质量要求以及适时技术标准规范、环保指标、安全性能等。

（三）选择供应商

采购部门取得经审批的请购单后，应及时查询和了解该商品的销售渠道以及主要供应商的相关资料，并根据取得的资料信息，综合考评供应商的经营状况、供货能力、信誉、供货价格、供货质量、供货及时性等因素，初步确定合格供应商的清单。

（四）确定采购方式和采购价格

采购部门应当定期了解、研究大宗通用重要物资的成本构成、市场供求形势、市场价格变动趋势，确定重要物资品种的采购执行价格或参考价格，建立采购价格数据库。采购人员与供应商清单上列示的供应商进行价格协商，确定商品的价格，合理选择采购方式。大宗商品采购应当采用招标方式，明确招投标范围、标准、实施程序和评价规则；一般物资或劳务等的采购可采用询价或定向采购的方式并签订合同协议；小额零星物资或劳务等的采购可采用直接购买等方式。

（五）订立框架协议或采购合同

框架协议是企业与供应商之间为建立长期物资购销关系而做出的一种约定。采购合同是指企业根据采购需要、确定的供应商、采购方式、采购价格等情况与供应商签订的具有法律约束力的协议，该协议对双方的权利、义务和违约责任等情况作出了明确规定（企业向供应商支付合同规定的金额、结算方式，供应商按照约定时间、期限、数量与质量、规格交付物资给采购方某大宗商品采购具有交易价值高、交易风险较大的特点，采购部门应与供应商签订采购合同或协议，以防违约风险。订立采购合同或协议应当遵守《中华人民共和国合同法》（以下简称《合同法》）的相关规定，在采购合同或协议中明确规定所购物品的名称、品种、规格、数量、价格、交货期、交货地点、运输方式、结算方式、验收方式、质量要求、验收标准和违约责任等项内容，具体条款内容由采购部门与供应商协商一致。

（六）管理供应过程

采购部门在签订合同或协议后，应编制采购订单，并经相关审批人员审批、确认后，转达给供应商。采购部门应定期对采购订单的执行情况进行跟踪，了解供应商的生产进度及送货情况，对可能影响交货的异常情况，除及时为供应商提供协助外，还应考虑选用其他替代方案。

（七）验收

验收是指企业对采购物资和劳务进行质量检验与计量验收，以确保其符合合同相关规定或产品质量要求。采购物资到达企业后，采购部门通知企业质检部门和仓储部门进行验收。企业质检部门应参照合同条款或样本对入库的产品进行检验，检验结果需开具质量检验单，检验合格后转由仓储部门对物资数量进行验收。仓储部门人员应当检查入库物资的规格、型号、实际验收数量是否与订购单相符。对验收不合格的物资，应当将原因及处理意见在验收单据上注明，由采购人员办理退换货或处理索赔事宜。

（八）付款

付款是指企业在对采购预算、合同、相关单据凭证、审批程序等内容审核无误后，按照采购合同规定及时向供应商办理支付款项的过程。财务部门收到供货单位的发票，对相关付款依据或凭证审核无误后，办理结算付款手续。企业付款的形式有多种，如预付款、货到付款、验货后付款等，付款人员应根据合同的规定填制付款单，经审批后支付相关款项。

（九）退货

对于验收不符合标准的货物，企业应根据相应的退货管理制度规定，与供应商沟通退货事宜。退货时，办理货物交运手续后出库。货物发出后，及时收回退货货款。

（十）会计系统控制

财务部门取得采购业务的原始凭证，对原始凭证的真实性、合法性进行审核，按照国家相关会计准则和会计制度编制记账凭证和过账，并定期与仓储部门的存货明细账、与供应商的对账单再行核对，确保会计记录、采购记录与仓储记录一致，与供应商往来款项记录准确无误。

四、采购业务应关注的风险

在采购活动中，企业管理层的受托责任是为股东实现资产保值与增值服务，防范采购与付款过程中的差错与舞弊行为，提高采购活动的效率，提供真实、公允的会计信息。

但是，在从事采购的过程中，企业面临着内部、外部诸多不确定因素，为了有效防范、降低采购过程中重大风险给企业经营活动带来的重大影响，企业需要对采购中可能发生的各种风险进行识别和评价，以增强企业的风险应对能力和控制能力。一般来看，企业在采购过程中主要存在以下九个方面的风险。

（一）采购预算管理风险

企业采购预算管理是采购环节的源头，缺乏有效的预算编制、执行、监控机制和措施，将导致企业面临重大的采购风险。

采购预算作为企业经营预算的组成部分，其目的是实现合理、高效的组织采购活动，降低采购物资的成本。在编制和执行采购预算的过程中，存在诸多不确定因素和风险影响到企业经营预算的实现，如采购预算编制依据不合理，从而导致出现存货积压的可能性；采购预算编制缺少前瞻性，忽略产品的生命周期、消费者需求变化、科学技术进步、生产工艺的改进和新产品的开发更新，导致对特定物资的计划采购数量的预测不准确，盲目采购原料，便引起原料积压、变质；采购预算未随着经营环境的变化及时做出修正，严重影响到采购预算的正确实施和考核；采购计划与生产不协调，造成生产延误或材料积压等。另外，企业编制的预算并不一定会得到切实执行，预算管理实施时力度不够，缺乏配套的预算执行和监控机制。

（二）价格风险

在市场经济条件下，物资价格波动是一种必然趋势。当前，世界上各国市场的融合程度不断加深。一个国家、一个地区的经济、社会、政治、环境、金融政策的变化会深刻、广泛地影响到世界其他各国商品价格的变化，这些影响商品价格的因素相互交杂在一起，日趋复杂，引起市场上的商品经常出现重大波动。如果企业对采购价格风险管理不当，将引起采购成本上升，企业利润下跌。

（三）信用风险

信用风险又称违约风险，是指供应商未完全履行合同或协议中的义务而给购买方造成经济损失的风险。供应商的良好信誉是长期合作的重要条件。然而，供应商可能因为各种原因，如质量、延迟交货等，未能全面履行合同规定的义务，给企业造成经济损失。企业应加强对供应商的信用评价，选择信用程度较高的供应商进行采购。在筛选供应商的过程中可能存在以下风险：对供应商的评价、选择没有建立一套完整的流程和考核体系，甚至在没有对供应商的能力和信誉经过认真考察的情况下，直接由某个人作出采购决定；合理防范供应商通过贿赂或不正当关系获取采购合同；资质不符合企业要求的供应商通过弄虚作假取得采购合同等。

（四）合同风险

在《合同法》上，广义的合同风险是指各种非正常的损失，它既包括可归责于合同一方或双方当事人的事项所导致的损失，又包括不可归责于合同双方当事人的事项所导致的损失。常见的合同风险主要有以下几种：①合同主体资格风险。与供应商签订合同时，应审查其是否具备签订合同的主体资格。例如，企业各部门/科/室就不具备主体资格，其所签订的合同就是无效的。②欺诈风险。供应商设立虚假的"皮包公司"，或者通过非法途径盗取其他单位的公章或合同专用章或空白合同书，在采购商不知情的情形下，为了获取非法利益，而与对方当事人签订买卖合同，骗取采购单位的钱财。③合同条款表述的意思与采购人员真实意思不相一致。在合同签订过程中，由于采购人员的疏忽、过失、能力或者受到欺骗等原因，导致合同中的标的、履约、价款等合同条款存在歧义，没有真实、准确地反映采购方的意思，履行该合同将给企业带来一定程度的不利后果。④合同中没有订立惩罚条款。不论是合同的任何一方，如果不能依照合同的条款履行合同将一律被视为违反合同，应承担一定的法律责任，但法律对违约方责任的认定仍需以合同订立的惩罚条款为主要依据。如果合同中缺失惩罚条款，那将加大履约方的违约风险，影响合同的顺利执行。⑤合同条款不完备。未在采购合同内对某些权利和义务作出完整规定，在履行责任时引起法律纠纷。合同的本质在于规范合同双方的权责利，如果合同条款中对此未做出明确、完整的规定，往往会在合同的履行环节中出现种种不畅，如果争议过大，则会加大诉讼风险，引起法律纠纷。

（五）物流风险

在采购商品的运输过程中，特别是从国外运输过程中，可能会因台风、暴雨发生毁损，或者出现被偷、被盗等情形。如果运输的货物价值巨大，且企业存在投机、侥幸心理，未对运输的资产进行投保时，可能引起重大损失。例如，某公司从外地采购一大批货物，卸在仓库前的空地上准备验收入库，刚好遇上夏天的雷阵雨，就造成货物全部被淋湿报废。

（六）检验风险

验收是检验入库材料的质量、数量的重要环节。如果相关检测人员在工作中粗心大意、串通舞弊，将会给企业造成难以挽回的损失。检验风险包括以下内容：①供应商的贿赂。一些供应商为检测人员在检测过程中提供相关便利，或者贿赂质检人员，将潜在不合格物料判定为合格物料。②检测方法不恰当。在检测原材料时，由于选样不科学，或者检测内容不全，或者方法不完善，导致出现误判的情形。③检测、计量设备不准确，导致检测出现误差。④检测水平低下，检测结果有误等情形。

（七）结算风险

采购付款环节既是企业支付货款取得材料的过程，也是容易产生风险的高发区域。结算风险主要包括以下内容：①未按合同的要求提高支付货款或质量保证金。②企业没有足够的资金用于支付货款，出现长期拖欠货款，影响企业的信誉。③超过折扣期或到期仍未付款，由此带来支付风险。④货款结算过程中，结算金额出错，出现多付或少付。企业可能会遇到收到的购货发票与采购订单、入库单不相一致的情形，如果企业的付款子系统相对独立，不能及时、准确地对这些单据进行相互核对，则会造成支付金额不正确。⑤采用不恰当的结算方式，导致款项被业务员欺诈、冒领。

（八）信息系统风险

为了便于采购业务流程中的相关人员相互了解采购的进展情况和有关采购事项的信息，明确相关人员各自的责任以及利用会计信息对采购资金进行监控，企业会建立采购活动中的信息系统，企业信息系统可能存在的风险主要包括以下几种：①采购信息系统不完善，难以了解采购业务的进展情况。②相关业务部门重复处理或遗漏处理相关信息，导致出现重复采购或者遗漏。例如，采购部门遗失请购部门传递过来的单据，造成遗漏采购；或者将已采购的请购单再次进行采购，造成重复采购。当企业内部缺乏信息沟通渠道时，将难以及时地发现上述采购事项。③会计信息系统录入不完整或者出现错误，导致会计信息系统未能全面真实地记录和反映企业采购各环节的资金流和实物流情况。④信息加工不准确，导致会计记录与相关采购记录、仓储记录不一致。

（九）职业道德风险

采购业务要求员工的每一个行为都应满足企业的长期最佳利益。公正、诚实守信应当是每个员工的自觉行为。然而，在当前市场经济条件下，由于市场竞争激烈，社会诚信体制的不健全等多方面的原因，导致企业人员在采购业务中存在以下情形：①故意高价采购。采购人员与供应商相互串通，高价购回物资，然后从供应商提取回扣、接受礼物等。②以次充好。采购人员将次货混入高等级货物中，或者以次等货冒充高等级货物。③未经审批，超计划采购原材料。④选择与其关系好的供应商供货。⑤仓储保管员、采购人员和供应商相互勾结，对盘盈的物料虚开发票，从供应商处套取现金。

五、编制采购预算

预算管理是指单位内部通过编制预算、执行预算、分析预算差异和考核预算来管理单位的经济活动。采购预算作为企业年度生产经营预算的一部分，是采购部门为配合单位年度销售预测或生产数量，对所需要的原材料、物料、零件、劳务等的数量及成本编制的用货币形式进行具体、系统反映的数量计划。

为了降低诸如需求或采购预算不合理、不按实际需求安排采购或随意超预算采购，甚至与企业生产经营预算不协调等采购预算管理风险，企业应当采取以下具体控制措施。

（1）企业的生产、经营、项目建设等需求部门应当根据实际生产经营需要，准确、及时地编制需求预算，但不能指定或变相指定供应商。对独家代理、专有、专利等特殊产品应提供相应的独家、专有资料，经专业技术部门研讨后，经具备相应审批权限的部门或人员审批。

（2）企业采购部门应根据需求预算和现有库存情况，在充分市场分析的基础上，合理编制采购预算。采购预算按规定的审批权限和程序经相关负责人审批后，作为企业刚性指令严格执行。确因实际情况发生变化需要调整采购预算时，也应按规定的审批权限和程序重新办理审批手续。

（3）企业应当定期对采购预算的执行情况进行分析，调查分析预算与实际差异产生的原因，并提出有针对性的改进措施。

六、采购申请与审批

如果企业缺乏采购申请制度，审批不当或越权审批，以及由于对市场变化预测不准确，而造成库存短缺或积压、生产停滞或浪费等情形，都将使企业采购业务面临较大的风险。企业应当采取以下控制措施去防范请购与审批环节的风险。

（1）企业应当建立采购申请制度，依据购买物资或接受劳务的类型，确定归口管理部门，授予相应的请购权，明确相关部门或人员的职责权限及相应的请购程序。

（2）企业可以根据实际需要设置专门的请购部门，对需求部门提出的采购需求进行审核，并进行归类汇总，统筹安排企业的采购计划。需求部门通常以请购单的形式提出采购需求，具备相应审批权限的部门或人员审核的重点有所不同，如请购部门负责人重点审核所请购的物资品种、质量是否符合生产经营需要，仓储部门负责人应根据库存量核准采购数量，采购部门负责人的审核重点是防止发生重复采购、预计采购价格。

（3）具有请购权的部门对于预算内采购项目，应当严格按照预算执行进度办理请购手续，并根据市场变化提出合理的采购申请。对于超预算和预算外采购项目，应先履行预算调整程序，由具备相应审批权限的部门或人员审批后，再行办理请购手续。

七、选择供应商

选择供应商，也就是确定采购渠道。供应商选择不当，则可能导致采购物资质次价高，甚至出现舞弊行为。供应商的选择和管理是采购环节中重点监控环节。建立供应商选择和管理制度的根本目的就是加强对供应商的管理，通过多种控制措施，实行采购事前、事中和事后的全程管理。

（一）建立供应商准入制度

企业应当淘汰不合格供应商，对供应商的资金实力、技术条件、资信状况、生产能力条件进行综合评价，判断供应商履行供货合同的能力，为采购业务构建风险预防机制。

新增供应商的市场准入和调整供应商物资目录同样要按照规定程序审核批准后，才能修改、调整合格供应商清单。一旦企业建立起合格供应商清单，采购部门就只能向清单中的这些供应商采购大宗重要商品。为了避免企业对个别供应商过于依赖，对于比较充分竞争的物品采购，还应确定主供应商和辅助供应商及其比例。

（二）供应商的动态评估管理

采购部门应当按照公平、公正和竞争的原则，在防范考评舞弊风险的基础上，对供应商的主体资格、信用状况、产品价格、履约能力、质量等方面进行评估，择优确定供应商，与其签订质量保证协议。明确考评内容、考评方法和考评程序构成的供应商综合评价体系，定期对供应商进行考评。根据考核评价结果，整理供应商淘汰名单，经审批后对合格供应商清单做出合理调整和记录。

（三）建立供应商管理信息系统

由专人负责管理信息系统的维护，且独立于供应商的选择、批准和采购执行。详细记录供应商的经营地址、营业执照、经营状况、联系方式、提供物资或劳务的质量、价格、交货及时性、供货条件等内容。

八、确定采购方式和采购价格

采购方式不当、招投标或定价机制不科学、方式不合理、缺乏对物资价格的跟踪监控、采购价格过高等，都将引致企业面临重大风险。

为了促进采购活动的高效、有序，避免企业内部各物资需求单位分散采购造成组织内部采购价格混乱的局面，企业应将采购业务进行集中管理，避免多头采购或分散采购，选择适当的采购方式和科学的定价机制，以增加企业议价空间，减少采购人员的舞弊情况，降低采购的成本。

（一）确定采购方式

企业应当根据物品或劳务的性质及市场情况确定采购方式。对于大宗采购应当采用招标方式，合理确定投标的范围、标准、实施程序和评标规则；对于一般物资或劳务等的采购可以采用询价或定向采购的方式并签订合同协议；对于小额零星物资或劳务可以采用直接购买等方式。企业应对例外紧急需求、小额零星采购等特殊采购处理程序作出明确规定。

（二）确定采购价格

企业应当健全采购定价机制，采取协议采购、招标采购、询比价采购等多种方式，科学合理地确定采购价格，实现以最优"性价比"采购到符合需求的物资的目标。

1. 协议采购

协议采购是企业在采购大宗商品的过程中，与供应商发生长期的商业交往，产生较为可靠的商业信用。采购者通过与供应商的协商，建立了长期的、互惠的供货关系，能够有效地降低企业采购成本，提高采购部门的采购效率。

2. 招标采购

招标采购是指采购方作为招标方，事先提出采购的条件和要求，邀请众多企业参加投标，然后由采购方按照规定的程序和标准一次性地从投标人中择优选择交易对象，并与优胜方签订协议的过程。企业应当科学地制定招好标的范围、标准、实施程序和评标规则，并根据所购物资的特点以及企业的自身情况决定招标方式。整个招标过程应当做到公开、公正和择优选取投标人。

3. 询比价采购

询比价采购是指向多个供货商（通常至少三家）发出询价单，多家供应商报价后，采购方通过比质比价，选择适当的供应商进行采购交易。采购合同一般授予符合企业采购条件的最低报价的供应商。询比价采购一般适合于采购价格波动较小的商品。

大宗采购应当采用招投标方式确定采购价格，其他商品或劳务的采购应当根据市场行情制定最高采购限价，并对最高采购限价做出适时调整。企业应当建立采购价格数据库，定期开展重要物资的市场供求形势及价格走势商情分析并加以合理利用。企业内部审计机构应当加强对采购价格的监督和检查。

第三节　销售业务控制

销售是企业取得收入、获得利润的前提条件，是形成一定时期经营成果的重要基础。销售业务是企业经营活动的重要环节。

一、销售业务概念及内部控制目标

（一）销售业务概念

销售业务是指企业出售商品（或提供劳务）及收取款项等相关活动。根据销售发货与收款时间，销售业务可以分为预收货款销售、现销与赊销三种类型，其中：预收货款销售是要求客户在签订合同时预先支付全部或部分货款；现销是在销售时，采取现款缴纳全部货款，在小额或对新客户的销售中多采取此种形式；赊销是指企业接受订单后，根据客户的授信要求，在对客户进行资信调查并获得授信批准的基础上，与客户签订销售合同，企业先发货，在合同约定的期限内收回货款。

销售业务具有以下三个特点：①销售过程较为复杂，不仅需要调查客户的信用状况，全力准备客户需要的货物，灵活处理销售折让和销售退回，还可能出现许多事前无法预知的情况。②销售业务存在较大的风险，商品发出后，可能无法收回全部或部分货款，处理不当，很容易使企业陷入财务危机，影响企业的生存发展。③随着销售确认条件和要求越来越高，面对复杂的实际销售情况，销售业务的会计处理越来越复杂。

（二）销售业务内部控制的目标

销售业务内部控制的目标包括：

（1）保证销售业务的合规性。销售业务必须遵守国家法律、法规，符合企业销售及资金内部控制制度规定，按照规定的程序和权限进行。

（2）保证销售商品的安全性。交付已销售的商品应当数量准确，出库货物应同购买方的订单或合同要求一致，运送商品应保证在运输途中安全、质量不变、数量完整。

（3）保证销售业务及销售收入的真实性、完整性和会计处理的合理性。确保企业发生的所有销售收入都及时、准确地加以记录，完整反映销售全过程，防止少记、不记或漏记实现的销售收入或虚增销售收入。

（4）保证货款及时足额地收回。如果货款无法及时足额收回，轻者导致企业通过增加负债方式弥补资金缺口，重者会使企业形成大量呆账、坏账，最终导致资金链断裂。因此，应当保证货款及时完整地收回。

（5）保证销售退回的合理性、折扣与折让的适度性。当发生销售退回、折扣与折让时，企业应检查理由是否恰当、是否适度、金额是否正确，保证退回、折扣与折让手续齐备，并在相关会计资料中予以体现。

二、销售业务内部控制总体要求

（一）全面梳理销售业务流程

企业完善销售业务内部控制，应当先从全面梳理销售业务流程入手。一般企业销售业务流程包括销售计划管理、客户开发、信用管理、销售定价、订立销售合同、发货、收款、售后服务等环节。在实务中，企业应当充分结合自身规模大小、业务特点和管理要求，构建和优化销售业务流程，确保管理流程科学合理，保证销售能够顺畅进行。

（二）完善相关管理制度

企业应当完善销售业务的相关管理制度，包括销售、发货、收款等方面的管理制度，通过制度的形式明确销售、财务、信用管理等部门与人员的工作职责，指导销售业务操作，有效防范经营风险。

（三）清理薄弱环节

在全面梳理相关业务流程的基础上，企业应当定期检查、分析销售过程的薄弱环节，采取有效控制措施，确保销售目标实现。在销售业务的一系列活动中都存在着风险，根据销售业务的特点，企业应重点关注以下风险：销售政策和策略不当、市场预测不准确、销售渠道管理不当等，可能导致销售不畅、库存积压、经营难以为继；客户信用管理不到位、结算方式选择不当、账款回收不力等，可能导致销售款项不能收回或遭受欺诈；销售过程存在操纵价格等舞弊行为，可能导致企业利益受损。

三、销售业务流程

销售业务流程主要包括销售计划管理、客户开发与信用管理、销售定价、订立销售合同、发货、收款、客户服务和会计系统控制等环节。

（一）销售计划管理

销售计划是在进行销售预测的基础上，结合企业生产能力，设定总体目标额及不同产品的销售目标额，进而为能实现该目标而设定具体的营销方案和实施计划，以支持未来一定期间内销售额的实现。

（二）客户开发与信用管理

客户开发是业务人员通过调查初步了解市场和客户情况，对有实力和有意向的客户进行重点沟通，最终完成目标区域的客户开发计划。信用管理包括建立客户信用档案、划分不同的信用等级、按信用等级采取不同的销售策略等内容。

（三）销售定价

销售定价是指商品价格的确定、调整及相应审批。企业应当建立销售定价控制制度，制定价目表、折扣政策，明确销售价格确定、调整的审批权限。

（四）订立销售合同

销售合同是办理销售业务的重要依据，是确立购销双方权利与义务的法律文件。企业需要指派专门人员与客户就销售品种、数量、价格、销售政策、发货及收款方式等具体事项进行业务洽谈、磋商和谈判，以便能与客户签订销售合同。销售合同的主要条款应当包括合同标的、数量、质量、价款、结算方式、履行期限、地点、双方的权利与义务、违约责任等内容。销售合同一般先拟订合同草案，经合同双方有审批权限的部门和人员审批同意后，企业授权有关人员与客户签订正式销售合同。销售合同经双方代表签字并加盖双方企业合同专用章后正式生效。

（五）发货

企业的销售部门应当根据经批准的销售合同开具销售通知单，仓储部门得到有批准权限人员签字认可的销售通知单，按销售通知单要求的发货品种、数量、时间、方式等组织发货。

（六）收款

收款是指企业经授权发货后与客户结算、回笼资金的环节，是体现销售业务成果的关键环节。按照发货时是否收到货款，可分为预收、现销和赊销。对于赊销方式形成的应收账款，销售部门应当与财会部门密切配合，按照销售合同条款及时、足额回收货款。

（七）客户服务

客户服务是在企业与客户之间建立信息沟通机制，对客户提出的问题，企业应予以及时解答或反馈、处理，不断改进商品质量和服务水平，以提升客户满意度和忠诚度。

（八）会计系统控制

企业要利用记账、核对、岗位职责落实和互相分离、档案管理等会计控制方法，正确核算销售业务和销售货款收取情况，确保会计信息真实、准确、完整。

四、销售业务控制内容

1. 销售计划管理

销售计划不仅是销售部门开展销售活动的目标和依据，也是企业制订生产计划、采购计划等经营计划的基础和依据，因此编制销售计划是整个销售业务的首要环节。该环节的主要风险是：销售计划缺乏或不合理，或未经授权审批，导致产品结构和生产安排不合理，难以实现企业生产经营的良性循环。

为了防范上述风险，企业应当采取以下主要的控制措施：

（1）企业应当根据发展战略和年度生产经营计划，结合企业实际情况，制订年度销售计划，在此基础上，结合客户订单情况，制订月度销售计划，并按规定的权限和程序审批后下达执行。

（2）企业应定期对各产品（商品）的区域销售额，进销差价、销售计划与实际销售情况等进行分析，结合生产现状，及时调整销售计划，调整后的销售计划需履行相应的审批程序。

2. 客户开发与信用管理

企业应积极开拓市场份额，加强现有客户维持，开发潜在目标客户，对有销售意向的客户进行资信评估，根据企业自身风险接受程度来确定具体的信用等级。

该环节存在的主要风险是：①现有客户管理不足、潜在市场需求开发不够，可能导致客户丢失或市场拓展不利；②客户档案不健全，缺乏合理的资信评估，可能导致客户选择不当，销售款项不能收回或遭受欺诈，从而影响企业的资金流转和正常经营。

为了防范上述风险，企业应当采取的主要控制措施如下：

（1）针对客户开发：企业应当在进行充分市场调查的基础上，合理细分市场并确定目标市场，根据不同目标群体的具体需求，确定定价机制和信用方式，灵活运用销售折扣、销售折让、信用销售、代销和广告宣传等多种策略和营销方式，促进销售目标实现，不断提高市场占有率。

（2）针对信用管理：企业应当建立和不断更新维护客户信用动态档案，由与销售部门相对独立的信用管理部门对客户付款情况进行持续跟踪和监控，提出划分、调整客户信用等级的方案。根据客户信用等级和企业信用政策，拟定客户赊销限额和时限，经销售、财会等部门具有相关权限的人员审批。对于境外客户和新开发客户，应当建立严格的信用保证制度。

3. 销售定价

定价是重要的销售业务环节，企业要确定产品或服务的价值，将其与利润目标结合确定价格。定价的失误将导致企业利润减少，失去市场竞争力和丢失市场份额。该环节的主要风险是：①定价或调价不符合价格政策，未能结合市场供需状况、盈利测算等进行适时调整，造成价格过高或过低、销售受损。②商品销售价格未经恰当审批，或存在舞弊，可能会导致损害企业经济利益或企业形象。

为了防范上述风险，企业应当采取的主要控制措施如下：

（1）企业应当根据有关价格政策、综合考虑企业财务目标、营销目标、产品成本、市场状况及竞争对手情况等多方面因素，确定产品基准定价。定期评价产品基准价格的合理性，定价或调价需经具有相应权限人员的审核批准。

（2）在执行基准定价的基础上，针对某些商品可以授予销售部门一定限度的价格浮动权，销售部门可结合产品市场特点，将价格浮动权向下实行逐级递减分配，同时明确权限执行人。价格浮动权限执行人必须严格遵守规定的价格浮动范围，不得擅自改动。

（3）销售折扣、销售折让等政策的制定应由具有相应权限的人员审核批准。销售折扣、销售折让授予的实际金额、数量、原因及对象应予以记录，并归档备查。

4. 订立销售合同

企业与客户订立销售合同，明确双方权利和义务，以此作为开展销售活动的基本依据。

该环节的主要风险是：合同内容存在重大疏漏和欺诈，未经授权对外订立合同，可能导致企业合法权益受到侵害；销售价格、收款期限等违背企业销售政策，可能导致企业经济利益受损。主要管控措施：

（1）订立销售合同前，企业应当指定专门人员与客户进行业务洽谈、磋商或谈判，关注客户信用状况，明确销售定价、结算方式、权利与义务条款等相关内容。重大的销售业务谈判还应当吸收财会、法律等专业人员参加，并形成完整的书面记录。

（2）企业应当建立健全销售合同订立及审批管理制度，明确必须签订合同的范围，规范合同订立程序，确定具体的审核、审批程序和所涉及的部门人员及相应权责。审核、审批应当重点关注销售合同草案中提出的销售价格、信用政策、发货及收款方式等。重要的销售合同，应当征询法律专业人员的意见。

（3）销售合同草案经审批同意后，企业应授权有关人员与客户签订正式销同。销售部门将已签订的销售合同分送财务、法律、仓储等部门备查。

5. 发货

发货是根据销售合同的约定向客户提供商品的环节。该环节的主要风险是：未经授权发货或发货不符合合同约定，无论是多发还是少发，都可能导致货物损失或客户与企业的销售争议，甚至致使销售款项不能收回。

为了防范上述风险，企业应当采取的主要控制措施如下：

（1）销售部门应当按照经审批后的销售合同开具相关的销售通知单交仓储部门和财会部门。

（2）仓储部门应当落实出库、计量、运输等环节的岗位责任，对销售通知单进行审核，严格按照所列的发货品种和规格、发货数量、发货时间、发货方式、接货地点等，按规定时间组织发货，形成相应的发货单据，并应连续编号。

（3）企业应当以运输合同或条款等形式明确运输方式、商品短缺、毁损或变质的责任、到货验收方式、运输费用承担、保险等内容，货物交接环节应做好装卸和检验工作，确保货物的安全发运，由客户验收确认。

（4）企业应当做好发货环节的记录，填制相应的凭证，建立全过程的销售登记制度，并加强销售计划、销售合同、销售通知、发运凭证、销售发票等文件和凭证的相互核对工作。

6. 收款

收款是销售业务的关键环节，只有款项及时、足额地收回，企业的盈利目标才能实现，下一步的生产及销售计划才能顺利进行。如果收款环节的内部控制薄弱或者缺失，则可能令销售业务功亏一篑。收款环节之前各环节的内部控制缺陷会不同程度地传递到此环节来。例如，信用管理不善致使赊销失误，或发货错误带来客户纠纷，其直接后果就是形成坏账。收款环节自身也存在内部控制不足而形成坏账的情况，如长期不对账、逾期应收账款不及时催收、现金收款私设"小金库"等。经常性的坏账损失严重威胁到企业的经营活动现金流，最终体现为企业资金"断流"的高度财务风险。概括来说，收款环节的主要风险是：①货款回收缺乏科学、规范的内控制度，企业信用管理不到位，可能存在客户拖欠货款、客户赖账以及客户破产的风险。②结算方式选择不当而形成回款困难。③票据管理不善而形成逾期无法完成兑现，导致销售款项不能收回或遭受欺诈。④货款回收过程中存在私设账户截留回款等舞弊行为，使得企业经济利益受损。

为了及时足额收回销售货款、防范收款中的风险，企业应当采取以下五个方面的控制措施：

（1）结合公司销售政策，选择恰当的结算方式，加快款项回收，提高资金的使用效率。银行结算是货款结算最主要的方式，具体包括转账支票、本票、委托收款等。通常，企业会选用支票结算，则需要控制支票的使用风险。当企业收到购买方交来的支票，要谨防对方提供的是空头支票或者加盖的图章与预留银行印鉴不符。委托收款结算方式下，付款人可以按自己的意愿决定是否支付所托收的款项，付款单位开户银行也不负责审查拒付理由，因此，企业应慎重选择。

（2）建立票据管理制度，特别是加强商业汇票的管理。具体包括以下内容：①对票据的取得、贴现、背书、保管等活动予以明确规定。②应收票据的审核。企业应当按照《票据法》和《支付结算办法》中对商业汇票的具体规定，严格审查票据的真实性和合法性，防止票据欺诈。③应收票据的保管。应当由专人负责保管应收票据，保管应收票据的人员不得经办会计记录，严格限制其他人员对票据的接触；动态管理应收票据信息，定期核对盘点，及时办理即将到期的应收票据托收业务。④票据贴现、背书批准手续。票据的贴现、背书应当由保管票据以外的会计主管人员的书面批准。⑤制定逾期票据追踪监控和冲销管理制度，已贴现但仍承担收款风险的票据应在备查簿中登记，以便日后追踪管理。

7. 客户服务

客户服务包括产品维修、销售退回、维护升级等。该环节的主要风险有：客户服务水平低，消费者满意度不足，影响公司品牌形象，造成客户流失。

为了防范上述风险，企业应当采取的主要控制措施如下：

（1）结合竞争对手客户服务水平，建立和完善客户服务制度，包括客户服务内容、标准、方式等。

（2）企业可以设专人或部门进行客户服务和跟踪。有条件的企业可以按产品线或地理区域建立起客户服务中心。加强售前、售中和售后技术服务，实行客户服务人员的薪酬与客户满意度挂钩。

（3）建立产品质量管理制度，加强销售、生产、研发、质量检验等相关部门之间的沟通协调。

（4）做好客户回访工作，定期或不定期开展客户满意度调查；建立客户投诉制度，记录所有的客户投诉，并分析产生原因及解决措施。

（5）加强销售退回控制。销售退回需经具有相应权限的人员审批后方可执行。销售退回的商品应由质检部门检验和仓储部门清点后方可入库。质检部门应当对客户退回的货物进行检验并出具相关检验证明；仓储部门应当在清点货物、注明退回货物的品种和数量后填制退货接收报告；财会部门应当对检验证明、退货接收报告以及退货方出具的退货凭证等进行审核后办理相应的退款事宜；企业应对退货原因进行分析并明确有关部门和人员的责任。

8. 会计系统控制

销售业务的会计系统控制包括销售收入的确认、应收款项的核算、坏账准备的计提和冲销、销售退回的会计处理等内容。该环节的主要风险是：缺乏有效的销售业务会计系统控制，未能全面真实地记录和反映销售业务各环节的资金流和实物流情况，可能导致企业账证不符、账账不符、账实不符、账表不符，影响销售收入、销售成本、应收款项等会计核算的真实性和可靠性。

为了防范上述风险，企业应当采取的主要控制措施如下：

（1）企业应当加强对销售、发货、收款业务的会计系统控制，详细记录销售客户、销售合同、销售通知单、发运凭证、商业票据、款项收回等情况，确保会计记录、销售记录与仓储记录核对一致。其中具体内容包括：财会部门在开具发票时，应当依据相关单据（计量单、出库单、货款结算单、销售通知单等）并经相关岗位审核，依据已批准的商品价目表填制销售发票，检查销售发票计价和计算的正确性、发运凭证和经批准的销售通知单等是否齐全，将发运凭证上的商品总数与相应的销售发票上的商品总数进行比对，销售发票必须预先连续编号，有专人进行管理，尤其是增值税专用发票。开具销售发票应严格遵循有关发票管理规定，严禁开具虚假发票。财会部门对销售报表等原始凭证审核销售价格、数量等，并根据企业会计准则、会计制度确认销售收入，登记入账。财会部门与相关部门月末应核对当月销售数量，保证各部门销售数量的一致性。

第四节　资产管理控制

资产是企业重要的经济资源，也是企业开展各项经营活动和实现发展战略的物质基础，企业资产的使用效率对战略的实现起着关键作用。企业的每个部门、每个员工的工作都会或多或少地与资产相关，资产管理全面覆盖到全体人员，贯穿企业生产经营的全过程。

一、资产管理的概念

《企业内部控制应用指引第 8 号——资产管理》中所称的资产是指企业拥有或控制的存货、固定资产和无形资产。一般而言，企业的资产管理是规范全体员工开展资产管理活动的制度、方法、措施的总和，也是全体员工严格执行资产管理制度规范、控制风险、提高资产管理效率的行动总称。资产有一些共同的属性，可以采用通用的内部控制方法；但考虑到上述资产在性质、内容上的区别，就需要企业在对特定资产的管理过程中，有针对性地运用有效的管理方法。

企业的资产管理具有系统性、基础性、战略性的特点。其中，系统性是指企业的资产管理可以涵盖每个部门、岗位和每个员工，既要有全局规划，又需要各部门、不同岗位员工的协调和配合；基础性是指资产管理不能只停留在抽象的管理思想，必须具体化到业务流程、操作规范，必须明确部门职责和岗位的职责，对每个岗位的工作进行清晰、明确的界定，因而也是企业管理基础工作；战略性是指企业的资产管理与企业发展战略紧密相连，资产管理效率和效果为战略实现提供了相关支撑。

二、资产管理内部控制的总体要求

为促进资产管理目标的实现，企业要结合自身的业务特点和风险水平评估，全面梳理资产管理流程，查找和发现资产管理中的薄弱环节，健全和落实资产管控措施。

（一）全面梳理资产管理流程

资产管理的内部控制一定要具体到业务流程，并细化到岗位。既要关注实物的管理，又要关注资产的价值管理，可以分别按照"实物运动轨迹"和"价值运动轨迹"来梳理资产管理流程。

（1）从实物运动轨迹梳理，关注资产随时间和空间变化的过程。而通常这一过程又是建立在资产的分类管理基础上的。首先，企业梳理资产，应根据管理需要和资产特点建立资产的分类列表。例如，在电力生产企业，资产的一级分类可以包括存货、固定资产和无形资产等；在一级分类的基础上进一步细分为二级分类，如固定资产细分为房屋和建筑物、专用设备、通用设备等；在前两级分类的基础上再进一步细化为三级分类，如专用设备进一步细化为输电线路、配电线路、发电设备、变电设备、配电设备、用电设备等；在前三级分类的基础上再进一步细化为四级分类，如用电设备又包括各种售电计量电度表、表用互感器、定量器等设备等。以此类推，企业资产的细分类可以拓展到五级、六级等，并根据资产的细分类设置相关资产代码。资产的分类有助于企业根据资产的特点采取有针对性的控制措施。其次，对资产管理过程进行全面梳理。关注在资产管理过程中，相关部门、个人担任角色和操作的程序，与其他业务环节的衔接，以此评判资产管理流程是否科学、是否能够较好地保证物流顺畅、是否能够降低风险或防范舞弊，是否能够不断降低相关成本费用、各项资产是否最大限度地发挥应有的效能等。

（2）从价值运动轨迹梳理，关注资产随时间和空间变化同时的价值变化过程。重点关注企业是否采取合理、有效的措施，准确记录企业取得资产的初始入账价值，及时反映对后续期间发生的大修理、更新改造、损坏、处置等事项对资产价值影响。

（二）查找和发现资产管理中的薄弱环节

在全面梳理资产管理流程过程中，查找和发现资产管理的薄弱环节，是企业强化资产管理的关键。这些薄弱环节若没有引起重视并及时加以改进，通常会引发资产流失或运行风险，或者不能发挥资产应有的效能。通常而言，产品积压或与订单量有较大缺口、材料短缺、生产事故频发、核心技术遭窃，都是资产管理效率低下的表现。一方面，可能是外部市场急剧变化造成的，如2014年6月开始房地产企业住宅商品房的销售急速萎缩；另一方面，可能是企业产品控制失效造成的，如房地产企业建好的住宅商品房，出现漏水、墙皮脱落等一些质量问题。因此，企业查找内部控制薄弱环节，不仅仅是关注那些实际上已经对企业造成损失或负面影响的环节，而是包括需要进一步改进、完善的环节，以提高企业的整体运行效率。

（三）健全和落实资产管控措施

企业针对发现内部控制的薄弱环节，要进行归类整理；深入分析，查找原因，健全和落实相关措施。针对制度缺失引起的缺陷，企业要建立有关资产管理制度，为规范资产管理提供依据；针对现行制度的漏洞，应当予以补充完善；针对现行制度执行不到位的薄弱环节，应当加大制度执行力。无论多么完善的内部控制制度，如果执行不到位，甚至不执行，那么就会使控制风险变为空谈。在激烈的竞争时代，企业只有科学管理，强化管控措施，确保各项资产安全并发挥效能，才能防范资产风险。而要使控制制度执行到位，企业就要配备合格的人员办理资产业务。

三、存货管理的主要风险及其控制措施

（一）存货管理的主要风险

对于生产企业和商品流通企业，存货取得、验收入库、仓储保管、领用发出、盘点清查、销售处置等是存货管理共有的环节。企业存货管理的责任主体通常包括采购、财务、物流、生产、服务、仓储保管、销售等业务部门。这些责任主体分别承担了存货管理的部分工作：采购部门负责存货的采购；财务部门负责存货的价值管理和核算；物流部门负责材料、产品的运输；生产部门负责产品的管理；服务部门负责对产品的维修服务；仓储保管部门负责材料、产品的入库和发货、保管；销售部负责产成品的管理等。要形成一个有机的存货管理系统，各部门要互相配合、互相协同，并具体化为一系列的管理制度。例如，企业制定《存货内部控制管理制度》《仓储人员工作职责》《资产清查制度》等，通过制度的形式规范存货流程，明确各部门和有关责任人的工作职责，以指导存货业务操作。

存货管理控制过程中的每个环节都可能形成存货管理的风险源，如各部门职责不分、

不相容岗位兼任、业务流程不合理或存在漏洞、信息传递不畅、奖惩机制欠缺等。归纳起来，除了关注资产的共同风险，存货管理控制还应关注以下风险。

（1）存货购置不合理的风险。材料的购置应与生产部门、使用部门的需求相匹配。但市场价格的变化，使存货购置的数量面临太多不确定性。购进存货太多，将导致占用资金过多，价格高还将增加成本压力；如果购进少，将产生存货短缺，造成停工待料和未按期完成生产任务、延迟供货等，使企业面临违约的风险。

（2）存货储存不当的风险。存货在储存过程中因储存条件不合规、操作不合规，可能具有存货发生破损、腐烂变质、价值贬损等风险。

（3）存货的盗失风险。这主要形成于两种情况：一是由于企业管理不善，导致存货在采购、存储、发出、处置等各环节被盗窃、挪用、侵占造成损失的风险；二是由于发生自然灾害以及其他意外事故，造成存货价值减损而形成的风险。

加强存货管理的内部控制，需要清楚认识到每个业务环节存在的风险，并设置具体的控制目标：在存货取得环节，存货与生产的匹配性管理，避免材料的积压和短缺；在验收存货环节，避免接收不符合技术标准、质量标准、数量不足的存货，对生产、销售等造成负面影响；在仓储保管环节，避免存储条件不符合规定、存储操作不当等，引起存货变质或被盗；在存货发出环节，避免未经审批的发货、发货错误；在存货清查环节，避免账实不符，无法掌握存货的真实情况。

（二）存货管理的关键控制点及控制措施

企业根据存货的业务流程，找出其中的关键控制点进行风险控制，提高存货内部控制的管理水平。一般而言，存货业务的关键控制点及控制措施包括以下内容。

1. 取得存货

企业一般通过外购、自行生产或委托加工等多种方式取得存货，企业应当根据行业特点、生产经营计划和市场因素等综合进行考虑，遵循成本效益原则，确定不同类型存货的取得方式。根据各种存货采购间隔期和当前库存，充分利用信息系统，合理确定存货采购日期和数量，确保存货处于最佳库存状态。

2. 验收入库

不论是外购原材料或商品，还是本企业生产的产品，都必须经过验收（质检）环节。企业应当对入库存货的来源、数量、品种、质量、技术规格等方面进行检查与验收，保证存货符合采购要求。如果验收程序和方法不规范、标准不明确，就可能导致数量短缺、以次充好、账实不符。

（1）对于外购的存货，应当重点关注合同、发票等原始单据与存货的数量、质量、规格等是否一致。外购存货的验收程序一般包括以下内容：①验收前的准备工作。采购部门发生采购后，应及时将采购货物有关的信息告知仓储部门，便于仓储部门做好验收准备，如落实验收的责任人、准备存货存储条件（如空间、温度、湿度、专用设备）等。②现场验收。检查订货合同协议、入库通知单、供货企业提供的材质证明、合格证、运单、提货通知单等原始单据与待检验货物之间是否相符；检查交货期与合同协议是否相符。涉及技术含量较高、质量要求高或贵重的采购货物，必要时可委托具有检验资质的机构或聘请外部专家协助验收。根据验收结果，编制书面验收报告，验收报告中列明供应商名称、运货人名称、验收日期、货物名称、规格、数量、技术指标以及验收入、验收情况等内容，由相关负责人签字确认。③验收结果处理。对验收后数量相符、质量合格的货物办理相关入库手续，对经验收不符合要求的货物，应及时办理退货、换货或索赔。

（2）对于拟入库自制半成品、产成品等存货，应当重点关注产品质量。只有符合国家有关的质量标准或工艺要求，才能办理入库手续。拟入库的自制存货的验收程序一般包括：①对未经质检的自制半成品、产成品，查验人员应首先按照国家有关的质量标准或工艺要求进行质检，其次再清点数量，并编制书面质检报告。②对质检合格的半成品、产成品，办理入库手续；对不合格品，应及时查明原因、落实责任，经核准后采取退回生产部门再加工、申请报废、入专门的残次品库等方式处理。③对不经仓储直接投入生产或使用的存货，也应由仓储部门会同生产车间在存货抵达时进行现场验收，或者采取其他适当的方法进行检验。

（3）对于其他方式取得存货，如通过债务重组、非货币性资产交换、投资者投入等方式取得的存货，应当重点关注存货来源、质量状况、实际价值是否符合有关合同或协议的约定，查验程序可以参照外购存货。

3. 仓储保管

一般而言，生产企业为保证生产过程的连续性，需要对存货进行仓储保管；商品流通企业的存货从购入到销往客户之间也存在仓储保管环节。如果存货仓储保管方法不当、监管不严，则可能导致损坏变质、价值贬损、资源浪费。企业应当根据自身的生产经营特点，并结合工厂布局、工艺流程、设备摆放、实物流动、信息传递等因素，制定仓储保管制度和工作规程，开展仓储保管工作。具体包括：

（1）存货的存放和管理应指定专人负责，严格限制其他无关人员接触存货。

（2）仓储部门应当建立存货登记表，详细登记存货数量、品种、批次、存放地点、存放要求、存放日期、保管责任人等内容。

（3）不同批次、型号和用途的产品要分类存放。对代管、代销、暂存、受托加工的存货，应单独存放和记录，避免与本单位存货混淆。存货应当按仓储物资所要求的储存条件储存，并建立、健全防火、防潮、防鼠、防盗和防变质等措施。

（4）入库记录不得随意修改，如确需修改入库记录，应当经有效授权批准；对于已售商品退货的入库，仓储部门应根据销售部门填写的产品退货凭证办理入库手续，经批准后，对拟入库的商品进行验收；因产品质量问题发生的退货，应分清责任，妥善处理。对于劣质产品，可以选择修复、报废等措施。贵重物品、生产用关键备件、精密仪器和危险品的仓储，应当实行严格审批制度。

（5）因业务需要分设仓库的情形，应当对不同仓库之间的存货流动办理出入库手续。存货管理的信息变动都要与财务部门进行沟通和定期核对，以便于正确反映存货的价值变动。

（6）生产部门对现场物资负有管理责任，对生产现场的在加工原料、周转材料、半成品等要按照有助于提高生产效率的方式摆放，并应当重视生产现场物资的管理控制，防止浪费、被盗和流失。

（7）仓储部门应对库存物料和产品进行每日巡查和定期抽检，详细记录库存情况；发现毁损、存在跌价迹象的，应及时与生产、采购、财务等相关部门沟通。对于进入仓库的人员应办理进出登记手续，未经授权人员不得接触存货。

（8）结合企业实际情况，加强存货的保险投保，保证存货安全，合理降低存货意外损失风险。

4. 领用与发出

企业生产部门领用原材料、辅料、燃料和零部件等用于生产加工；仓储部门根据销售部门开出的发货单向经销商或用户发出产成品。商品流通领域的批发商根据合同或订货单等向下游经销商或零售商发出商品；消费者凭交款凭证等从零售商处取走商品等，都涉及存货领用发出管理。如果企业对存货领用发出审核不严格、手续不完备，可能导致货物流失。

企业应当根据自身的业务特点，确定适用的存货发出管理模式，制定严格的存货准出制度，明确存货发出和领用的审批权限，健全存货出库手续，加强存货领用记录。特别是大批存货、贵重商品或危险品的发出，均应当实行特别授权。

对于一般的生产企业和商品流通中的批发企业，仓储部门应核对经过审核的领料单或发货通知单的内容，做到单据齐全，名称、规格、计量单位准确；符合条件的准予领用或发出，并与领用人当面核对、点清交付。对于商场、超市等商品流通中的零售企业，在存货销售发出环节应侧重于防止商品失窃、随时整理弃置商品、每日核对销售记录和库存记录等。

5. 盘点清查

企业应当定期对存货进行盘点清查。盘点清查一方面要核对实物的数量，看其是否与相关记录相符、是否账实相符；另一方面也要关注实物的质量，看其是否有明显的损坏。如果盘点清查制度不完善、计划不可行，可能导致盘点工作流于形式、无法查清存货真实状况。

存货盘点清查工作一般包括以下内容：

（1）企业应当建立存货盘点清查工作规程，结合本企业实际情况确定盘点周期、盘点流程、盘点方法等相关内容，定期盘点和不定期抽查相结合，分类盘点和全面清查相结合，企业至少应当于每年年度终了开展全面的存货盘点清查。盘点清查时，应拟订详细的盘点计划，合理安排相关人员，使用科学的盘点方法，保持盘点记录的完整，以保证盘点的真实性、有效性。

（2）盘点清查结果要及时编制盘点表，形成书面报告，包括盘点人员、时间、地点、实际所盘点存货名称、品种、数量、存放情况以及盘点过程中发现的账实不符等内容。对盘点清查中发现的盘盈、盘亏、毁损、闲置等问题，应及时查明原因，落实并追究责任，按照规定权限报经批准后处理。

（3）全面清查时，应当由财务部门、仓储部门、生产部门等多部门人员共同盘点，充分体现相互制衡，严格按照盘点计划，认真记录盘点情况。

6.会计系统控制

存货的会计系统控制一般包括：财务部门应根据入库单、出库单、盘点报告等原始凭证，对各环节存货的数量、金额及时登记入账；定期与仓储、生产等相关部门等进行核对；对账实不符和减值现象及时作出账务处理。

四、固定资产管理的主要风险及其控制措施

（一）固定资产管理的主要风险

固定资产被广泛应用于不同的部门，因而，企业每个部门和每个员工都可能与固定资产的业务活动有关。企业固定资产管理的责任主体包括战略、采购、资产管理、财务、生产、其他资产使用部门等。其中：战略部门负责对企业重大设施、设备的决策制定；采购部门负责设备设施的采购；资产管理部门负责资产的日常管理和基本建设项目的组织；财务部门负责固定资产的价值管理和核算；生产部门负责设施设备的使用和维护管理；其他资产使用部门负责资产的日常管理。各部门互相配合、互相协同，才能保证固定资产管理的内部控制系统有效运行，企业通过制定《固定资产内部管理制度》《资产清查制度》等制度，规范固定资产管理业务流程，明确各部门和相关责任人的工作职责，以指导固定资产的业务操作。

对于固定资产管理，应当关注以下风险：

（1）固定资产的决策风险。固定资产的配置规模应当与企业的战略及发展计划紧密结合。固定资产的投入大，占用的资金多，如果固定资产的购置规模不恰当，既占用了大量资金，又影响了资产的使用效率，给企业生产经营造成负面影响。

（2）固定资产的操作风险。通常一些精密仪器设备、大型设备都需要合格的操作人员，准备合适的工作作环境，并严格执行操作规程。如果操作不当或违规使用等，都可能发生安全生产事故或生产出大量的废品，导致价值减损的风险。

（3）固定资产的流失风险。一是由于企业管理不善，导致固定资产在取得、使用、处置等各环节被盗窃、挪用造成损失而形成的风险；二是由于发生自然灾害或非自然灾害，以及其他意外事故，造成资产价值减损而形成的风险。

（二）固定资产管理的关键控制点及控制措施

1. 固定资产取得

为了避免固定资产的决策风险，企业就要进行科学决策，建立固定资产的预算制度。企业应在对现有资产的使用情况进行客观分析的基础上，结合对经济形势、产品和服务市场的变化，提出合理的资产购置需求。对于重大的固定资产投资项目，应当考虑聘请独立的中介机构或专业人士进行可行性研究与评价，并由企业实行集体决策和审批，防止出现决策失误而造成严重损失。

2. 固定资产验收

固定资产如果验收程序不规范，可能导致资产质量不符合要求，影响资产运行效果。企业应当建立严格的固定资产交付使用验收制度，确保固定资产数量、质量等符合使用要求。企业可以根据资产的类型、技术要求、专业化程度的差异，采取不同的验收程序。一般而言，办公家具、电脑、打印机等标准化程度较高的固定资产验收过程较为简化。复杂的大型生产设备、高精密仪器、建筑物的竣工验收则需要规范、严密的验收程序。固定资产验收环节应当采取以下控制措施：

（1）外购的固定资产，应根据合同、供应商发货单等对所购固定资产的品种、规格、数量、质量、技术要求和其他内容进行验收，出具书面验收报告。

（2）自建的固定资产，应由建造部门、固定资产管理部门、使用部门共同验收，编制验收书面报告。经验收合格的，填制固定资产移交使用单，移交使用部门投入使用。

（3）不需要安装的固定资产，经验收合格后即可交付有关部门投入使用；需要安装的固定资产，收到固定资产经初步验收后进行安装调试，安装完成后必须进行第二次验收，合格后才可以交付使用。

（4）未通过验收的不合格资产，不得接收，必须按照合同等有关规定办理退换货或其他弥补措施。

（5）对于具有权属证明的固定资产，取得时必须有合法的权属证书。对于需要办理权属登记的固定资产，应及时办理权属关系的手续和相关证明材料。固定资产权属证书或证明材料等，需妥善保管，并设立登记簿备查。

企业对投资者投入、接受捐赠、债务重组、企业合并、非货币性资产交换和其他方式取得的固定资产均应办理相应的验收手续。企业对经营租赁、借用、代管的固定资产应设立登记簿记录备查，避免与本企业财产混淆，并应及时归还。

3. 登记造册

企业取得的每一项固定资产均应进行详细登记，编制固定资产目录，建立固定资产卡片，便于固定资产的统计、检查和后续管理。如果登记内容不完整，可能导致资产流失、资产信息失真、账实不符。固定资产的登记造册环节应当采取以下控制措施：

（1）企业应根据国家及行业有关要求和自身经营管理的需要，确定固定资产分类标准和管理要求，并制定和实施固定资产目录制度；根据固定资产的定义，结合自身实际情况，制定适合本企业的固定资产目录。

（2）企业按照单项资产建立固定资产卡片，资产卡片应在资产编号上与固定资产目录保持对应关系，详细记录各项固定资产的编号、名称、种类、所在地点、使用部门和责任人、数量、账面价值、使用年限、折旧、损耗，发生的运转、维修、改造、盘点等相关内容，便于固定资产的有效识别。

（3）固定资产目录和卡片均应定期或不定期复核，保证信息的真实和完整。

4. 固定资产投保

通过固定资产投保，可以在一定程度上避免或减少因人为事故、自然灾害造成的损失。如果投保制度不健全，可能造成应投保资产未投保、索赔不力等问题。投保环节应当采取的控制措施包括：

（1）企业应当根据固定资产的性质和特点，确定固定资产投保范围和政策。投保范围和政策应足以应对固定资产因各种原因发生损失的风险。

（2）企业应当严格执行固定资产投保范围和政策，对应投保的固定资产项目按规定程序进行审批，办理投保手续。

（3）对于重大固定资产项目的投保，应当考虑采取招标方式确定保险公司。已投保的固定资产发生损失的，应当及时办理相关的索赔手续。

5. 固定资产运行维护

如果固定资产操作不当、失修或维护不到位，可能造成资产使用效率低下、产品残次率高、造成资源浪费，甚至发生生产事故。企业应当建立固定资产的维修、保养制度，保证固定资产的正常运行，提高固定资产的使用效率。固定资产运行维护环节应当采取以下控制措施：

（1）固定资产使用部门会同资产管理部门负责固定资产日常维修、保养，将资产日常维护流程体制化、程序化、标准化，定期检查，及时消除风险，提高固定资产的使用效率，切实消除安全隐患。

（2）固定资产使用部门及管理部门建立固定资产运行管理档案，据以制订合理的日常维修和大修理计划，并经主管领导审批。

（3）企业生产线等关键设备的运作效率与效果将直接影响企业的安全生产和产品质量，操作人员上岗前应由具有资质的技术人员对其进行充分的岗前培训，特殊设备实行岗位许可制度，需持证上岗，必须对资产运转进行实时监控，保证资产使用流程与既定操作流程相符，确保安全运行，提高使用效率。

6. 固定资产更新改造

企业需要定期或不定期对固定资产进行升级改造，以便不断提高产品质量，开发新品种，降低能源资源消耗，保证生产的安全环保。固定资产更新有部分更新与整体更新两种情形，部分更新的目的通常包括局部技术改造、更换高性能部件、增加新功能等方面，需权衡更新活动的成本与效益综合决策；整体更新主要是指对陈旧设备的淘汰与全面升级，更侧重于资产技术的先进性，符合企业的整体发展战略。为了避免固定资产更新改造不够，可能会造成企业产品线老化、缺乏市场竞争力。固定资产更新改造环节应当采取以下控制措施：

（1）定期对固定资产技术先进性评估，结合盈利能力和企业发展可持续性，资产使用部门根据需要提出技改方案，与财务部门一起进行预算可行性分析，并且经过管理部门的审核批准。

（2）为了实现可持续发展，企业应当充分利用国家有关自主创新政策，加大技改投入，淘汰落后设备，不断促进固定资产技术升级，切实保障本企业固定资产技术的先进性。

（3）管理部门需对技改方案实施过程适时监控、加强管理，有条件的企业建立技改专项资金并进行定期或不定期审计。

7. 固定资产盘点清查

企业应建立固定资产清查制度，定期对固定资产进行盘点，至少每年进行一次全面清查，保证固定资产账实相符、及时掌握资产盈利能力和市场价值。固定资产盘点清查环节应当采取以下控制措施：

（1）财务部门需组织固定资产使用部门和管理部门定期进行清查，明确资产权属，确保实物与卡、财务账表相符，在清查作业实施之前编制清查方案，经过管理部门审核后进行相关的清查作业。

（2）在清查结束后，清查人员需要编制清查报告，管理部门需就清查报告进行审核，确保真实性、可靠性。

（3）清查过程中发现的盘盈（盘亏），应分析原因，追究责任，妥善处理，报告审核通过后及时调整固定资产账面价值，确保账实相符，并上报完成备案。

8. 固定资产抵押质押

抵押是指债务人或者第三人不转移对财产的占有权，而将该财产抵押作为债权的担保，当债务人不履行债务时，债权人有权依法以抵押财产折价或以拍卖、变卖抵押财产的价款优先受偿。质押也称质权，是债务人或第三人将其动产移交债权人占有，将该动产作为债权的担保，当债务人不履行债务时，债权人有权依法就该动产卖得价金优先受偿。企业有时因资金周转等原因以其固定资产作抵押物或质押物向银行等金融机构借款，如到期不能归还借款，银行则有权依法将该固定资产折价或拍卖。如果固定资产抵押制度不完善，可能导致抵押资产价值低估和资产流失。固定资产抵押质押环节应当采取以下控制措施。

（1）应当加强固定资产抵押、质押的管理，明晰固定资产抵押、质押流程，规定固定资产抵押、质押的程序和审批权限等，确保资产抵押、质押经过授权审批及适当程序。同时，应做好相应记录，保障企业资产安全。

（2）财务部门办理资产抵押时，如需要委托专业中介机构鉴定评估固定资产的实际价值，应当会同金融机构有关人员、固定资产管理部门、固定资产使用部门现场勘验抵押品，对抵押资产的价值进行评估。对于抵押资产，应编制专门的抵押资产目录。

9.固定资产处置

企业应当建立、健全固定资产处置的相关制度，区分固定资产不同的处置方式，采取相应控制措施，确定固定资产处置的范围、标准、程序和审批权限，保证固定资产处置的科学性，使企业的资源得到有效的运用。固定资产处置环节应当采取以下控制措施：

（1）对于使用期满、正常报废的固定资产，应由固定资产使用部门或管理部门填制固定资产报废单，经企业授权部门或人员批准后对该固定资产进行报废清理。

（2）对于使用期限未满、非正常报废的固定资产，应由固定资产使用部门提出报废申请，注明报废理由、估计清理费用和可回收残值、预计处置价格等。企业应组织有关部门进行技术鉴定，按规定程序审批后进行报废清理。

（3）对于拟出售或投资转出及非货币性资产交换的固定资产，应由有关部门或人员提出处置申请，对固定资产价值进行评估，并出具资产评估报告。报经企业授权部门或人员批准后予以出售或转让。企业应特别关注固定资产处置中的关联交易和处置定价，固定资产的处置应由独立于固定资产管理部门和使用部门的相关授权人员办理，固定资产处置价格应报经企业授权部门或人员审批后确定。对于重大固定资产处置，应当考虑聘请具有资质的中介机构进行资产评估，采取集体审议或联签制度。涉及产权变更的，应及时办理相关产权变更手续。

（4）对于出租的固定资产由相关管理部门提出出租或出借的申请，写明申请的理由和原因，并由相关授权人员和部门就申请进行审核。审核通过后应签订出租或出借合同，包括合同双方的具体情况、出租的原因和期限等内容。

（5）对于固定资产的内部调拨，应填制固定资产内部调拨单，明确固定资产调拨时间、调拨地点、编号、名称、规格、型号等，经有关负责人审批通过后，及时办理调拨手续。固定资产调拨的价值应当由企业财务部门审核批准。

10.会计系统控制

固定资产的会计系统控制一般包括：财务部门应对固定资产的增加、更新改造、处置等环节及时入账，结合实际情况制定折旧和减值政策，准确反映固定资产的价值变动情况。

第五节　担保业务控制

一、担保业务的主要内容

《企业内部控制应用指引第 12 号——担保业务》中所称担保，是指企业作为担保人按照公平、自愿、互利的原则与债权人约定，当债务人不履行债务时，依照法律规定和合同协议承担相应法律责任的行为。企业办理担保业务至少应当关注下列风险：

（1）对担保申请人的资信状况调查不深、审批不严或越权审批，可能导致企业担保决策失误或遭受欺诈。

（2）对被担保人出现财务困难或经营陷入困境等状况监控不力，应对措施不当，可能导致企业承担法律责任。

（3）担保过程中存在舞弊行为，可能导致经办、审批等相关人员涉案或企业利益受损。企业应当依法制定和完善担保业务政策及相关管理制度，明确担保的对象、范围、方式、条件、程序、担保限额和禁止担保等事项，规范调查评估、审核批准、担保执行等环节的工作流程，按照政策、制度、流程办理担保业务，定期检查担保政策的执行情况及效果，切实防范担保业务风险。

二、担保业务的控制措施

1. 调查评估与审批

（1）企业应当指定相关部门负责办理担保业务，对担保申请人进行资信调查和风险评估，评估结果应出具书面报告。企业也可委托中介机构对担保业务进行资信调查和风险评估工作。企业在对担保申请人进行资信调查和风险评估时，应当重点关注以下事项：①担保业务是否符合国家法律法规和本企业担保政策等相关要求。②担保申请人的资信状况，一般包括基本情况、资产质量、经营情况、偿债能力、盈利水平、信用程度、行业前景等。③担保申请人用于担保和第三方担保的资产状况及其权利归属。④企业要求担保申请人提供反担保的，还应当对与反担保有关的资产状况进行评估。其中要注意对担保申请人出现以下情形之一的，不得提供担保：①担保项目不符合国家法律法规和本企业担保政策的。②已进入重组、托管、兼并或破产清算程序的。③财务状况恶化、资不抵债、管理混乱、经营风险较大的。④与其他企业存在较大经济纠纷，面临法律诉讼且可能承担较大赔偿责任的。⑤与本企业已经发生过担保纠纷且仍未妥善解决的，或不能及时足额交纳担保费用的。

（2）企业应当建立担保授权和审批制度,规定担保业务的授权批准方式、权限、程序、责任和相关控制措施,在授权范围内进行审批,不得超越权限审批。重大担保业务,应当报经董事会或类似权力机构批准。经办人员应当在职责范围内,按照审批人员的批准意见办理担保业务。对于审批人超越权限审批的担保业务,经办人员应当直接拒绝办理。

（3）被担保人要求变更担保事项的,企业应当重新履行调查评估与审批程序。

2. 执行与监控

（1）企业应当根据审核批准的担保业务订立担保合同。担保合同应明确被担保人的权利、义务、违约责任等相关内容,并要求被担保人定期提供财务报告与有关资料,及时通报担保事项的实施情况。担保申请人同时向多方申请担保的,企业应当在担保合同中明确约定本企业的担保份额和相应的责任。

（2）企业担保经办部门应当加强担保合同的日常管理,定期监测被担保人的经营情况和财务状况,对被担保人进行跟踪和监督,了解担保项目的执行、资金的使用、贷款的归还、财务运行及风险等情况,确保担保合同有效履行。担保合同履行过程中,如果被担保人出现异常情况,应当及时报告,妥善处理。对于被担保人未按有法律效力的合同条款偿付债务或履行相关合同项下的义务的,企业应当按照担保合同履行义务,同时主张对被担保人的追索权。

（3）加强对担保业务的会计系统控制,及时足额收取担保费用,建立担保事项分账,详细记录担保对象、金额、期限、用于抵押和质押的物品或权利以及其他有关事项。企业财会部门应当及时收集、分析被担保人担保期内经审计的财务报告等相关资料,持续关注被担保人的财务状况、经营成果、现金流量以及担保合同的履行情况,积极配合担保经办部门防范担保业务风险。对于被担保人出现财务状况恶化、资不抵债、破产清算等情形的,企业应当根据国家统一的会计准则制度规定,合理确认预计负债和损失。

（4）企业应当建立担保业务责任追究制度,对在担保中出现重大决策失误、未履行集体审批程序或不按规定管理担保业务的部门及人员,应当严格追究相应的责任。

（5）在担保合同到期时,全面清查用于担保的财产、权利凭证,按照合同约定及时终止担保关系。企业应当妥善保管担保合同、与担保合同相关的主合同、反担保函或反担保合同,以及抵押、质押的权利凭证和有关原始资料,切实做到担保业务档案完整无缺。

第六节 财务报告控制

一、财务报告的主要内容

财务报告，是指反映企业某一特定日期财务状况和某一会计期间经营成果、现金流量的文件。企业应当严格执行会计法律法规和国家统一的会计准则制度，加强对财务报告编制、对外提供和分析利用全过程的管理，明确相关工作流程和要求，落实责任制，确保财务报告合法合规、真实完整和有效利用。总会计师或分管会计工作的负责人负责组织领导财务报告的编制、对外提供和分析利用等相关工作。企业负责人对财务报告的真实性、完整性负责。企业编制、对外提供和分析利用财务报告，至少应当关注下列风险：

（1）编制财务报告违反会计法律法规和国家统一会计准则制度，可能导致企业承担法律责任和声誉受损。

（2）提供虚假财务报告，误导财务报告使用者，造成其决策失误，干扰市场秩序。

（3）不能有效利用财务报告，难以及时发现企业经营管理中存在的问题，可能导致企业财务和经营风险失控。

二、财务报告的控制措施

1. 财务报告的编制

（1）企业在编制年度财务报告前，应当进行必要的资产清查、减值测试和债权债务核实。

（2）企业编制财务报告，应当重点关注会计政策和会计估计，对财务报告产生重大影响的交易和事项的处理，应当按照规定的权限和程序进行审批。

（3）企业财务报告列示的资产、负债、所有者权益金额应当真实可靠。各项资产计价方法不得随意变更，如有减值，应当合理计提减值准备，严禁虚增或虚减资产。各项负债应当反映企业的现时义务，不得提前、推迟或不确认负债，严禁虚增或虚减负债。所有者权益应当反映企业资产扣除负债后由所有者享有的剩余权益，由实收资本、资本公积、留存收益等构成。企业应当做好所有者权益保值增值工作，严禁虚假出资、抽逃出资、资本不实。

（4）企业财务报告应当如实列示当期收入、费用和利润。各项收入的确认应当遵循规定的标准，不得虚列或者隐瞒收入，推迟或提前确认收入。各项费用、成本的确认应当符合规定，不得随意改变费用、成本的确认标准或计量方法虚列、多列、不列或者少列费用、成本。利润由收入减去费用后的净额、直接计入当期利润的利得和损失等构成。不得随意调整利润的计算、分配方法，编造虚假利润。

（5）企业财务报告列示的各种现金流量由经营活动、投资活动和筹资活动的现金流量构成，应当按照规定划清各类交易和事项的现金流量的界限。

（6）附注是财务报告的重要组成部分，对反映企业财务状况、经营成果、现金流量的报表中需要说明的事项，做出真实、完整、清晰的说明。

（7）企业集团应当编制合并财务报表，明确合并财务报表的合并范围和合并方法，如实反映企业集团的财务状况、经营成果和现金流量。

（8）企业财务报告编制完成后，应当装订成册，加盖公章，由企业负责人、总会计师或分管会计工作的负责人、财会部门负责人签名并盖章。

2.财务报告的分析利用

（1）企业应当重视财务报告分析工作，定期召开财务分析会议，充分利用财务报告反映的综合信息，全面分析企业的经营管理状况和存在的问题，不断提高经营管理水平。企业财务分析会议应吸收有关部门负责人参加。总会计师或分管会计工作的负责人应当在财务分析和利用工作中发挥主导作用。

（2）企业应当分析企业的资产分布、负债水平和所有者权益结构，通过资产负债率、流动比率、资产周转率等指标分析企业的偿债能力和营运能力；分析企业净资产的增减变化，了解和掌握企业规模和净资产的不断变化过程。

（3）企业应当分析各项收入、费用的构成及其增减变动情况，通过净资产收益率、每股收益等指标，分析企业的盈利能力和发展能力，了解和掌握当期利润增减变化的原因和未来发展趋势。

（4）企业应当分析经营活动、投资活动、筹资活动现金流量的运转情况，重点关注现金流量能否保证生产经营过程的正常运行，防止出现现金短缺或闲置。

（5）企业定期的财务分析应当形成分析报告，构成内部报告的组成部分。财务分析报告结果应当及时传递给企业内部有关管理层级，充分发挥财务报告在企业生产经营管理中的重要作用。

现代企业管理的一个突出特点是加强内部管理，内部控制的实施与应用就是企业加强内部管理的重要举措之一。当前，我国企业也十分重视应用内部控制来加强内部管理。与西方发达国家相比，我国在内部控制理论研究上起步较晚，因此，我国大多数企业在内部控制应用方面主要以我国有关部门颁发的制度、文件为依据，同时借鉴国外企业的成功经验。当前，我国不少企业在内部控制应用方面表面上搞得轰轰烈烈，但是真正取得较好成效的却不多。由于发达国家的现代内部控制理论是建立在完善的市场经济体制和公司治理结构基础之上的，而我国有诸多的具体国情，如企业体制多样化、大多数企业公司治理结构不完善、特定行业企业实行的是计划与市场的双轨制，等等。因而，照抄照搬国外企业内部控制应用的做法和经验，显然是不可能取得成效的。在此现实状况下，我国财政部、国资委、证监会、审计署、银监会、保监会经国务院批准，于2006年7月15日联合发起成立了企业内部控制标准委员会，旨在制定一套适合我国国情的，以防范风险和控制舞弊为中心、以控制标准和评价标准为主体的内部控制制度体系，用以指导我国企业内部控制应用的实践。

第七节　全面预算控制

一、全面预算的定义

《企业内部控制应用指引第 15 号——全面预算》提到，全面预算是指企业对一定期间的经营活动、投资活动、财务活动做出的预算安排。全面预算涉及企业生产经营全过程，需要全员参与。全面预算由经营预算、专门决策预算以及财务预算三项构成。经营预算是指企业日常业务相关的一系列预算，其中主要包括采购预算、生产预算、销售预算等。专门决策预算是指专门针对企业一些重大的或者不经常发生的项目，根据特定的决策编制的预算，主要包括企业的投融资决策侦算，如针对企业固定资产的购置编制的预算就是专门决策预算。财务预算是与企业资金的收支、财务状况或者经营成果相关的预算，可以进一步划分为资金预算、预计财务报表预算。预计财务报表预算又包括编制预计利润表与预计资产负债表，与会计做账的顺序相同，财务预算是全面预算体系的最后一个环节，它在整体上反映企业经营预算与专门决策预算的结果。

二、全面预算控制的实施主体

企业应当建/健全全面预算控制制度、规范预算管理流程、提高预算管理效率。企业实施全面预算控制，应当设立相应的机构、配备相关的人员、建立必要的制度、预算管理的机构设置、职责权限分工以及工作程序应当与企业的组织架构和管理体制相互协调，保证全面预算控制各个环节衔接顺畅。

全面预算工作的组织包括决策层、管理层、执行层和考核层，具体如下：

（1）企业董事会或类似机构应当对企业预算的管理工作负总责。企业董事会或者经理办公室可以根据情况设立预算管理委员会或指定财务管理部门负责预算管理事宜，并对企业法定代表人负责。

（2）预算管理委员会负责审批公司预算管理制度、政策。审议年度预算草案或预算调整草案并报董事会等机构审批，监控、考核本企业的预算执行情况并向董事会报告，协调预算编制、预算调整及预算执行中的有关问题等，它是专门履行全面预算管理职责的决策机构。由于企业实行的是全面预算管理，涉及所有部门和全体员工。在进行预算时，预算管理委员会需要能够代表各个部门的人员共同参与。一般由企业负责人任主任，财务总监或者总会计师等人拟任副主任。既然是全面预算，那么还应当包括主要职能部门的负责人。

（3）企业财务部门具体负责企业预算的跟踪管理，监督预算的执行情况，分析预算与实际执行的差异及原因，提出改进的意见与建议。

（4）企业内部生产、投资、物资、人力资源、市场营销等职能部门具体负责本部门业务涉及的预算编制、执行、分析等工作，并配合预算管理委员会或财务部门做好企业总预算的综合平衡、协调、分析、控制与考核等工作。各部门主要负责人参与企业预算管理委员会的工作，并对本部门预算执行结果承担责任。

（5）企业所属基层单位是企业预算的基本单位，在企业财务部门的指导下，负责本单位现金流量、经营成果和各项成本费用预算的编制、控制、分析工作，接受企业的检查、考核。基层单位的主要负责人对本单位财务预算的执行结果承担责任。

三、全面预算控制的流程

全面预算控制的流程主要包括预算编制、预算执行和预算考核三个环节。在进行全面预算控制时，应当格外关注在不同的环节面临的主要风险。

（一）预算编制

1. 预算指标制定

企业应当建立和完善预算编制工作制度，明确编制依据、编制程序、编制方法等内容，确保预算编制依据合理、程序适当、方法科学，避免预算指标过高或过低。企业应当在预算年度开始前完成全面预算方案的编制工作。

2. 预算编制方法

企业应当根据发展战略和年度生产经营计划，综合考虑预算期内经济政策、市场环境等因素。按照上下结合、分级编制、逐级汇总的程序，编制年度全面预算。企业可以选择或综合运用固定预算、弹性预算、滚动预算等方法编制预算。

3. 预算草案制定

企业预算管理委员会应当对预算管理工作机构提交的预算方案进行研究论证，从企业发展全局的角度提出建议，形成全面预算草案，并提交董事会审核。

4. 预算下达

企业董事会审核全面预算草案，应当重点关注预算的科学性和可行性，确保全面预算与企业发展战略、年度生产经营计划相协调。企业全面预算应当按照相关法律法规及企业章程的规定审议批准。批准后以文件形式下达执行。

在全面预算编制阶段，需要关注的主要风险集中在两点：第一，不编制预算或预算不健全，可能导致企业经营缺乏约束或盲目经营；第二，预算目标不合理、编制不科学可能导致企业资源浪费或发展战略难以实现。可见，合理的预算编制是实现企业战略计划的首要条件。

（二）预算执行

1. 预算指标分解

企业应当加强对预算执行的管理，明确预算指标分解方式、预算执行审批权限和要求、预算执行情况报告等，落实预算执行责任制，确保预算的严格执行。

企业全面预算一经批准下达，各预算执行单位应当认真组织实施，将预算指标层层分解，从横向和纵向落实到各部门、各环节和各岗位，形成全方位的预算执行责任体系。企业应当以年度预算作为组织、协调各项生产经营活动的基本依据，将年度预算细分为季度、月度预算，通过实施分期预算控制，实现年度预算目标。

2. 审批与监控

企业应当根据全面预算管理要求，组织各项生产经营活动和投融资活动，严格预算执行和控制。企业应当加强资金收付业务的预算控制，及时组织资金收入，严格控制资金支付，调节资金收付平衡，防范支付风险。对于超预算或预算外的资金支付，应当实行严格的审批制度。企业办理采购与付款、销售与收款、成本费用、工程项目、对外投融资、研究与开发、信息系统、人力资源、安全环保、资产购置与维护等业务和事项，均应符合预算要求。涉及生产过程和成本费用的，还应执行相关计划、定额、定率标准。对于工程项目、对外投融资等重大预算项目，企业应当密切跟踪其实施进度和完成情况，实行严格监控。

3. 沟通与反馈

在进行预算控制时，企业预算管理工作机构应当加强与各预算执行单位的沟通，运用财务信息和其他相关资料监控预算执行情况，采用恰当的方式及时向决策机构和各预算执行单位报告、反馈预算执行进度、执行差异及其对预算目标的影响，促进企业全面预算目标的实现。因此，企业既要重视预算的编制，也要重视预算结果的反馈。

4. 分析与调整

企业预算管理工作机构和各预算执行单位应当建立预算执行情况分析制度，定期召开预算执行情况分析会议，通报预算执行情况，研究、解决预算执行中存在的问题，提出改进措施，企业分析预算执行情况，应当充分收集有关财务、业务、市场、技术、政策、法律等方面的信息资料。根据不同情况分别采用比率分析、比较分析、因素分析等方法，从定量与定性两个方面充分反映预算执行单位的现状、发展趋势及其存在的潜力。

当然，企业批准下达的预算应当保持稳定，不得随意调整。由于市场环境、国家政策或不可抗力等客观因素，导致预算执行发生重大差异确需调整的，应当履行严格的审批程序。

企业在预算执行中需要关注的主要风险在于预算缺乏刚性，执行不力，可能会导致预算管理流于形式。预算编制固然重要，因为它是实现企业战略目标的起点，但预算执行是全面预算的最核心环节，预算目标能否实现主要看预算执行的效果。

（三）预算考核

企业应当建立严格的预算执行考核制度，对各预算执行单位和个人进行考核，切实做到有奖有惩，奖惩分明。

企业预算管理委员会应当定期组织预算执行情况考核，将各预算执行单位负责人签字上报的预算执行报告和已掌握的动态监控信息进行核对，确认各执行单位预算完成情况。必要时，实行预算执行情况内部审计制度。

企业预算执行情况考核工作，应当秉持公开、公平、公正的原则。考核过程及结果应有完整的记录。预算考核是对预算执行结果进行最终的评估，而评估结果与预算执行者的薪酬相联系。所以在预算考核过程中，应当关注的风险是预算考核不严格可能导致预算管理流于形式。

第八节　合同管理控制

一、合同管理业务主要内容

本操作指南所称合同，是指行政事业单位与自然人、法人及其他单位等平等主体之间设立、变更、终止民事权利义务关系的协议，主要与经济业务活动密切相关，包含合同或者协议（以下统称合同），一般以书面形式体现。单位合同管理业务的内部控制包括：合同订立、合同履行和监督、合同纠纷管理及归档等。

单位进行合同管理业务控制，至少应当关注以下风险：

（1）应订立合同而未订立合同、未获授权擅自以单位名义对外订立合同、合同相对方主体资格不适当、合同内容存在欺诈或重大误解，或者违规签订担保、投资和借贷合同，导致单位合法权益受到损害的。

（2）合同未适当履行，可能导致单位经济利益遭受损失或面临诉讼的。

（3）未建立合同纠纷处理机制，合同纠纷处理不当，可能损害单位利益或声誉的。

（4）委托授权的权限和范围不明确，可能发生超越委托权限签订合同的。

（5）合同及相关资料的登记、流转和保管不当导致单位遭受损失的。

（6）涉及保密的合同，未建立合同保密机制，致使国家秘密、技术秘密、工作秘密或商业秘密泄露，导致国家或单位利益遭受损失的。

单位合同业务工作不相容岗位一般包括：合同调查与合同合作方确定、合同的审核审批；合同拟定与合同的审核审批；合同拟定、审批及履行与合同的监督评价等。

二、合同管理业务控制目标

（1）完善合同管理机制，建立健全合同管理制度，明确合同管理归口部门，统一管理，确保合同订立与合同履行的规范性。

（2）对合同对方主体资格进行充分调查，确保对方具有履约资格和能力，减少合同违约风险。合同订立前经过公平有效的谈判或协商，拟定的合同文本内容完整，合法有效。

（3）合同正式订立前经过内部严格审核，建立完善的合同授权审批机制，对外签订合同经过合法授权，防止未经授权擅自以本单位的名义签订合同。

（4）防止以任何形式泄露合同订立与履行过程中涉及的保密事项。关注合同履行情况，确保合同履行得到有效监控，避免自身利益受损。

（5）建立规范的合同纠纷处理机制，在协商的基础上合理解决合同纠纷，依法维护本单位权益，避免利益受损，发生合同纠纷、变更、终止等情况时，及时采取应对措施维护本单位合法权益。

（6）建立合同评价机制，开展结算性合同分析评价，对合同总体履行情况、重大合同履行情况等进行分析，总结经验，改进不足，促进合同管理水平的提升。

（7）及时整理留存与合同订立、履行、变更、终止等事项相关的档案资料，确保合同档案安全完整。

三、合同管理的具体内容

合同关系自始至终是一种法律关系，所以现代企业的合同管理也应当是自始至终、全过程、全方位的管理。根据多年来我国企业的合同管理实践，合同管理应做好如下几项工作：

（1）制定合同控制程序

要使合同管理规范化、科学化、法律化，首先要从完善制度入手，制定切实可行的合同管理制度，使管理工作有章可循。合同管理制度的主要内容应包括合同的归口管理、合同资信调查、签订、审批、会签、审查、登记、备案以及法人授权委托办法、合同示范文本管理、合同专用章管理、合同履行与纠纷处理、合同定期统计与考核检查、合同管理人员培训、合同管理奖惩与挂钩考核等。企业通过建立合同管理制度，做到管理层次清楚、职责明确、程序规范，从而使合同的签订、履行、考核、纠纷处理都处于有效的控制状态。

（2）加强合同管理人员的培训教育

合同管理人员业务素质的高低，会直接影响着合同管理的质量。通过学习培训，使合同管理人员掌握合同法律知识和签约技巧，这不但增强了合同管理人员的责任感，也提高了合同法律意识。

（3）执行合同评审制度．

明确合同评审的范围、内容，包括执行的法律法规、安全技术规范、标准及技术条件等，形成评审记录并有效保存的规定，审查合同的范围、内容，合同签订、修改、会签程序和要求是否符合合同控制程序。合同评审是合同签订前最后的把关，是不可省略的环节。合同评审中存在的风险主要是：合同评审人员因专业素质或工作态度原因未能发现合同文本中的不当内容和条款；合同起草人员没有根据评审人员的评审意见修改合同，而导致合同中的不当内容和条款未被纠正。鉴于上述风险，因此合同评审小组成员应当由财务、法律、技术、工程、制造等相关专业人员参加合同评审会。形成的评审意见，必需准确无误地加以记录，并有参加评审人员的签字。

（4）履行监督和结算管理

签约的目的主要是保障合同的及时有效履行，防止违约行为的发生。企业法律顾问对合同的履行进行监督是十分必要的，通过监督可以掌握企业各类合同的履行情况，及时发现影响履行的原因，以便随时向各部门反馈，排除阻碍，防止违约的发生。另外，合同结算是合同履行的主要环节和内容，法律顾问部门同财务部门密切配合，弄好合同的结算关至关重要，这既是对合同签订的审查，也是对合同履行的监督，具体可采取或制定贷款支付复核程序来实施有效的管理。

（5）违约纠纷的及时处理

合同关系是一种法律关系，违约行为是一种违法行为，要承担支付违约金、赔偿损失或强制履行等法律后果。法律顾问部门审查合同时选择合适的违约条款和纠纷处理条款显得很重要，一旦发生违约情形，法律顾问要区别情况，及时采用协商、仲裁或诉讼等方式，积极维护企业的合法权益，减少企业的经济损失。

第九节　信息系统控制

一、会计电算化对内部控制的影响

会计电算化带来了以下会计信息处理方式的改变,使传统的内部控制方法面临挑战:

（1）内部控制形式的变化。手工操作下某些内部控制措施在电算化后没有必要存在了，如总账和明细账的核对，同时，手工操作下一些内部控制措施在电算化后转移到计算机内了，如余额发生额平衡检查、凭证借贷平衡校验等。由此可见，电算化会计的许多内部控制方法主要是通过会计软件来实现的，程序化的内部控制的有效性取决于应用程序，若程序发生差错或不起作用，由于人们的依赖性以及程序运动的重复性，将使得失效控制的情况长期不被发现，从而增大了系统在特定方面发生错误或违规行为的可能性。

（2）存储介质的变化。在手工会计环境下，企业的经济业务发生均记录在纸张之上，按会计数据处理的不同过程分为原始凭证、记账凭证、会计账簿和会计报表。纸张上的书面数据形成会计人员所熟悉的会计证据原件，这些纸质原件的数据若被修改，则容易辨别出修改的线索和痕迹。但是，电算化系统下原来纸质的会计数据被直接记录在磁盘或光盘上，是不可见的，很容易被删除或篡改。因此，在计算机中如何使磁性介质上的数据安全可靠，防止数据被非法修改是一个非常重要的问题。

（3）内容控制的范围变化。传统的内容控制主要针对交易处理计算机技术的引入给会计工作增加了新的工作内容，同时也增加了新的控制措施，由于计算机系统建立和运行的复杂性，内部控制的范围相应扩大，如网络系统安全的控制、系统权限的控制、修改程序的控制等以及磁盘内会计信息的安全保护、计算机病毒防治、计算机操作管理、系统管理员和系统维护人员的岗位责任制度等。

（4）交易授权的变化。授权、批准控制是一种常见的、基础的内部控制。手工会计系统中，对于一项经济业务的每个环节都要经过某些具有相应权限人员的签章，自然形成了严格的审核复查机制。但在电算化会计信息系统中，大部分处理由计算机完成，审查、复核等控制内容被削弱，甚至消失了。

（5）财务网络化带来的问题随着计算机技术和网络通信技术的发展，网络化会计信息系统的日趋普及，财务软件的网络功能主要包括远程报表、远程审计、网上支付、网上报税、网上采购、网上销售和网络银行等，实现这些功能就必须有相应的控制，从而加大了会计系统安全控制的难度。

二、建立和完善电算化会计信息系统环境下的内部控制

实施会计电算化以后，严格的内控制度和系统正常、安全、有效的运行是会计电算化信息真实可靠的保证，内部控制制度要求处理同一笔经济业务的人员既要相互联系，又要相互制约。此外，严格的内控制度有助于防止违法行为的发生。国内外会计电算化的实践表明，计算机自身处理出错的概率几乎为零；但如果单位管理制度不健全或实施不力，则会给各种非法舞弊行为以可乘之机。企业一旦出现舞弊情况，将会遭受巨大损失。因此，制定严格的内控制度是非常有必要的，强化内控管理，提高电算化的科学管理水平是建立现代企业制度的内在需求，也是提高企业竞争能力的重要途径。建立和完善电算化会计信息系统环境下的内部控制可从以下几个方面进行：

（1）组织与管理控制

组织与管理控制是指通过部门的设置、人员的分工、岗位职次的制定、权限的划分等形式进行的控制，其基本目标是建立恰当的组织机构和职责分工制度，以达到相互牵制、相互制约、防止或减少舞弊发生的目的。会计信息系统的工作岗位可分为基本会计岗位和电算化会计岗位，其中，属于电算化会计岗位的系统管理岗位的主要任务是负责系统的硬软件管理工作。从技术上保证系统的正常运行，包括掌握网络服务器及数据库的超级口令，安排网络资源分配，监控数据保存方式的安全性、合法性，防止非法修改历史数据，对系统运行各环节进行审查以防止存在漏洞等，以便有效地限制并及时发现错误或违法行为。

（2）系统日常操作管理控制

系统操作控制主要表现为操作权限控制和操作规程控制两个方面。操作权限控制是指每个岗位的人员只能按照所授予的权限对系统进行作业，不得超越权限接触系统。系统应制定适当的权限标准体系，以杜绝越权操作，从而保证系统的安全。操作权限控制常采用设置口令的方式来实行。操作规程控制是指系统操作必须遵循一定的标准操作规程进行。操作规程应明确职责、操作程序和注意事项，并形成一套电算化系统文件，如对进入机房内的人员进行严格审查、规定交接班手续和登记运行日志、规定数据备份及机器的使用规范、规定存储盘专用以防病毒感染、规定不准在计算机上玩电脑游戏等。标准操作规程包括软硬件操作规程、作业运行规程、上机时间记录规程等。

（3）系统维护控制

系统的维护是指日常为保障系统正常运行而对系统硬软件进行的安装、修正、更新、扩展、备份等方面的工作。系统维护控制就是针对这些工作而实施的控制系统维护，包括硬件维护和软件维护。硬件维护主要包括定期进行检查并做好记录，以及在系统运行过程中出现硬件故障要及时进行故障分析并做好记录。而软件维护包括正确性维护、适

应性维护和完善性维护。在软件修改、升级和硬件更换过程中，要保证实际会计数据的连续和安全，并由有关人员进行监督。

（4）数据和程序控制

数据和程序控制主要是指对数据、程序的安全控制。程序的安全与否直接影响着系统的运行，而数据的安全与否关系到财务信息的完整性和保密性。

数据控制的目标是要做到任何情况下数据都不丢失、不损毁、不泄露、不被非法侵入，通常采用的控制包括接触控制、丢失数据的恢复与重建等。数据的备份则是数据恢复与重建的基础，是一种常见的数据控制手段，采用磁性介质保存会计档案要进行定期检查和定期复制，防止由于磁性介质损坏而使会计档案丢失。在网络中进行双机镜像映射备份也是一种备份形式。

程序的安全控制是要保证程序不被修改、不被损毁、不被病毒感染，常用的控制包括接触控制和程序备份等。接触控制是指非系统维护人员不得接触到程序的技术资料、源程序和加密文件，从而减少程序被修改的可能性；程序备份则是指有关人员要注明程序功能后备份存档，以备系统损坏后重建之需。程序的安全控制还要求系统使用单位制定具体的防病毒措施，包括对所有来历不明的介质在使用前进行病毒检测，定期对系统进行病毒检测，使用网络病毒防火墙以防止日益猖獗的网络病毒侵入等。

（5）网络的安全控制

随着网络技术快速发展，公司应加强网络安全的控制，在技术上对整个财务网络系统的各个层次（通信平台、网络平台、操作系统平台、应用平台）都要采取安全防范措施和规则，建立综合的多层次的安全体系。网络安全性指标包括数据保密、访问控制、身份识别等。针对这些方面可采用一些安全技术，主要包括数据加密技术、访问控制技术、数字签名技术、隧道技术（VPN）等。

数据加密技术是保护信息通过公共网络传输和防止电子窃听的首选方法。现代加密技术分为对称加密（专用密钥）和非对称加密（公开密钥）两大类。对称加密法是最传统的方式，其特点是关联双方共享一把专用密钥进行加密和解密运算，专用密钥法面临的最大难题是密钥网上分发的安全性问题。非对称加密法于1976年问世，它将密钥一分为二，即一把公钥和一把私钥，具有加密钥不同于解密钥并且在计算上不能由加密钥推出解密钥的特点，有效解决了密钥分发的管理问题，特别适合计算机网络的应用环境，如总公司对下属企业公开其"密钥对"中的公钥，下属企业可以用公钥对上报的报表信息加密，安全地传送给总公司，然后由总公司用其保留的私钥进行解密。

访问控制技术的代表是防火墙技术，特别是已融合了VPN（虚拟专用网及隧道技术）的防火墙技术。防火墙是建文在企业内部网（Intranet）和外部网络接处的访问控制系统，它对跨越网络边界的信息进行过滤，目的在于既防范来自外部的非法访问又不影响正常作，从而为企业设立了一道电子屏障。防火墙可能是纯软件、纯硬件或软硬件结合的产品，大体上可分为两大类：一类基于包过滤，通常直接转发报文，它对用户完全透明，速度较快；另一类基于代理服务，需要代理服务器建立连接，它可以有更强的身份验证和日志功能。

数字签名技术是指在 Intranet 环境下，电子符号代替了会计数据，磁介质代替了纸介质，财务数据流动过程中的签字盖章等传统手段将完全改变，为验证对方身份、保证数据真实性和完整性，在计算机通信中采用数字签名这一安全控制手段。基于数字签名还可建立不可否认机制，也就是说，只要用户或应用程序已执行某一动作，就不能否认其行动。数字签名是上述公开密钥密码技术的另一类应用。它的主要方式举例如下：会计信息的披露方从信息文本中通过一种信息摘要算法产生一个固定长度（如 128 位）的摘要值，用自己的私钥对摘要值加密，来形成披露方的数字签名，连同原文一起发出，而关联方首先用同样的摘要算法对报名计算摘要值，接着再用披露方一同发来的公钥对数字签名解密，如果两个摘要值相同，证明信息在发送途中未被篡改，而且报文确定来自所称的披露方，财务系统中远程处理时可用数字签名技术代替签字盖章的传统确认手段，当然这必须是在国家外相应的财务制度许可的条件下。

另外，VPN 解决了财务信息在 Internet 上传输的安全问题。网络传输介质、接入口的安全性也是应该引起注意的问题，即"使用光纤传输，接入口应保密通过上述技术可提高财务信息在内部网络及外部网络传输中的安全性"。

三、会计信息系统的日常管理与维护

1. 会计信息系统的日常管理

在会计信息系统条件下根据会计数据处理和财务管理工作的需要进行了新的工作岗位分工，同样需要对不同的岗位和人员进行工作职责和权限的划分，从而明确各自的权利与责任，保证会计信息系统的有序运行。根据实际情况可以建立会计信息系统主管责任制、软件操作责任制、审核记账员责任制、系统管理员责任制、电算审查人员责任制、数据分析员责任制、会计档案保管员责任制等。

对系统操作过程的控制和管理，建立健全的操作管理制度并严格实施，是系统安全、有效运行的保证，硬件管理制度主要是为保证计算机系统和机房设备的正常运转实施的控制，这是系统安全运行的基本前提和物质保证。对会计软件和会计数据进行安全保密控制，目的是防止软件被他人篡改、更换或破坏，保证会计信息系统内各类文档资料的存档、安全保管和保密工作。这里的文档资料主要是指打印输出的各种账簿、凭证、报表，存储会计数据和程序的软盘及其他存储介质，系统开发运行中编制的各种文档以及其他会计资料。

2. 会计信息系统的维护

系统维护的类型主要包括：

（1）正确性维护，目的是改正软件中存在的错误；

（2）适应性维护，目的是使软件能随环境的变化而变化，使软件能够继续使用，从而提高软件的使用寿命；

（3）完善性维护，目的是提高系统的工作效率和性能。

上述三种维护类型中，完善性维护是最主要的。因为从系统的整个生命周期分析，用于完善性维护的时间和投资甚至会超过正确性维护和适应性维护的总和，特别是高质量的软件，一般具有良好的准确性和适应性，其用于正确性维护和适应性维护的时间和投资一般不会很大。

3. 系统维护的内容

对于一个系统而言，进行维护的工作量与系统投入使用的时间长短和系统自身的质量好坏有关，通常在系统试用期间的维护工作量较大，系统维护一般包括下列几个方面的内容：

（1）硬件设备维护。硬件设备维护是指对计算机主机、外部设备及机房各种辅助设备进行的检修、保养工作，以保证硬件系统处于良好的运行状态。

（2）数据文件维护。数据文件维护是指对数据文件的结构及内容进行的扩充、修改等工作，以保证数据文件能满足会计数据处理的需要。由于系统的业务处理对数据的需求是不断变化的，因此经常对数据文件进行维护非常重要。

（3）代码系统维护。随着系统环境的变化，旧的代码已经不能适应系统的需求，因此需要对代码进行维护。代码系统维护是指对代码系统的结构及内容进行的扩充、修改等处理，以满足会计数据处理的需要。

（4）软件维护。软件维护是指根据实际需要对软件系统进行的修正或补充工作。由于会计信息系统的业务处理以计算机处理为主，而计算机又是在程序的控制下运行的，因此，如果日常会计业务的处理或数据发生变化时，就可能需要修改某些程序，一般来说，软件维护通常都是在原有的程序基础之上进行修改完成的。

第九章 大数据时代下的企业财务风险管理与内部控制研究

第一节 大数据时代下的企业投资风险管理

企业投资包括对内投资和对外投资。企业对内投资主要是固定资产投资。在固定资产投资决策过程中，很多企业对投资项目的可行性缺乏周密系统的分析，加之决策所依据的经济信息不全面、不真实等原因，使投资决策的失误频繁发生，投资项目不能获得预期收益，投资无法按期收回，给企业带来巨大的财务风险。在对外投资上，很多企业的投资决策者对投资风险的认识不足，盲目投资，导致企业投资损失巨大、财务风险不断。因此，投资风险管理对企业而言非常重要。

一、投资风险概述

投资风险是指企业投资过程中，在各种不可预计或不可控因素的影响下，导致投资不能实现预期目标的可能性。

（1）按照分散程度的不同，投资风险分为可分散风险和不可分散风险。

（2）按照投资对象的不同，投资风险可分为金融投资风险和实业资本投资风险。金融投资风险是指影响企业金融投资收益实现的风险，主要体现在企业用金融商品为载体的前提下，在投资过程中投资项目不能达到预期收益。实业资本投资风险是指与实业资本投资经营活动相关的风险，主要是针对企业内部生产经营有关的投资和对外的合营、合作等实业资本投资过程中可能产生的风险。这种风险可解释为项目投资达不到预期收益的可能性。

二、投资风险的识别

企业在投资过程中，要对风险因素进行甄别，确定各种可能存在的系统性风险和非系统性风险，密切关注投资各个阶段更替过程中的风险变换，提高对风险客观性和预见性的认识，掌握风险管理的主动权。企业投资风险的产生一般有三种原因：一是产业结构风险、投资决策风险、投资执行风险、投资后经营过程中的风险等所表现出来的投资过程的非科学性；二是金融投资组合的非分散化引起的风险与报酬的不匹配；三是金融投资与实业资本投资的相互影响以及企业对投资项目的理解和把握不到位等。其中，投资过程的非科学性最常导致企业的投资活动出现风险。因此，企业应着重注意在产业结构、投资决策、投资执行、投资后经营过程中保持理性，采用科学的防范措施积极进行风险管理，这样才能将企业的投资风险降至最低。

三、投资风险的评估

对已经识别出来的风险要进行严格的测度，估计风险发生的可能性和可能造成的损失，并做出系统风险评估，切实把握投资的风险程度。

（一）分析评价投资环境

投资主体的投资活动都是在政治、经济、政策、地理、技术等投资环境中进行的。变化莫测的投资环境，既可以给投资主体带来一定的投资机会，也可以给投资主体造成一定的投资威胁。而投资机会和投资威胁作为矛盾双方，往往同时出现又同时消失，而且在一定条件下，威胁可能变成机会，机会也可能变成威胁。因此，投资主体在投资活动中必须对投资环境进行认真调查与分析，及时发现和捕捉各种有利的投资机会，尽可能地防范投资风险。

（二）科学预测投资风险

投资作为一项长期的经济行为，要求投资主体在投资之前应该对可能出现的投资风险进行科学预测，分析可能出现的投资风险产生的原因及其后果，并针对可能出现的投资风险及引起风险的原因制定各种防范措施，尽可能地避免投资风险，减少损失，防患于未然。

（三）进行可行性分析，使投资决策科学化

投资决策是制订投资计划和实施投资活动、实现投资正常运行的基础和关键，必须使投资决策科学化。投资决策科学化的关键环节是利用先进的分析手段和科学的预测方法，从技术上和经济上对投资项目进行可行性研究和论证，通过对各种投资机会和方案进行论证，以求获得最佳收益的投资方案，并防范投资风险。

（四）分析投资收益和风险的关系

在市场经济条件下，投资主体的任何投资都免不了会遭受一定的风险。从收益与风险的关系看，投资主体欲获得的投资收益越多，所承担的风险也就越大；而风险越大，获得收益的难度也越大。因此，投资主体在投资中，要认真研究收益与风险的关系，正

确衡量自己承担风险的能力，在适当的风险水平上谨慎、稳健地选择投资对象，力求尽可能避免或降低投资风险。

（五）分析评价投资机会的选择

投资主体在对投资环境进行调查和分析的过程中，往往会发现许多投资机会，但各种投资机会的实现都要以一定数量的资金为保证。因此，投资主体在投资过程中，既要考虑投资机会，也要考虑自己的资金实力量力而行。

（六）分析评价投资风险的结果

投资风险经过分析评价之后，会出现两种情况：一种情况是投资的风险超出了可接受的水平；另一种情况是投资整体风险在可以接受的范围之内。在第一种情况下，投资主体有两个选择：当项目整体风险大大超过评价基准时，应该立即停止、取消该项目；当项目整体风险超过评价基准不是很多的时候，应该采取挽救措施。在第二种情况下，没有必要更改原有的项目计划，只需要对已经识别出来的风险进行监控，并通过深入调查来寻找没有识别出来的风险即可。对于已经存在的风险要进行严格检查，必要时应采取相应的规避措施，防范风险。

四、投资风险的控制

（一）构建投资风险预警系统

企业投资风险预警是指以收集到的企业相关信息为基础，对企业可能因此出现的风险因素进行分析，采用定性和定量相结合的方法来发现企业投资过程中可能出现的潜在风险，并发出警示信号，以达到对企业投资活动风险预控的目的。

企业投资风险预警系统可以反映企业投资运营的状况，它具有监测、信息收集和控制危机几大方面的功能。

企业投资风险预警主要是由警源分析和警兆辨识两部分组成。一个企业要想取得投资的成功，必须将一些关键因素控制在一定的范围内。原因在于如果这些因素发生异常波动，就很可能会导致企业投资总体上的失败。

根据企业的不同，导致风险形成的关键因素也有所不同。企业应结合预警对象的特征及变化规律进行监测，以准确界定企业投资风险的警源所在。不同企业所侧重的关键因素差别很大。企业在实际操作过程中，应参照警源分类，并结合预警对象的特征与变化规律来监测预警对象，只有这样才能准确找出企业警源所在。对任何一个企业而言，在投资风险发生前都会有先兆，如某些指标会提前出现异常波动。企业建立投资预警系统的目的就是要根据一定的先兆，及时、准确地捕捉到这些异常。

防范企业投资风险最有效的方法就是构建投资风险预警系统。企业构建投资风险预警系统主要包括两方面的内容，即定性分析和警兆的定量分析。企业投资风险预警指标的确定应遵循六大原则：可行性、时效性、稳定性、灵敏性、重要性和超前性。结合企业实际情况，可以把企业投资风险预警指标体系划分为项目未来的发展能力、项目的安全性、项目的盈利能力、项目的运营效率和项目的投资结构五大部分。企业投资风险预警值的确定方法主要有比照经验法和行业平均法两种。比照经验法主要是依据以往的经验来确定预警值，企业也可以根据自身实际情况对投资项目的预警值进行调整；行业平均法则是以企业投资项目参照其所属行业的平均值，运用参数估计与假设检验等方法计算出预警值的置信区间。

（二）分阶段进行投资风险管理

企业投资过程包括确定投资准备、投资实施和生产经营三个阶段。不同阶段的投资活动各有特点，各阶段风险管理的内容也有所区别。

在投资准备阶段，还没有进行实质性投资，主要是投资项目可行性研究。该阶段风险管理的内容是保证投资决策的信息充分、计算方法科学、财务收益测算可靠，对未来可能的风险进行正确的估计，并策划相应地减少、回避和转移风险的措施，制订紧急情况下的应变计划。

在投资实施阶段，主要是通过投资费用的支付进行投资建设，完成投资规划所规定的全部建设内容，并交付生产使用。该阶段风险管理的内容是预防建设损失，控制投资总额，保证工程质量；合理确定机器设备和建设材料的采购计划，节约使用材料消耗；实行严密的质量检验和验收制度，建立完整的原始记录等。

在投资后生产经营阶段，投资活动已经结束，进入了正常的生产经营阶段。该阶段风险管理的内容主要是确保投资收益的实现，保持企业现有资产和持续获利的能力，实施风险保险，对可能发生的经营风险和财务风险等采取必要的防范措施加以控制。

（三）采用多种投资风险管理方法

投资风险管理的方法有很多，比较常用的方法主要有以下几种：

1. 盈亏平衡分析法

它研究盈亏平衡时各有关经济变量之间的关系，就销售量变化对投资收益的影响进行分析，以确定项目不亏损所需要的最低销售量。通过盈亏平衡分析，企业可以了解到市场需求对企业盈利状况的影响。如果预计市场需求量大于盈亏平衡点，说明企业投资比较安全；如果预计需求中接近盈亏平衡点，那么企业在投资决策时必须慎重，以防止预计失误给企业带来的不利后果。

2. 组织结构图分析法

它适合企业的风险识别，特点是能够反映企业关键任务对企业投资项目的影响。组织结构图主要包括以下内容：企业活动的性质和规模；企业内各部门之间的内在联系和相互依赖程度；企业内部可以分成的独立核算单位，这是对风险作出财务处理决策时所必须考虑的；企业关键人物；企业存在的可能使风险状况恶化的任何弱点。

3. 流程图分析法

流程图能生动、连续地反映一项经济活动的过程，其作用在于找出经济活动的重要部分，即该部分的损失可能导致整个经济活动失败的瓶颈。但流程图分析的局限是只能揭示风险是否存在，而不能给出损失的概率和损失的大小。

4. 核对表法

企业在生产经营过程中往往受到很多因素的影响，在作投资和管理决策时，可将企业经历的风险及其形成的因素罗列出来，形成核对表。管理人员在进行决策时，看了核对表就会注意到所要进行的投资项目以及可能具有的风险，从而采取相应的措施。核对表可以包括很多内容，如以前项目成功和失败的原因、项目产品和服务说明书、项目的资金筹集状况、项目进行时的宏观和微观环境等。

5. 经验、调查和判断法

企业可以通过主观调查和判断来了解企业可能面临的风险。例如，通过市场调查，收集信息，包括国家的产业政策、企业投资地区的经济状况、人口增长率等。通过德尔菲法反复征求专家的意见，以取得对风险识别的共识。通过专家会议法，要求风险专家召开会议，对企业投资的各种风险进行识别，这种方法适用于衡量投资市场中潜在损失可能发生的程度。

6. 决策树分析

它是一种用图表方式反映投资项目现金流量序列的方法，特别适用于在项目周期内进行多次决策（如追加投资或放弃投资）的情况。

7. 敏感性分析法

它是研究在投资项目的生命周期内，当影响投资的因素（如投资期限、市场利率、宏观经济环境等）发生变化时，投资的现金净流量、内部收益率是如何变化的，以及各个因素对投资的现金净流量、内部收益率等有什么影响，从而使管理人员了解对企业投资影响比较大的因素，识别并控制风险隐患，降低企业的风险。

8. 动态风险监视方法

风险监视技术分为用于监视与产品有关风险的方法和用于监视过程风险的方法。审核检查法和费用偏差分析法属于过程风险监视方法。

（四）投资风险的具体控制

根据风险发生的特点和规律，对风险进行系统控制，制订风险管理措施和风险处理方案，合理安排投资的实施，搞好重点风险项目的管理，尽力预防可能发生的风险，或降低风险程度，力争以较小的风险管理耗费得到最好的投资安全策略。

1. 职责分工与授权批准

企业应当建立投资业务的岗位责任制，明确相关部门和岗位的职责权限，确保办理投资业务的不相容职务相互分离、制约和监督。投资不相容职务至少应当包括：投资项目的可行性研究与评估；投资的决策与执行；投资处置的审批与执行。

2. 投资可行性研究、评估与决策控制

企业应当加强投资可行性研究、评估与决策环节的控制，对投资项目建议书的提出，可行性研究、评估、决策等作出明确规定，确保投资决策合法、科学和合理。

3. 投资执行控制

企业应当制订投资实施方案，明确出资时间、金额、出资方式及责任人员等内容。对外投资实施方案及方案的变更，应当经企业董事会或其授权人员审查批准。投资业务需要签订合同的，应当征询企业法律顾问或相关专家的意见，并经授权部门或人员批准后签订。

4. 投资处置控制

企业应当加强投资处置环境的控制，对投资收回、转让、核销等的决策和授权批准程序作出明确规定。

5. 投资风险控制措施

对投资项目的风险进行规避有很多措施，通常采用的控制风险的措施主要有：风险回避、风险控制、风险转移、风险自留和后备措施。

6. 风险控制计划

在风险分析完成后，为了使风险水平降到最低而制订的详细计划。对于不同的投资项目，风险控制计划有所不同，但至少应包括以下内容：所有风险来源的识别，以及每一来源中的风险因素；关键风险的识别，以及关于这些风险对目标实现的影响的说明；对已识别出的关键风险因素的评估，包括从风险评估中摘录出来的发生概率以及潜在的破坏力；已经考虑过的风险规避方案及其代价；建议的风险规避策略，包括解决每一风险的实施计划；各单独规避计划的总体综合，以及在分析了风险耦合作用的可能性之后制订的其他风险规避计划；项目风险形式估计、风险管理计划和风险规避计划三者的综合总策略等。

（五）投资风险管理的误区与克服方法

在实践中，企业投资的各种误区不胜枚举，以下八种误区较为典型：盲目跟风上项目；一心扩大投资规模；资金投向陌生领域；忽视产品品质；轻信高科技及迷信专家、投资合作伙伴选择不当（合作伙伴太过弱小、合作伙伴太过强大）；忽视合作调研，与合作方未达成共识就实施投资；短期借款用错路；过分相信财务报表的作用。在企业投资行为中，受到各种因素影响而导致的投资误区因"企"而异，但这些误区并不是不能克服的。

1. 着眼于未来市场

投资者在制订投资方案时，不盲目跟风，对投资风险需要做好综合衡量及前期准备工作。市场是变幻莫测的，即使是跟风也不能盲目，只有着眼于未来的市场需求，进行有方向性的投资，抓住时机，目光不局限于眼前的市场，才能一投一个准。

2. 控制适度的投资规模

企业投资时，要根据风险与收益的平衡性合理选择适合于企业的投资项目，并控制适度的投资规模。在投资实施时，最好分阶段去投入资金，尽量做到不要一次投入过多资金，以合理控制投资风险。

3. 不去投资不懂的生意

当企业投资到跨度过大的行业或领域时，在行业门槛上已存在很大风险，应把钱花在刀刃上，将资金投向自己有优势的项目或自己所熟悉的行业或模式化的经营项目，而不是盲目投向未知行业。

4. 发挥灵活经营机制

企业应把自身生存和发展的基石建立在经营智慧、产品品质和科技水平上，并推进产品的创新投资计划，不断提升企业自身竞争力。同时，投资者要有忧患意识，克服急功近利的短期行为，以企业长远利益为切入点，把投资看成一项系统工程。

5. 判断项目适应性并注重发挥专家作用

企业在投资高科技项目时，一定要对项目进行科学的比较与分析，然后再判断是否有必要投资该项目、能否具体实施该项目以及这个项目未来能否给企业带来切实的收益。在选择专家时，要采取判断、甄别的方式，并对其进行合理监督和比较分析。企业应注重发挥专家的专业性作用，以降低走入投资风险管理误区的可能性。

6. 细心选择实力相当的合作伙伴

企业要根据自身的经营状况，综合自身的实力选择与自身实力相当的企业合作项目。一方面，企业应考虑双方力量的均衡，这样才不至于丧失自身的"话语权"；另一方面，要让对方和自己付出的努力和责任基本持平，不存在太大差距，从一定程度上降低投资风险。

7. 灵活掌握投资用途

企业财务管理的一个大忌就是将短期借款用于固定资产投资，这样不但加大了企业的投资风险，还会影响企业正常的经营运转。如果企业的流动资金枯竭，就会直接陷入财务和经营的困境。

8. 客观识别报表真伪

企业在投资决策过程中，应客观看待财务报表的作用，以客观的态度分析、甄别财务报表所反映的内容，从而作出正确决策，使企业远离投资风险，获得较好的预期收益。

第二节　大数据时代下的企业筹资风险管理

一、筹资风险概述

（一）筹资风险的含义

筹资风险是指企业在筹资活动中由于资金供需市场、宏观经济环境的变化或筹资来源结构、币种结构、期限结构等因素而给企业带来的预期结果与实际结果的差异。筹资活动是企业生产经营活动的起点。企业筹集资金的主要目的是扩大生产经营规模，提高经济效益。由于市场行情瞬息万变，企业之间的竞争日益激烈，可能出现投资决策失误、管理措施不当等情形，从而使得筹集资金的使用效益具有很大的不确定性，由此便产生了筹资风险。

通常，企业的筹资风险是由内、外两种因素造成的。内部因素包括企业筹资结构、资金成本高低等；外部因素包括企业经营状况风险、现金及资产流动状况、金融市场及政策调整。内、外因素紧密联系，它们之间相互作用可以诱发筹资风险。

（二）筹资的原则

企业的生产经营活动离不开资金的运动。一个企业必须拥有与其生产经营规模相适应的一定比例的资金，才能维持正常的生产经营活动。筹集资金的方式有很多种，但总的筹资原则如下：

1. 最低需求原则

筹集资金的目的是满足生产经营需要。企业筹集资金的数量上限为生产经营对资金的需要，其最低需要量一方面要考虑建立在高经济效益的必要投资项目基础上的资金需求，另一方面考虑建立在对企业现有资金充分利用基础上的资金需求。在数量上，企业筹集的资金一般应多于实际需要量。

2. 优化投资条件原则

企业筹集资金的工作实际上就是吸引资金所有者到企业进行投资。要取得投资者的偏好，就必须具备良好的投资条件。作为投资者，不论是银行、企业还是个人，在确定资金投向时，都想把资金投给投资条件好的企业和好的投资项目。因此，企业只有具备良好的投资条件，才可能争取到外来的投资。

3. 费用最低原则

企业要通过对不同筹资方式和策略的比较分析，选择费用率最低的作为决策方案。既要比较不同方案的费用率水平，又要与企业投资方案预期收益率进行比较，绝不能选择费用率大于经营利润率的方案。

4.配套资源保障原则

企业资金的增加，常常要求物资、技术、生产场地、市场需求及销售渠道等相关配套资源的保障。如果不具备相关条件，筹集到的资金就无法发挥作用。所以，在企业筹集资金的同时，要落实好需要的物资，解决相关技术问题，调整生产场所，开发市场，理顺销售渠道。这样才能充分发挥筹集资金的作用，取得最理想的经济效果。

二、筹资风险的类型

从资金来源来看，企业的筹资行为可分为债务筹资、权益筹资和混合筹资。债务筹资包括银行贷款、债券筹资、租赁筹资、商业信用筹资等；权益筹资包括股权筹资和内部留存收益。混合筹资是指同时具有债务筹资和权益筹资特点的筹资方式。传统的财务理论为筹资风险就是债务风险，事实上企业筹资风险还包括权益筹资风险等其他筹资方式产生的风险。

（一）权益筹资风险

它是企业筹资风险的一大组成部分，不存在还本付息的问题。这部分筹入资金的风险具体表现在两方面，即企业控制权分散的风险和企业资金成本增加的风险。如果企业采用吸收直接投资的方式筹集资金，一般都需要付出一定的代价，即投资者常常要求获得与投资数量相适应的经营管理权。如果外部投资者的投资较多，则投资者会有相当大的管理权，甚至会对企业实行完全控制。而企业采用发行普通股的方式筹资时，表现为出售新股票，引进新股东，此时就很容易分散企业的控制权。由于企业内部筹集到的自有资金的使用效益存在不确定性，因此决定了其采用内部向有筹集资金的方式具有一定风险。这常常表现为企业资金使用效率低下时，无法满足投资者的投资报酬期望，从而引起企业股票价格下跌，使融资难度加大，最终导致企业资金成本上升等问题。留存收益筹资是指企业将留存收益转化为投资的过程，将企业生产经营所实现的净收益留在企业，而不作为股利分配给股东。其实质为原股东对企业追加投资。留存收益筹资具有三个优点：不发生实际的现金支出；保持企业举债能力；企业的控制权不受影响。留存收益筹资也具有两个缺点：期间限制；需与股利政策权衡成本与收益。

（二）债务筹资风险

在企业债务筹资过程中，受资金供需情况和宏观经济环境等不确定因素的影响，给企业盈利带来损失的可能性，这就是债务筹资风险。这种筹集资金的方式通常有两种风险影响，即企业破产倒闭的风险和企业再融资能力降低的风险。原因在于，不管企业采用的是发行债券、取得长期或短期贷款，还是采用借入资金等方式，都必须按期还本付息。如果不能产生经济效益，企业最终不能按时还债，就很可能造成企业财务陷入不能偿付的恶性循环中，有的还可能导致企业倒闭。另外，如果企业负债过度，则会出现非常重的债务负担，在债务到期时不能按时足额还本付息，这将直接影响到企业信誉。这样一来，结果就不容乐观了，那些金融企业或其他企业就不会再愿意向该企业贷款或借出资金，最终给企业带来的是再融资能力降低的风险。

（三）混合筹资风险

混合筹集资金通常也会给企业带来风险，表现为企业财务负担增加的风险和企业发行成本增加的风险。企业财务负担增加的风险在于，企业若通过发行优先股筹集资金，由于优先股需要支付固定股利，但又不能税前扣除，因此当企业盈余下降时，优先股的股利通常会增加企业的财务负担。企业发行成本增加的风险在于，企业通过发行可转债，虽然可以使其以较高股价出售普通股，但当转股时，如果适逢普通股价格上涨，无疑会增加企业实际的发行成本，这时发行价格远远高于单纯发行债券的价格。

从控制筹资成本的角度考虑，从一般理论上来讲，企业首选的应该是债务筹资方式。但需要注意的是，债务筹资风险要高于权益筹资风险。这主要表现在资金不能按期如数偿还的风险。在债务筹资方式下，借债必须按期如数偿还，资金不能偿还的损失完全是由企业自身来负担的。企业必须想尽一切办法将所借资金按期如数归还，才有可能保证其持续经营下去。而权益筹资的情况正好相反，因为它属于一种持续终身的投资，可以永久使用，而无须考虑偿还的问题。一方面，股东一旦认股后，除非由占相当比例股份的股东发起，并经法定程序对企业进行清算，否则任何单个股东都无权要求退股，只能通过转售股权来变现；另一方面，企业盈利好则多分红，盈利不好则少分红，甚至可以不分红。作为筹资主体的企业如果采取债务筹资方式，必须考虑到期能否还本付息，以防止筹资风险的发生。如果企业预期难以还本付息，只能转向权益筹资。显然，企业是把股东出资作为防止筹资风险的"避风港"来运用的，也可以说，企业是把权益资本作为其自身还债风险的担保物或稀释物来筹措的。因此，在实际筹资过程中，企业应在筹资风险和筹资成本之间进行权衡，确定一个最优资本结构，使得筹资的综合资金成本较小的同时，将筹资风险保持在适当的范围内。只有恰当的筹资风险与筹资成本相配比，才能使企业价值最大化，实现长期可持续的良性发展。

三、筹资风险的特征

筹资风险的特征可以概括如下：

（一）客观性

在企业的生产经营活动中，只要使用了外源性资金，就会产生筹资成本，这是因为任何外源性资金都是要求回报的。企业如果为了取得和使用资金，就必须支付一定的代价，具体包括筹资费用和资金使用费用两项内容。所以，筹资风险是客观存在的。企业如果达不到投资者所要求的回报水平，就会面临筹资风险。

（二）潜在性

筹资风险的潜在性是指筹资风险的可能性和不确定性。企业在筹资、用资的过程中必然要面临一定的筹资风险，但风险发生的时间、空间却是具有偶然性的，表现出一定的潜在性。另外，由于筹资风险发生的概率是难以准确计算出的，因此对筹资风险的测定不能单纯依靠数理统计方法来计算其大小强弱，实际工作中对筹资风险大小的评价在一定程度上还要依据经验进行估计。

（三）相对性

筹资风险的大小不是一成不变的，而是随着一定条件而发生转化的。也就是说，筹资风险不是一个常数，而是一个动态变化的数，是相对于不同的企业及其抗衡风险的能力而言的。

（四）复杂性

筹资风险的复杂性体现在筹资风险的形成原因、表现形式以及对企业的利弊影响都是较复杂的，而且对筹资风险的测定也不可能单纯依靠数理统计方法就能做到准确计算。

四、筹资风险程度识别

筹资风险程度识别是对企业筹资风险状况的总体反映，主要通过对企业面临的某种风险因素发生的可能性及其影响程度的综合考虑，来判断该风险的总体情况。企业内部及外部市场环境影响下的风险是随时间而变化的，所以筹资风险是动态变化的。这种动态表现在内在和外在两个方面。内在动态是指债务或者权益本身的纵向时间推移；外在动态是指债务流程环节的推移。不同的流程环节下，某项债务随时间的推移表现的风险强度不一样。例如，当完成筹资需求，承担相应债务成本之后，筹资环节的信用风险就几近固化。因此要特别注意的是，筹资风险程度识别估计结果应根据实际情况的演变不断进行调整。风险按照其结果发生的可能性，可分为基本确定、很可能、可能、极小可能四种等级。各种筹资风险因素导致的风险损失的严重程度可以大致分为五种级别：轻微、较小、中等、较大、极大。根据风险因素发生的可能性及其影响程度来确定风险程度，风险可表示为低、中等、显著、高四种程度。通过甄别，可以判断筹资风险程度上的高低，以便进一步评价和应对。

五、筹资风险的管理

（一）风险防控技术

1.选择最佳资本结构

选择最佳资本结构是企业筹资管理的主要任务之一。最佳资本结构是指在企业可接受的筹资风险之内，使得加权平均资金成本最低、企业价值最大的资本结构。资金成本的高低是企业筹集资金决策的核心，是决策方案选择时的重要指标。企业财务人员必须分析比较各种来源的资金成本，并结合风险因素将其合理配置，确定一种最优筹资方案。权益资金和债务资金，二者相辅相成。一个企业如果只有权益资金而没有债务资金，虽然筹资风险相对较小，但筹资成本相对较高，也不能利用财务杠杆所带来的收益，自然也就不能实现收益的最大化；没有权益资金的存在，企业也就失去了借到债务资金的可能；但是如果债务资金过多，虽然企业的筹资成本可以降低，收益也可以提高，筹资风险却加大了。因此，确定资本结构时，应在权益资金和债务资金之间进行权衡，只有恰当的筹资风险与筹资成本相配合，才能使企业价值最大化。确定合理的资本结构要考虑多方面的因素，如资金成本、资金期限、偿还方式、限制条件和财务风险等。其中要解决的一个主要问题就是债务筹资的规模和结构，它对企业总体资金成本和企业的财务风险都有着重要的影响。

确定最佳资本结构的方法有每股收益无差别点法、比较资金成本法和公司价值分析法。每股收益无差别点法是根据计算每股收益无差别点，分析判断在什么样的销售水平下适合采用哪种资本结构。比较资金成本法是计算不同资本结构的加权平均资金成本，并以此为标准相互比较，综合资本成本最低的资本结构为最佳。公司价值分析法是在充分反映公司财务风险的前提下，通过测算公司价值来确定最佳资本结构。

2.选择适当的筹资方式

企业在经济发展的不同时期应选择不同方式筹集资金。一般来讲，对于规模较大、实力较强的企业，可选择债务筹资方式，这样既可实现补充资金，又不至于对企业控制权有大的影响。新建企业或者规模较小的企业，若想补充自有资金的不足，迅速筹集资金，扩大生产经营规模，选择发行股票方式较为理想。针对不同行业，也应考虑选择不同的筹资方式。

（1）制造业企业的资金需求是比较多样和复杂的，资金周转相对较慢，经营活动和资金使用涉及的面也相对较宽，因此风险相应较大，筹资难度也要大一些，可选择的筹资方式主要有银行贷款、融资租赁等。在筹资期限上，可考虑流动性资产采用短期负债，固定性资产采用长期负债。

（2）商业企业的资金需求主要是库存商品所需的流动资金贷款和促销活动上的经

营性开支借款。其特点是频率高、贷款周期短、贷款随机性大。因此，银行贷款是其最佳选择，以短期筹资方式为主。

（3）高科技型和服务型企业的主要特点是成本低、高风险、高收益。此类企业除可通过一般企业采用的筹资渠道融资外，还可采用吸收风险投资公司投资、科技型企业投资底金等进行创业。

3.合理安排筹资期限组合方式

长、短期筹资各有其优势和劣势。短期借款成本低、弹性大、风险大；而长期借款成本高、弹性小，风险相对较小。因此，企业在安排两种筹资方式的比例时，必须在风险与收益之间进行相关权衡。一般来说，企业对筹资期限结构的安排主要有三种方式：中庸筹资法、保守筹资法和风险筹资法。

（1）中庸筹资法。这是大部分企业经常采用的筹资方法，是指企业根据资产的变现日期，安排相应的筹资期限结构，使资产的偿付日期与资产的变现日期相匹配。采用这种方法的企业，对风险持有既不回避也不主动追求的中立态度。企业在采用这种方法时，流动资产的短期性变动部分中的季节性变动部分用短期负债筹措资金，长期性流动资产部分及固定资产则可采用长期负债、股东权益和长期性流动负债等长期性资金的方式。在采用中用筹资法的当年，除安排长期借款外，在淡季无须进行短期借款，短期借款将用多余的现金偿还；当企业经营进入旺季需要资金时，可以进行短期借款，这样企业只有在需要资金时才去筹资。这种方式可使企业降低其无法偿还即将到期负债的风险。

（2）保守筹资法。采用保守筹资法，企业不但以长期资金来满足永久性流动资产和固定资产，而且还以长期资金来满足由于季节性或循环性波动而产生的部分或全部暂时性资产的资金需求，也就是以长期资金来满足几乎所有的资金需求。采用这种方法的企业，对风险持有尽量回避的态度。这样企业在淡季时，由于对资金的需求下降，可以将闲置的资金进行短期投资，比如投资到短期有价证券上。通过这种方式，企业不但可以获得一定的短期收益，还可以将其部分变现，储存起来以备资金需求增加的旺季时使用。但到了旺季时，企业除可出售所持有的有价证券外，还需要使用少量的短期信用才能筹措到足够的资金，以满足其临时性的资金需求。

（3)风险筹资法。采用风险筹资法的企业的长期资金来源不能满足长期资产的需求，要靠短期资金来源来弥补。用短期借款筹措所需长期资金的数量越大，筹资的风险性也就越大，但同时短期资金成本较低，在利率不变的情况下，企业支付的利息费用越少，得到的利润就越大。因此，这是一种更积极但风险也更大的融资政策。企业不仅要承担更高的贷款不能展期与筹资困难的风险，而且还要面临利率上涨而可能导致支出更多利息的风险。

这三种筹资方式的运用应根据各企业的不同情况来采纳，没有绝对的优劣之分。企业要结合自身具体情况和经济形势的要求，灵活运用不同期限的筹资方式。

4. 提高资金的使用效率

（1）保持合理的现金持有量，确保企业的正常支付和意外需要。现金是流动性最强的资产。现金持有量过少，便不能保证企业的正常支出；现金持有量越多，企业支付能力就越强，但同时也失去了这部分现金的投资机会，造成资金的机会成本过大。因此，企业必须预测企业经营过程中的现金需求和支付情况，以确定合理的现金储备量。

（2）加强应收账款管理，加快货币资金回笼。应收账款是被债务人无偿占用的企业资产。如果不能及时收回应收账款，不仅影响企业的资金周转和使用效率，还可能造成坏账损失。因此，企业应通过建立稳定的信用政策、设定客户的资信等级、维持合理的应收账款比例、制定有效的收账政策等措施，加强对应收账款的管理，减少应收账款的资金占用风险。

（3）加强存货管理，提高存货周转率。存货是企业流动资产中变现能力较弱的资产。如果存货在流动资产中比重过大，一方面会使速动比率过低，影响企业的短期变现能力；另一方面增加了存货的机会成本和储存管理费用，影响企业的获利能力。因此，要通过完善企业的内部控制和生产经营流程，计算出经济订货批量，使企业存货保持在一个合理的水平上。

5. 加强对筹资风险的阶段性控制

（1）事前控制。①企业应做好财务的预测、计划与预算工作。在对外部资金的选择上，应从具体的投资项目出发，运用销售增长百分比法确定外部筹资需求。可以借鉴以往的经验，结合对财务报表的分析，确定外部资金需求规模，使各项数据直观、准确。企业应根据短期的生产经营活动和中长期的企业发展规划，提前做好财务预算工作，安排企业的融资计划，估计需要筹集的资金量。在编制具体财务预算过程中，企业可以依据行业特点和宏观经济运行情况，保持适当的负债比率。根据生产经营的需求，合理安排筹集资金的时间和数量，使筹资时间、资金的投放运用紧密衔接，及时调度，降低空闲资金占用额，提高资金收益率，避免由于资金未落实或无法偿还到期债务而引发的筹资风险。②确定资本结构，合理安排权益资本金与借入资金的比例，选择适当的筹资组合以降低资金成本。企业在经营过程中，要根据所处的行业特点和企业自身情况，确定最佳的资产负债结构。主要通过动态监控流动比率、速动比率、资产负债率等反映企业偿债能力的财务指标，保持适当的短期变现能力和长期偿债能力，提高企业抵抗筹资风险的能力及企业的市场竞争力。

（2）事中控制。事中控制应重点强调资金的使用效率，增强企业使用资金的责任感，从根本上降低筹资风险，提高收益。很多企业长期以来缺乏资金使用效率的意识，缺少资金靠借贷，资金投入时较少考虑投资风险、投资回报以及投资回收期的长短，以致企业资金越借越多，自身"造血"功能越来越差。因此，企业应加强资金使用意识，把资金管理作为重点，加强对流动资金的动态管理，确保投资效益，优化资本结构，减少企业收不抵支的可能性和破产风险。另外，在还款期限和还款额度方面，应尽可能地将还款期限推迟到最后，同时保持企业良好的信誉。这样虽然没有现实的现金流入，但却获得了货币时间价值，节省了一定的使用成本。保持适当的还款额度可以减少企业资金使用风险，使企业不至于因还款额度过大而承担较大的财务风险。

（3）事后控制。事后控制主要是对本次筹资过程进行财务分析。企业筹资是为了投资，而投资又是为了获得利润。资金从筹集到使用的整体过程结束后，企业必须对本次项目运作的全过程进行全面系统的分析，主要分析企业各种资金的使用效率和各项财务比率，重点应放在对财务报表的分析上，总结经验教训以指导今后的筹资工作。

（二）风险管理制度

1. 建立筹资风险管理制度

企业应从自身的实际情况出发，建立筹资风险管理责任制度，将筹资风险防控纳入企业财务管理活动中。在认为必要、可行之时，企业可在财务部门下专设筹资风险管理小组，以控制筹资成本和降低筹资风险为目标。其主要职责是分析本企业现有资本结构，分析筹资风险的来源，拟定风险管理策略，与债权人及权益资本所有者进行接洽，建立切实可行的筹资风险管理体系。

2. 强化经营管理人员的风险意识

在社会主义市场经济体制下，企业成为自主经营、自负盈亏、自我约束、自我发展的独立的商品生产者和经营者，必须独立承担风险。企业在从事生产经营活动时，内、外部环境的变化导致实际结果与预期效果相偏离的情况是难以避免的。加强经营者和财务管理人员对风险的职业判断能力，培养他们的风险意识和对风险的灵敏嗅觉，及时发现和估计潜在的风险，对于企业防范风险来说具有重要的意义。企业的经营管理人员必须首先树立风险意识，正确认识风险，科学估测风险，预防潜在风险，有效应付风险，必须立足于市场，在充分考虑影响筹资风险因素的基础上，制订适合企业实际情况的风险规避方案。例如，企业的领导人员应避免由于决策失误而造成支付危机；在企业面临筹资风险时，应积极采取措施，利用延期付款、降低利率、债务重组、动员债权人将企业部分债务转作投资等形式，适时与债权人进行协商，给企业持续经营创造条件，避免因债权人采取不当措施而影响企业的生产经营。企业的经营管理人员必须将防范筹资风险贯穿于财务管理工作的始终，统筹协调生产经营各个环节，建立财务预警机制，用系统的、动态的方法随时监控企业的筹资风险，力争做到高收益、低风险。

3. 建立健全风险预警机制

企业必须立足市场，建立一套完善的风险预警机制和财务信息网络，及时对筹资风险进行预测和防范，制订适合企业实际情况的风险规避方案，通过合理的筹资结构来分散风险。例如，通过控制经营风险来减少筹资风险，充分利用财务杠杆原理来控制投资风险，使企业按市场需要组织生产经营，及时调整产品结构，不断提高企业的盈利水平，避免由于决策失误造成财务危机，把风险减少到最低限度。风险预警系统是指为防止企业财务系统运行偏离预期目标而建立的报警系统。它是企业对可能发生的风险和危机进行事先预测和防范的一种战略管理手段。企业风险预警系统作为一种行之有效的财务风险控制工具，其灵敏度越高，就能越快地发现问题并告知企业经营者，从而越能有效地防范与解决问题，规避风险。具体来讲，可对涉及筹资活动的重要指标进行分析，并利用这些变量进行筹资风险分类和识别，并在此基础上构建筹资风险预警模型以预防和控制财务风险。在这个过程中，应注意加强信息管理、健全筹资风险分析与处理机制、建立筹资风险预警的计算机辅助管理系统等方面的工作，充分发挥该系统在风险识别与管理控制上的重要作用。

4. 努力实现科学的筹资决策

通过建立切实可行的筹资决策机制，可以提高筹资决策的科学化水平，降低决策风险。一方面，要规范筹资方式和程序，做好筹资决策可行性研究，尽量采用定量计算及分析方法，并运用科学的决策模型进行决策，防止因筹资决策失误而产生的财务风险；另一方面，在筹资决策中不仅要考虑筹资机会和风险、企业发展目标和阶段、现有资本结构及经营管理状况，还必须考虑财务匹配因素，即在企业经营或投资项目所需资金量相匹配的前提下安排筹资，防止过度筹资或筹资不足，从而保证公司资金的良性循环，使公司业务成长得到稳健财务的支持，正常开展生产经营活动。

5. 加强经营管理者的水平

完善资金管理体制，提高企业财务管理和财务控制水平，加强企业资金管理；按照市场需要组织生产，及时调整产品结构，完善企业生产经营流程，使存货保持在一个合理的水平上，不断提高存货周转速度；深入调查了解客户的资信等级，建立稳定的信用政策，确定合理的应收账款比例，严格企业收款责任制，积极催收货款，加速应收账款的周转，减少和控制坏账损失的发生；采用商业信用的形式，合理利用客户的资金，努力降低筹资成本；掌握财务分析方法，结合企业各方面的实际情况认真研究资金使用计划，利用财务分析方法对企业的财务状况、经营成果、现金流量进行综合分析与评价，不断提高企业的经营管理水平。

第三节　大数据时代下的企业成本管理风险管理

一、成本风险的定义

成本是取得资产而付出的代价，或者说是费用的对象化。成本可分为两类：已消耗的资产和未消耗的资产。一项支出，有可能是成本，也可能是费用和损失。

简单地说，成本就是费用的对象化。从管理角度看，成本对象不仅是产品，还可以是客户、部门、项目、作业等。为满足不同管理需要，产品成本可分为三个层次。

（一）传统的产品成本观

它以制造成本法核算产品成本，包括直接材料、直接人工、直接费用，而营销费用、一般管理费用则属于期间费用。这种成本观主要是为了满足企业对外财务报告的需要。

（二）经营性产品成本观

产品成本不仅包括传统概念中的产品成本，还包括针对客户的产品营销成本、产品配送成本和服务成本。这种成本观可以满足企业战略性产品设计决策以及战术性盈利分析的需要。

（三）价值链产品成本观

为了满足企业的定价决策、产品组合决策和战略性盈利分析的需要，产品成本包括整个价值链各环节（设计、开发、生产、营销、配送、服务等）的所有支出。

成本费用是指企业生产经营过程中发生的各种耗费和支出。在企业生产经营过程中，会发生各种成本费用，而这其中面临着一系列风险，特别是由于成本费用失控而导致企业效益下降的风险，因此需要对成本费用进行相关风险管理。

二、成本风险的分类

企业成本方面的风险，从管理的角度看分为以下两个方面：

（一）产品成本核算方面的风险或成本信息扭曲风险

企业产品成本核算不正确，会扭曲成本信息，影响甚至误导企业的相关管理决策（如定价决策、产品组合决策等）。成本是费用的对象化。根据不同的管理需要，需要核算不同层次的成本。不少企业的财务主管比较熟悉传统的产品成本核算，而对经营性产品成本和价值链产品成本的核算及其有用性知之甚少。随着我国经济的市场化程度不断提升，企业产品定价的准确性和企业经营成功的相关性越来越高。为了满足企业的定价决策、产品组合策略和战略性的盈利分析的需要，必须正确核算各层次产品成本，即企业的财务主管们必须高度重视成本信息扭曲的风险管理。

（二）成本上升甚至失控的风险

企业若不能有效地识别成本形成过程中的各种风险（特别是价值链成本的风险），则必不能在日益激烈的市场竞争中取得成功。当前，为了应对全球性的金融危机，世界各国纷纷采用宽松的货币政策和积极的财政政策，大宗商品和原材料价格上涨较快，使得国内企业成本失控的风险加大。企业管理者应突破传统的成本费用管控思路，加强成本预测，抓住关键领域，从战略高度出发，在战略层面、运营层面和控制层面上"多管齐下"，来管理成本失控的风险。

三、成本风险管理的目标

成本费用风险管理的目标是：保证成本费用得到有效控制或者降低，从而最大限度地增加利润，提高企业经济效益。其具体包括：合理、经济的购入或制造商品或产品；使列入利润表的销售成本公允、恰当；保证支出预算的科学性、合理性；保证支出预算得到有效执行；确保每一项费用支出合理，节约费用；正确核算费用支出，确保其真实、准确和完整；费用预算符合财政部、公司相关方面的规定；费用支出符合国家相关法律法规的规定。

生产成本风险管理目标为：

（一）经营目标。合理组织生产，优化生产流程，充分利用资源，降低生产成本。

（二）财务目标。合理归集、分配、摊提生产成本，保证成本真实、准确和完整。

（三）合规目标。符合国家有关法律、法规及公司内部规章制度。

期间费用风险管理目标为：

（一）经营目标。确保费用支出合理、节约和有效。

（二）财务目标。费用核算真实、准确和完整。

（三）合规目标。费用支出符合国家有关法律、法规和公司内部规章制度。

四、成本风险的识别

关于生产成本风险，国内外大多数企业内部控制手册将其分为以下类型。（一）经营风险。具体包括：成本预算不合理、审核不严，影响成本控制效果；生产损失、消耗加大，增加成本支出；由于人为舞弊、统计资料不真实，导致成本核算信息错误；盲目降低生产成本，导致产品质量下降或产品结构恶化。（二）财务风险。不能合理归集、分配、摊销成本费用，未按要求结转成本，致使财务报表不能真实反映生产成本。

（三）合规风险。主要是违反国家有关法律、法规以及公司内部规章制度导致处罚。

关于费用风险，国内外大多数企业内部控制手册将其分为以下类型。（一）经营风险。具体包括：费用支出不合理，导致资源浪费、资产流失；费用控制措施不力，影响公司效益。（二）财务风险。具体包括：舞弊或欺诈，报销虚假费用；费用归集、分配和摊提不合理。（三）合规风险。主要是费用支出不符合国家有关法律、法规和公司内部规章制度，造成损失。

五、成本风险的控制

控制成本费用风险，要建立健全成本费用业务控制制度，确保成本费用风险得到有效控制。

（一）岗位分工及授权批准

企业应当建立成本费用业务的岗位责任制，明确内部相关部门和岗位的职责、权限，确保办理成本费用业务的不相容岗位相互分离、制约和监督。成本费用业务的不相容职务至少包括：成本费用定额、预算的编制与审批；成本费用支出与审批；成本费用支出与相关会计记录。例如，中天恒管理咨询公司为三泰恒业集团设计的岗位分工为：授权批准产品生产计划的人员必须和具体执行计划的人员职务分离；仓库管理人员必须和具体进行财产物资清查的人员的职务分离；仓库保管人员、成本会计记账人员、生产管理人员、材料物资和产品检验人员的职务必须分离等。

（二）成本费用预测、决策与预算控制

企业应当根据本单位历史成本费用数据，同行业、同类型企业的有关成本费用资料，料工费价格变动趋势，人力、物力的资源状况，以及产品销售情况等，运用本量利分析、投入产出分析、变动成本计量等专门方法，对未来企业成本费用水平及其发展趋势进行科学预测。开展成本费用预测，应本着费用最少、收益最大的原则，明确合理的期限，充分考虑成本费用预测的不确定因素，确定成本费用定额标准。成本费用预测应当服从企业整体战略目标，考虑各种成本降低方案，从中选择最优成本费用方案。

（三）成本费用执行控制

企业应当根据成本费用预算、定额和支出标准，分解成本费用指标，落实成本费用责任主体，保证成本费用预算的有效实施。企业应当建立成本费用支出审批制度，根据费用预算和支出标准的性质，按照授权批准制度所规定的权限，对费用支出申请进行审批。企业应指定专人分解目标，记录若有差异，及时反馈有关信息。企业应当规范成本费用开支项目、标准和支付程序，从严控制费用支出。对已列入预算但超过开支标准的成本费用项目，应由相关部门提出申请，报上级授权部门审批。企业内部相互提供劳务

和转移产品零部件等，其成本费用确认方法，应当本着有利于转出、转入双方和企业整体利益的原则，制定相应的控制制度。

（四）成本费用核算

1. 企业应当建立成本费用核算制度，制定必要的消耗定额，建立健全材料物资的计量、验收、领发、盘存以及在产品的移动管理制度，制定内部结算价格和结算办法，明确与成本费用核算有关的原始记录及凭证的传递流程和管理制度等。

2. 成本费用的归集、分配应当遵循相关要求。其具体包括：成本的确认和计量应当符合《企业会计准则》以及国家统一的会计制度的规定；成本费用核算应与客观经济事项相一致，不得人为降低或提高成本；成本费用核算应当为企业未来决策提供有用信息；成本费用应当分期核算；一定期间的成本费用与相应的收入应当配比；成本费用应当以实际发生的金额计价；成本费用核算方法应当前后一致；成本费用的归集、分配、核算应当考虑重要性原则。

3. 企业应当根据本单位的生产经营特点和管理要求，选择合理的成本费用核算方法。

4. 企业应当建立合理的成本核算、费用确认制度。成本费用核算应符合《企业会计准则》以及国家统一的会计制度的规定，对生产经营中的材料、人工、间接费用等进行合理的归集和分配，不得随意改变成本费用的确认标准及计量方法，不得虚列、多列、不列或少列任何成本费用。成本计算方法应当在各期保持一致，变更成本计算方法应当经过有效审批。

（五）成本费用分析与考核

企业应当建立成本费用分析制度。企业可以运用对比分析法、因素分析法、相关分析法等方法开展成本费用分析，检查成本费用计划的完成情况，分析产生差异的原因，寻求降低成本费用的途径和方法。企业应当建立成本费用内部报告制度，实时监控成本费用的支出情况，发现问题应及时上报有关部门。企业应当建立成本费用考核制度，对相应的成本费用责任主体进行考核和奖惩。企业在进行成本费用考核时，可以通过目标成本节约额、目标成本节约率等指标和方法，综合考核责任中心成本费用预算或开支标准的执行情况，保证业绩评价公正、合理。

（六）成本费用风险管理方法

成本费用风险管理的方法主要是常规风险管理方法，其中压力测试和指标分析比较常用。

（七）制定成本费用风险管理制度

1. 成本定额和费用预算制度

就生产环节来讲，制定成本定额和费用预算制度尤其重要。因为成本和费用的节约就意味着盈利的增加，所以越来越多的企业开始关注制定成本定额和进行费用预算。

2. 财产安全控制制度

它是为了确保企业财产物资的安全、完整所采取的各种方法和措施。就生产环节而言，它是指材料物资应采取永续盘存制与定期不定期的实地盘点相结合的方法，保证材料物资处于账实一致的状态。

3. 人员素质控制制度

具体方法是：考核员工的职业技能，合格者方能上岗工作；建立员工的定期培训制度，以不断提高员工的职业道德素质和技术业务素质；建立奖惩制度，鼓励和激励员工的积极性和责任心等。

4. 成本费用的分析、考核评价制度

每期期末，都要对该期成本费用进行考核评价，以便及时修正，为制定下一期成本费用预算做准备。

（八）生产成本风险控制的关键环节

环节包括：编制生产计划，下发生产计划，专业部门编制成本费用预算，编制公司成本费用预算，分解成本费用预算，原料采购、领用和组织生产，专业部门建立成本费用统计资料，归集、计算成本费用，计算结转产品生产成本，完工产品入库，成本费用分析。

（九）期间费用风险控制关键环节

其具体包括：费用预算分解落实，费用控制，费用核算，费用分析检查，考核奖惩。

（十）生产成本风险控制证据

其具体包括：月、季、年生产计划，成本费用预算，材料、动力消耗定额，采购计划，领料计划，领用材料效果评价报告，计划价格表，材料出库单，动力平衡表，物料平衡表，非计划停工分析报告，操作记录，巡检记录，材料领用计划与出库核对表，存货盘点表，辅助生产工时分配表，产品合格证等。

第四节　大数据时代下的企业预算风险管理

一、预算风险概述

企业的 CFO（Chief Finance Officer）大都有这样的深切体会：预算指标下达后，往往支出、费用好落实，收入、利润难实现，也就是"花钱容易挣钱难"。这主要是因为管理者没有充分认识到预算的固有缺陷，没有将企业的战略、业务计划和预算协调好，没有根据企业所处的行业特点、经营策略和管理水平选择适当的预算管理方式，没有正确识别、评估和管理好预算管理各环节的风险，在预算管理中也没有很好地运用现代的、科学的预算管理理念、思想和方法。

"凡事预则立，不预则废。"企业要想取得持续的成功，就必须不断提高规划、计划和预算的能力，不断改进企业的预算管理工作，不断提高预算的执行力。

预算管理是一个持续改进的过程，主要由以下三个环节构成。（1）预算的编制环节。其包括预算目标的确定，根据预算目标编制、汇总与审批预算。（2）预算的执行与控制环节。在这一过程中，非常重要的就是预算执行情况的反馈与分析，并根据变化了的环境进行预算的修正与调整。（3）预算的考核与评价。预算管理的每个环节都存在一些风险，需要设计相应的内部控制程序和流程加强管理。

企业经营既要有规划性，又要有计划性。预算管理就是计划性的一种体现。有了良好的预算管理，企业经营就会在有序的轨道上运行；倘若企业忽视了预算管理，就将处于财务风险之中。

企业的全面预算由业务预算和财务预算构成。业务预算描述企业收益产生的活动，包括销售预算、生产预算、采购预算、人力预算、费用预算以及预计损益表等。财务预算描述现金的流入和流出，以及企业的财务状况，包括现金预算、资本预算，以及预计的资产负债表等。

从内控角度看，企业的预算具有双重性：它既是一个风险管理的工具，同时本身也是控制的对象。企业预算的主要风险有：预算编制不完整，目标设立不合理；预算执行与控制不力；分析报告不及时且缺乏价值；预算考核不科学。如果不能对这些预算风险进行很好的管理，企业的经营目标必定难以实现。

企业预算风险是指在企业预算业务的进行过程中，由于预算环境、预算活动等因素发生偏差，导致企业的实际结果与预算目标相背离，产生企业未能达到战略目标的结果的可能性。简言之，企业预算风险是指在企业的经营过程中，预算行为主体的预算目标与实际结果的偏差。

按预算管理流程的顺序，预算风险可分为预算编制风险、预算执行风险和预算考核风险。

按风险来源的不同，预算风险可分为内部风险和外部风险。预算内部风险是指预算体系本身存在的风险，如预算制度、预算流程、预算管理机构设置等方面的风险；而预算外部风险是指存在于预算体系之外的因素可能造成预算目标难以实现的可能性，主要包括企业内部的文化风险、人员风险、信息风险等。

按风险事件的不同，企业在预算中存在如下风险：预算制度系统性风险、预算制度认识风险、预算编制风险、预算管理中的道德风险以及预算实施中的调整与控制风险。

二、预算风险的识别

预算风险识别的方法有风险清单分析法和专家调查法。风险清单分析法也称为安全检查表法，它是分析人员较为全面地列出某类事项面临的一些危险项目以及有关的已知类型的危险、设计缺陷和事故隐患，从而用于逐个识别风险的方法。这种方法运用了系统工程的分析思想，在对系统进行分析的基础上，将所有可能存在的风险因素作为检查表的基本检查项目，并针对基本检查项目查找有关控制标准或规范，依据标准初步判断风险因素的风险程度，依次列出问题清单。专家调查法是通过相关专家的知识、经验与能力，对可能出现的风险及风险因素的影响程度进行定性估计，以最终获得风险因素发生的概率分布及可能的影响结果的方法。对于企业的预算识别阶段而言，主要工作是进行风险的定性估计。

识别财务预算风险，主要应识别以下风险：

（一）财务预算编制风险

其具体包括：编制的预算脱离实际；财务预算未经有效审批。

（二）财务预算执行风险

其具体包括：未形成全方位的财务预算执行责任体系；未将年度预算细分为月份和季度预算，以分期预算控制确保年度财务预算目标的实现；对于预算内的资金拨付，未按照授权审批程序执行；各预算执行单位未定期报告财务预算的执行情况。

（三）财务预算调整风险

其具体包括：财务预算调整不符合调整条件；财务预算调整未经有效审批；财务预算调整事项偏离企业发展战略和年度财务预算目标。

（四）全面预算考评风险

其具体包括：财务预算考评未正确评估企业及各单位在预算期的风险水平和经营形势；寻找企业及各单位与同行业的差距及产生的原因，以便采取措施防范风险；财务预算考评结果不公正，影响员工的积极性。

三、预算风险的评估

（一）企业应当建立财务预算分析制度，由预算管理委员会定期召开财务预算执行分析会议，全面掌握财务预算的执行情况，研究、落实解决财务预算执行中存在问题的政策措施，纠正财务预算的执行偏差。

（二）开展财务预算执行分析，企业财务管理部门及各预算执行单位应当充分收集有关财务、业务、市场、技术、政策、法律等方面的信息资料，根据不同情况分别采用比率分析、比较分析、因素分析、平衡分析等方法，从定量和定性两个层面充分反映预算执行单位的现状、发展趋势及其对预算执行和完成的影响。针对财务预算的执行偏差，企业财务管理部门及各预算执行单位应当充分、客观地分析偏差产生的原因及其对预算执行的影响，提出相应的解决措施或建议，提交董事会或经理办公室研究决定。

（三）财务预算的差异分析。第一阶段差异分析是将预算的执行进度和结果的计量数据与预算指标加以比较。如果无差异，则结束差异分析；如果差异在允许的范围内，则结束差异分析；如果差异超出允许的范围，则进入第二阶段差异分析。第二阶段差异分析主要是对差异进行更深入的分析，以确定应对差异负责的部门。完全由本部门对差异负责；由本部门和其他部门共同负责；由其他部门负责；由整个企业对差异负责。第三阶段差异分析的内容主要是在差异责任单位的配合下，或者由差异责任单位主导，对差异进行全面、详细、深入的分析，以确定造成差异的原因。现在的有关管理制度、业务流程规定或操作规定不合理或过于复杂，难以使用；管理人员和员工的工作未遵守有关规定；企业外部环境因素导致。

（四）从企业的角度看，评价财务预算风险可选择的预算指标有：投资报酬率、剩余利润、销售利润率等。

四、预算风险的控制

财务预算风险管理的具体目标是：规范预算编制、审批、执行、分析与考核；提高预算的科学性和严肃性；促进实现预算目标标。

加强预算风险控制具有重要意义：

（一）风险控制有助于强化预算标准的地位

企业财务预算标准的制定是有据可依的，各项预算标准的重要地位不可忽视。按照科学预算标准实施后续的业务工作是财务风险降低的起点。

（二）风险控制有助于规范预算执行的流程

财务预算的风险控制不仅涉及预算制定环节，更需要执行流程做后盾保障。预算标准确立后，各部门对预算的执行也是改革的重点。

（三）风险控制有助于深化财务运营的监管

企业的财务运营存在很多问题，这些问题的存在必须借助预算执行的监督管理予以治理。

为了更好地实施企业预算的风险控制，监管部门和企业应当发挥各自的优势，从标准、流程、监管等方面改进现有工作。

1. 制定企业财务预算的科学标准，合理分配预算资源

预算风险的控制应当依据严格的标准，包括客户资质的审核标准，并且随着行业的发展、企业自身的进步，应动态调整部分指标标准，确保各项预算费用的制定都对行业风险进行了有效的控制，使财务管理工作拥有良好的开端。基于风险敏感因素，合理分配预算资源。（1）注重组织（股东、管理者和员工等利益共同体）成员的全面参与，通过上下级协商提高预算信息横向和纵向的透明度，解决组织中信息流动障碍，以确定有效的预算水平。（2）为充分关注预算的组织激励功能，预算目标的确定需要从公司战略、公司治理和内部管理三个方面去进行讨论。因此，结合本年度的经营战略、投资重点以及各种可能的环境变化对预算值的影响，滚动确定未来期间的预算目标和与之相适应的风险偏好及风险容忍度，作为风险管理的基准。

2. 加强企业财务预算的科学执行

预算制定完毕，执行的流程是改革的关键，原先从各部门角度出发的随意执行必须转变为以责任制为基础的预算执行流程。财务部门的预算要求应当与各部门主管、实际执行人员严格对接。财务人员要建立科学的执行流程，按期核查各岗位责任人对预算的执行情况，根据每期核查的结果支配各部门下一阶段的预算费用。（1）以扁平化组织结构为依托，以信息技术作为有效工具，有效协同横向和纵向价值链的信息，实现全方位的会计实时控制、沟通与监控，形成"计划——行动——衡量——学习"的循环回路，进而实现预算价值危机预警与企业流程再造。（2）在企业风险管理理念的指导下，进行基于企业风险的预算，围绕经济资本相关概念的整合进行财务危机概率的评估，为公司预期财务定位和整体风险描述提供依据，从而有效地进行风险管理。（3）通过业务外包，将不能创造价值的业务单元转交给外包商，组织能获得一笔现金流，从而解放一部分资源用于其他战略投资，以帮助组织重构财务预算，从而改善企业的平衡报表并避免企业对未来投资的不确定性。

3. 确保企业财务预算的科学监管，有效实现预算业绩评价

除在企业内部强化财务预算科学化管理外，监管部门的外部监督力量也是不可或缺的。因为企业从维护自身利益的角度出发，对各项资金的违规使用不可能完全依靠内部监督制约。政府应指定专业的监管部门对企业的资金开展预算执行监管，由企业首先提交预算报告，监管部门对各项预算的执行进行抽查，用每一年度的监管评估结果作为下一年度企业各项支持的依据。基于风险激励报酬方案，有效实现预算业绩评价。正确的激励计划是该方法的核心，通过引入 EVA 价值管理指标，建立包括财务标准、非财务标准的多维度衡量 KPI 指标的体系，进行预算激励制度和考核管理，使预算管理进一步有效协调企业内部各部门之间的利益冲突，以确保长期预算目标落实到位。

4. 岗位分工与授权批准

企业应当建立预算工作岗位责任制，明确相关部门和岗位的职责、权限，确保办理

预算工作的不相容岗位相互分离、制约和监督。预算工作不相容职务包括：预算编制（含预算调整）与预算审批；预算审批与预算执行；预算执行与预算考核。企业应当建立预算工作组织领导与运行体制，明确企业最高权力机构、决策机构、预算管理部门及各预算执行单位的职责权限、授权批准程序和工作协调机制。其具体分工为：股东大会或企业章程规定的类似最高权力机构负责审批企业年度预算方案；董事会或企业章程规定的经理、厂长办公室等类似决策机构负责制订企业年度预算方案；企业可以设立预算委员会、预算领导小组等专门机构具体负责本企业预算管理工作；总会计师应当协助企业负责人加强对企业预算管理工作的领导和业务指导；企业内部相关业务部门的主要负责人应当参与企业预算管理工作。

5. 构建预算风险管理系统

预算风险管理系统是企业内控管理的核心，通过预算可以更好地进行资源配置和战略实施，它和风险管理的结合可以更好地防范和控制经营风险。利用风险管理方法，构建包括风险识别、风险分析和评估、风险应对三个子系统在内的预算风险管理系统，以使风险管理成为企业价值预算的有效手段。预算风险管理贯穿企业预算管理的全过程，在预算管理周期循环进行，形成动态风险管理的回路。预算的启动阶段，进行风险辨识，在此基础上明确预算目标；预算的计划阶段，进行风险定性分析，根据风险图确定排序，合理规划资源的分配，确保目标、环境、资源相互之间的满足与平衡；预算的实施阶段，根据风险的定量分析和评价，做好风险监控工作，并随内外部环境的变化做出适时调整；预算的收尾阶段，进行风险追踪和风险防范，实现监控与学习的双重目的。

6. 建立预算风险管理的决策支持系统

基于价值流的观点，以预算管理信息系统为平台，建立预算风险信息收集、处理、决策、预警等全过程的风险管理辅助决策系统，以实现快速反应、监督控制的实时性、信息共享性等功能。企业预算风险管理的决策支持系统主要包括管理系统和信息系统两部分。管理系统就管理职能和机构设置进行有效的界定；信息系统涵盖信息收集、处理、存储、决策、预警等全过程的管理，包括信息输入模块、风险识别模块、风险分析工具模块、风险预警及控制模块、风险应对管理模块等，通过预算风险管理信息系统的有效运行，进行合理的预算监控和流程再造，实现风险流和价值流的互动，增强创造价值的效率，最终支持预算风险最小、价值最大目标的实现。

第五节　大数据时代下企业内部控制的措施运用

在大数据背景下，宏观经济环境的不断变化，一场网络信息风暴悄然来袭。但是，当我们关注其为企业带来的机遇和经济发展，却忽略了企业内控制度应与时俱进，坚持大众创业、万众创新，通过新技术、新方法辨别和评估新兴技术手段给企业带来的影响，并采取相应措施降低风险。大数据时代是革新的时代，能否抓住机遇，迎接挑战，提高内控风险应对能力，是每个企业应该思考的问题。本文的研究主要针对大数据背景下企业内控存在的问题和对策，为现代企业内控发展提供了依据，发现大数据背景驱动下企业内控改动的新形态，为企业的管理和发展奠定了坚实的基础。

一、大数据背景下企业内部控制现状

1. 企业内部控制的创新性和突破性

全球知名咨询公司麦肯锡早期提出"大数据时代"，今在不同领域中得到广泛的应用，大数据具有的特征包括：从理论意义上来讲，数据量庞大、价值密度较低、类型复杂，对数据处理的能力提出了较高的需求，如进度快、效率高等。在公司发展历程中，大量的资料和数据需要分析和处理，从而无法优化企业内部控制。

第一，转变对内部控制处理系统的操作方法。如今企业深处大数据环境下，对于云计算的不断创新和突破，企业内部数据信息均由专门的计算机数据处理中心进行处理，从实际意义上实现会计电算化，人工系统控制与计算机系统控制相结合，将单一的对人工控制转变成对人和计算机的数据控制。

第二，扩大对计算机数据处理系统的操控范围。由于大数据时代的到来，结合财务工作的变革，内控也增加了新的工作内容。企业建立内控管理解决系统、组建专业团队控制和运行，工作繁杂，致使企业内控的范围逐步扩大起来，在延续了传统内部控制的特点的同时，也要涉及对内控系统安全性的控制，对系统使用权限的控制，对计算机病毒的防卫清除控制，对内控团队的监察控制，以及对维护人员的岗位职责控制等。

2. 企业缺乏适应性和发展性

国内企业传统的内部控制大多为符合监管部门的监督和考核而建立和执行，但无可厚非的是，企业内控系统是根据本企业发展的实际情况而确立的，同时抓住企业生产经营的微弱部分，并制定对于企业而言切实可行的相关轨制，严格把持各个经营环节和细节，从而提升企业财务会计工作能力。内控制度触及范围较大。企业可以做到充分涉及企业上下，切实实行企业的长期成略措施，同时更加重视企业的短期经营方针，这是内部控制全局性的体现。

企业内控严重缺乏适应性和发展性，绝大多数的企业在内控制度建立之后便不做变动，不能做到与时俱进、不断创新，没有考虑国家发展的宏观经济政策，更无心观察相关竞争者的发展动向，无法对企业的内部控制制度做出适当且合理的调整，无法制定出具有长期发展能力、能够放眼于未来的企业内控制度。

3. 管理机制有待完善

第一，实现大数据的全面笼盖后，企业内控的着力点从对各级管理层的控制逐步转嫁到对企业财务数据录入和输出至计算机系统的控制、人工处理与计算机处理相结合的控制等新出现的问题上。随着世界百强企业的内控制度的不断变革，我们可以感受到企业内控不再是局限于各级管理者明确自己的岗位职责，保证企业工作顺利实施这么简单。

第二，企业也应建立动态的监督机制，识别和评估风险的机制以及对涵盖企业生产经营全过程的预算控制系统，把握大数据环境带给企业的发展空间，建立健全企业内控发展机制，革新内部管理系统，财务数据保护措施，加强安全措施。

二、大数据背景下企业内部控制存在的问题

1. 信息载体变更，财务数据真实性受到威胁

由于当前网络环境开放，信息的载体不再局限于纸质媒介，而在面面俱到的网络环境中寻求到了更多的载体。企业财务数据的真实性、安全性再次遭受到了威胁，国家推行会计电算化后，财务管理和业务管理一体化结构，导致企业的经营管理活动过度依赖于网络系统，假如各部门对计算机处理系统的管束和维护程度低下或直接忽视管理，会计数据很容易遭受病毒和黑客的威胁，数据的泄露、损坏、肆意更改等问题将严重影响企业的整体运行。

2. 信息化管理存在漏洞，内控风险系数增大

大数据环境下，企业的内部控制呈现出很多新的问题，信息技术的发展限制了人与人之间的接触，也涌现很多利用信息化管理漏洞的高科技犯罪现象。企业的会计信息由纸质资料越来越多的转变为电子信息，书面资料的减少导致电脑可以自动完成传统人工核对的信息，虽然提升了工作效率，但一定程度上加剧了信息的不安全性，数据很容易被肆意删除和篡改，加大了控制的危机，削弱了内控制度对企业发展的重大意义。

3. 监督工作复杂，稽核难度大

复杂的信息处理技术如雨后春笋接踵而至，虽然高新技术的发展能够提高企业内部控制的执行效率，同时也增大企业内控的难度系数，导致企业内控工作越加复杂。在当前环境下，会计电算化的处理模式，越来越多的财务数据通过计算机符号所标识，实物

的流转和财务信息的流转出现较大的差异，原始凭证与财务数据不能及时的更新和对应，这也在一定的程度上增加内控监督的内容。

此外，由于网络系统开放性，黑客、病毒的存在，使企业财务数据失真，从而内控的自我评估过程将变得复杂，因此除传统的内部监督外，更要对网络环境实施监督，同时，内部稽核、数据的处理必须有计算机专业或信息系统方面的专家参与，难度将大幅度增加。

4. 内控系统更新不及时，内控措施准确性低下

第一，企业内控系统一般是针对反复发生的常规性风险指定的，以降低企业运营风险，提高企业生产经营效率。然而，当宏观经济环境、社会环境、企业内部结构以及生产经营活动流程发生改变时，企业为保证其更好的生存和发展需不断调整和改变总体发展战略和规划，这可能导致企业原有内控程序无法对新的经济形势和经济业务产生应有的影响。

第二，当前社会大部分企业内控措施采取自上而下机制，即由管理层负责制定总体内控目标，交由下一级部门执行任务，权责脱节，内控系统与基层员工信息沟通系统不相融，导致内控措施的可理解性下降，就阻碍企业双向助力、共同发展。

5. 信息沟通渠道不流畅，内控时效性下降

企业虽然建立了内控部门，但外部信息披露的渠道却无法顺利打通。传统内控制度针对企业不同层级员工所制定，并非侧重于信息的流通，忽略了财务信息和经营活动信息的传递速度，企业管理层获知各项信息的时效性略低。企业的内控离不开健全的信息交流和数据处理系统，企业必须关注现代信息系统的运用和发展，加强内部信息的沟通交流，从而获得更有效的信息资源。

三、大数据背景下促进企业构建有效内控的对策

1. 建设良好信息化内控环境，保证财务数据真实性

在企业内部控制整体目标的指引下，为保证企业战略发展的有序进行，促进经营目标的实现，建立良好的信息化内控环境必不可少。

首先，企业应变革公司治理结构，强化董事会监事会的监督作用，增设信息管理部门，与其余内审监督部门协同合作。

其次，企业应有针对性的制定多项防控措施，通过建立防火墙装置防止黑客攻击，建立数据修复程序从而防止系统瘫痪数据的消失等。

最后，全面分析网络环境，找到企业信息系统的薄弱环节，建立对数据篡改、肆意授权、财务数据被删除等突发事件的应对机制，企业应做到防患于未然，结合其他控制措施，尽力将网络风险降低至企业最佳水平。

2. 建立健全信息化安全管理制度，降低内控风险

为保证企业战略目标的有序推进、财务数据的真实、准确及企业生产经营目标的实现。企业应从以下方面完善信息化安全管理制度，减少其他因素的威胁，降低内控风险。

第一，对企业信息化系统的现行制度进行全面分析，从整体上预估安全风险发生的可能性，从网络攻击者、同行业竞争者以及恶意破坏网络环境者等不同的角度分析企业信息系统的薄弱点，加强保护企业核心机密数据的授权权限。

第二，企业应建立突发风险的应对机制，根据信息化安全风险的不同情况，有针对性地采取防控措施，如针对企业内部管理系统瘫痪的情况，建立系统自动备份和数据修复程序；针对黑客袭击的潜在威胁，设置计算机防火墙装置；针对权限僭越的问题，建立多重准入机制并保证授权修改的唯一性。

第三，完善企业信息化安全性风险，企业应做到预防性控制和发现性控制双管齐下，防患于未然，同时还要及时纠正已发生的错误，做到事前预防，事中管理控制，事后完善处理。

3. 设立风险动态监督系统，完善网络内控措施

结合信息化以及企业发展现状，内控监督模式也应有相应的改进，如建立多级动态监督系统，采取从上至下，由内而外的监督理念，管理层对企业总战略目标的制定以及持续监督，内部控制在监督，以及企业可以委托外部审计机构对内部控制制度进行审计，出示审计报告，针对内控的不足进行弥补。在监督和信息沟通方面，企业要发挥其系统和内部网络平台的优势，建立信息共享模式，保证内部网络通畅，推动内控的不断改进。

4. 及时更新内控系统，提升内控准确性

当前内控系统下，企业财务信息传递速度慢，内控时效性和准确性降低。对此，企业应将传统内控信息系统与计算机数据处理系统相结合，制定出有针对性的内控机制。企业建立会计信息化系统，ERP 供应链系统等内部核算系统，同时促进各部门之间的信息交流系统与内控信息系统融合，如借助于中国移动集团业务，将企业信息做好上传下达，保证企业员工熟悉企业的各项生产经营活动，保证企业全员都参与到内控建设中去，有效地实现内控目标。同时，企业应及时更新内控系统，进一步强化和管理会计信息系统，促使企业内部系统软件适应现代信息技术发展水平，并针对系统漏洞，升级原有系统，开发新型信息技术软件，保证企业系统的先进性，从而提升内控措施的时效。

5. 加快信息传达速度，完善内控机制

大数据背景下，由于信息传递媒介存在强烈的共通性，企业应建立有效的信息共享平台和传递机制，应用信息和网络技术，加快信息流通速度，提供沟通渠道，促进内部控制信息沟通，提高对外信息披露的速度，能够加快企业各部门获取各项信息的速度。同时，企业应缓解委托代理冲突和信息不对称性，满足企业股东、政府和社会公众等对企业财务信息获取的时效性。从而保证大数据环境下企业内部控制的信息交流更加流畅，对外沟通也更加有效。

第六节　大数据时代下企业财务风险管理与内部控制的关联

随着大数据技术的迅猛发展，企业面临的财务环境变得更加复杂和动态。在这个大数据时代，企业财务风险管理和内部控制之间的关系变得更加密切，对于建立稳健的财务体系至关重要。

一、大数据对财务风险的影响

（一）数据量的增加

大数据时代，企业面对海量的数据，财务信息变得更为庞大和复杂。这使得财务风险的识别和管理变得更为困难，同时也提供了更多的机会来发现潜在的风险和机遇。

1. 数据爆炸与企业财务管理

（1）数据量激增

在大数据时代，企业面对前所未有的数据量激增。财务信息从过去的有限、结构化数据，变成了海量、多样化的结构化与非结构化数据。这一变化对企业财务管理提出了全新的挑战。

（2）财务信息的庞大与复杂

随着数据的庞大增加，企业的财务信息也变得更为复杂。传统的财务报表和数据处理方式已经无法满足对大规模、多维度数据的处理需求。这使得企业在整合、分析和理解财务信息时面临着前所未有的复杂性。

2. 财务风险管理的挑战与机遇

（1）风险识别的困难

由于数据量的急剧增加，传统的财务风险识别方法可能无法及时准确地发现潜在的风险。企业需要借助先进的分析工具和技术，以更敏锐的眼光洞察财务数据中的潜在风险。

（2）机会的发现与利用

与风险并存的是机会。大数据时代为企业提供了更多的数据维度，有助于发现市场趋势、消费者需求等方面的机遇。通过深度分析庞大的财务信息，企业可以更好地把握往商机，制定更灵活的财务战略。

3. 大数据技术的应用

（1）数据挖掘与预测分析

通过数据挖掘技术，企业可以挖掘财务数据中的潜在规律，实现对风险的早期预警。预测分析则能够帮助企业更好地规划财务决策，有效降低风险。

（2）实时监控系统

引入实时监控系统，企业能够即时了解财务状况，迅速应对突发风险，提高财务管理的反应速度。

4.案例分析：阿里巴巴的大数据财务风险管理

阿里巴巴作为大数据时代的典型代表，通过强大的数据处理和分析能力，建立了完善的财务风险管理系统。通过深度学习算法，阿里能够准确预测市场波动，降低财务风险的同时，迅速把握商机，实现业务的持续增长。

大数据时代下，企业面对数据量的激增，财务信息变得更为庞大和复杂。在应对挑战的同时，企业也可以借助大数据技术发现潜在机遇，通过先进的分析手段实现更为精准的财务风险管理。因此，建设强大的大数据财务管理系统已经成为企业在当今竞争激烈的市场中取得成功的重要一环。

（二）实时性的要求

大数据技术带来了对实时数据的需求，企业需要更迅速地了解财务状况以及潜在风险。这对财务风险管理提出了更高的要求，同时也需要内部控制体系更加灵活和敏捷。

1.大数据时代下的实时性要求

（1）实时决策的重要性

大数据技术的普及使企业对实时数据的需求越发迫切。在快速变化的市场环境中，企业需要迅速作出决策以应对财务风险，而这要求能够即时获取和分析财务数据。

（2）市场竞争的加剧

实时性要求的提升与市场竞争的加剧密切相关。那些能够更快速、准确地了解和应对市场变化的企业，更有可能在激烈的竞争中占据优势，因此实时性成为企业财务管理的一项战略性要求。

2.实时数据对财务风险管理的挑战与机遇

（1）挑战：数据处理与分析的速度

实时数据的处理速度成为财务团队面临的挑战之一。传统的数据处理方法可能无法在短时间内应对海量实时数据，故而需要引入更先进的数据处理技术。

（2）机遇：快速发现与应对风险

实时数据的应用使企业能够更迅速地发现潜在的财务风险。通过建立实时监控系统，企业可以及时察觉市场波动、资金流动等风险因素，有针对性地调整策略，降低风险影响。

3.内部控制体系的调整

（1）灵活性的强调

为适应实时性要求，内部控制体系需要更加灵活，能够在短时间内做出相应调整。传统的控制方法可能显得过于刚性，需要企业重新审视和调整内部控制的架构。

（2）技术支持的加强

内部控制体系需要借助先进的技术手段，如人工智能、机器学习等，以更高效地实现对实时数据的监控和分析。技术的加强有助于提高内部控制的准确性和时效性。

二、大数据对内部控制的挑战与机遇

（一）挑战

数据安全性：大数据时代，数据泄露和安全性成为重要的关切点，需要强化内部控制以保护敏感财务信息。

技术复杂性：大数据技术的引入可能导致内部控制体系的复杂化，需要企业不断升级技术和培养相应的人才。

（二）机遇

数据分析与预测：大数据分析工具可以帮助企业更好地预测潜在的财务风险，提前采取措施，从而强化内部控制的前瞻性。

自动化流程：大数据技术可以用于自动化财务流程，降低人为错误的风险，提高内部控制的效率。

三、结合大数据的财务风险管理与内部控制策略

（一）数据分析工具的应用

利用大数据分析工具，建立风险模型，实时监测财务数据，快速识别潜在风险，为内部控制提供及时的决策支持。

1. 大数据分析工具的介绍

（1）数据挖掘工具

大数据时代涌现了众多数据挖掘工具，如 Python 中的 Scikit-learn、R 语言中的 Caret 等，这些工具可以通过算法分析庞大的财务数据，去挖掘潜在的关联和趋势。

（2）人工智能技术

机器学习和深度学习等人工智能技术在大数据分析中发挥着关键作用。这些技术可以通过学习历史数据，建立预测模型，帮助企业更准确地识别财务风险。

2. 大数据分析工具在风险模型建立中的应用

（1）数据预处理

大数据分析工具可以帮助企业对海量的财务数据进行预处理，包括数据清洗、缺失值填充等，以确保建立的风险模型具有高质量的输入数据。

（2）风险模型建立

通过运用数据挖掘和机器学习算法，企业可以建立财务风险模型，识别关键风险指标，并根据历史数据进行模型训练，以更好地预测未来的财务风险。

3.实时监测财务数据

（1）数据流处理

大数据分析工具支持实时数据流处理，可以帮助企业及时捕捉和处理财务数据的变化，确保监测过程具有实时性和敏感性。

（2）仪表板和可视化工具

通过仪表板和可视化工具，企业可以直观地了解到财务数据的实时状态。这种可视化呈现有助于管理层迅速把握财务状况，及时采取行动。

4.决策支持与内部控制

（1）即时警报与通知

大数据分析工具可以设置即时警报系统，一旦发现异常财务状况或潜在风险，立即通知相关人员，以便他们能够迅速作出相关决策。

（2）智能决策系统

结合大数据分析工具，企业可以建立智能决策系统，根据实时监测的财务数据和风险模型的分析结果，为内部控制提供更为智能和个性化的决策支持。

如：亚马逊的大数据风险管理。亚马逊利用大数据分析工具建立了高效的风险管理系统。通过分析大量交易数据，亚马逊能够实时监测商户的财务状况，识别潜在的欺诈行为，并及时采取措施，保障交易的安全性和合规性。

大数据分析工具在企业财务风险管理中发挥着关键作用。通过建立风险模型、实时监测财务数据以及提供决策支持，这些工具不仅提高了财务风险管理的效率和准确性，也为内部控制体系的优化提供了强大的支持。在大数据时代，充分利用这些工具将成为企业保障财务稳健运营的重要手段。

（二）加强内部控制的自动化

通过引入自动化流程，减少手工操作，降低错误发生的概率，同时加强对自动化系统的监控，确保其稳定性和可靠性。

1.自动化流程的必要性

（1）手工操作的风险

传统的手工操作容易引入人为错误，尤其在处理大量数据时，人为疏漏和错误可能导致严重的财务风险。

（2）提高效率与精准度

自动化流程可以大大提高财务处理的效率，并减少由于人为因素引起的错误。这有助于确保财务数据的准确性和完整性。

2. 内部控制的自动化实施

（1）数据输入自动化

通过自动化工具，将财务数据的输入过程自动化，减少手工输入错误的风险。例如，通过与银行系统集成，实现银行交易数据的自动导入。

（2）流程审批自动化

建立自动化的审批流程，确保财务交易在符合内部控制政策的前提下得到及时审批。这有助于防范潜在的违规行为和财务欺诈。

3. 自动化系统的监控与管理

（1）实时监控与警报

引入实时监控系统，监测自动化流程的运行状况。设置警报机制，一旦发现异常，就及时通知相关人员，确保问题得以迅速解决。

（2）数据质量管理

建立数据质量管理系统，监控自动化流程中的数据质量，确保自动化系统生成的数据是准确、完整且可靠的。及时发现和纠正数据质量问题，防范潜在的风险。

4. 自动化流程的挑战与解决方案

（1）技术标准与集成

自动化流程的实施需要考虑技术标准和系统的集成性。企业应选择成熟、可靠的自动化工具，并确保与其他系统的有效集成。

（2）人员培训与变革管理

引入自动化流程涉及组织内部的变革。培训员工，确保其能够熟练使用自动化工具，同时进行变革管理，使员工能够更好地适应新的工作方式。

如：SAP 的内部控制自动化。SAP 作为企业资源计划（ERP）系统的代表，通过自动化流程实现了财务管理、采购、销售等多个业务领域的集成和自动化。通过 SAP 的内部控制模块，企业能够自动进行审批、监控和报告，降低了财务风险。

在大数据时代，加强内部控制的自动化已经成为提高财务管理效率和降低风险的不可或缺的手段。通过引入自动化流程，企业可以减少手工操作带来的错误，提高数据处理效率，并通过监控和管理确保自动化系统的稳定性和可靠性。自动化流程的实施需要综合考虑技术、人员培训和组织变革等因素，确保系统的顺利运行。

第十章 大数据时代下的企业财务风险管理与内部控制的创新

第一节 大数据时代下企业进行财务风险管理的理念

随着全球经济和计算机技术的飞速发展，企业面临着越来越激烈的竞争和复杂的财务环境，企业由于财务管理不善而陷入财务危机的情况很普遍。而大数据时代的到来又给现代企业带来了活力和新的风险。因此，企业应建立全面财务风险管理应对策略。本节对于大数据在企业财务风险管理中的意义和预警作用进行了分析和研究。

一、大数据在财务风险管理中的重要意义

（一）帮助企业以准确的数据为基础进行内部决策

企业当前的经济发展状况需要根据企业的财务部门所反馈的信息来确定，而且需要依据财务部门反馈的信息来指导以后的企业发展方向。在大数据时代下，企业的所有信息都融合在一起。但是，大数据提供的信息并不精确，是与其他信息混合在一起的。因此，当企业面对如此庞大的信息量时，财务大数据管理系统就能够检测出其中存在的风险，确保向业务部门提供的数据相对准确，也可以为企业内部的一些决策提供有效的数据。

（二）帮助企业提高应对财务风险的能力

在大数据时代下，企业要想在大量的数据中获得自己想要的数据。前提就是要面对大数据时代的风险，而企业要想在市场竞争中激流勇进，就必须把握住大数据时代风险危机中的机遇，机遇和挑战是共存的。目前的时代，市场信息时时刻刻都在变化，如果可以从这些不断变化的大量数据中获得准确的信息，那么这对于企业的发展以及企业竞争力的提高就具有很大的促进作用。这些信息的准确性关系到企业的决策，大数据融入企业的财务管理可以面对这种财务风险，但关键是企业怎么将这些大数据的优势特点融入企业的财务管理以实现及时应对风险。企业可以建立完善的财务大数据管理系统，这样就能够帮助其在财务风险未发生或者将要发生时进行判断，从而提高企业应对大数据时代带来的财务风险的能力。

（三）帮助企业取得最大的经济效益

建立并且完善财务大数据风险预警系统，能够使企业规避在其发展中遇到的各种风险。利用财务大数据可以使企业灵活应对内部和外部风险或潜在风险，掌控企业的现金流状况，并为风险提供预警机制。一旦企业出现资金问题，其就可以首先发现或阻止财务风险发生，帮助企业在最短的时间内处理财务风险，用最快、最有效的解决方案来处理企业的财务风险，可以使企业最大限度地减少风险损失，使经济效益最大化。在大数据时代，企业为了尽可能地避免风险和降低风险带来的损失，唯一有效的途径就是建立企业的大数据财务风险预警机制。

二、大数据时代下，存在的财务风险

（一）财务风险预警系统不完善

现在，很多风险很难进行预测，而对这样的情况，大多数企业财务风险预警系统在面对风险时，可以进行预警和响应，所以财务风险预警系统已成为企业发展的必然选择。另外，大多数企业的财务风险预警系统是需要相关人才来进行管理的。如果企业所需的相关人才不到位，就会导致系统所能发挥的作用很小。大数据时代已经来临，如果企业仍然认为这个时代与其无关，那么就会被市场淘汰，因此，企业应重视大数据时代财务风险预警系统的建立。

（二）财务风险预警系统执行能力不强

财务风险预警系统缺乏在大企业执行大数据的能力。一些企业已经建立财务风险预警系统，却并不重视对这个系统的监督管理工作，企业的财务风险预警系统的执行力不佳，将企业置于充满危机的市场环境中，这不利于企业的发展。

（三）缺乏相应的监管部门

企业的管理机制与监督机制对于企业的发展而言是不可缺少的，财务风险管理系统的有效运行需要两者的共同作用，各类企业都需要有严格的监督机制作为后勤保障。为使财务风险预警系统充分发挥其作用，企业需要对其监督机制进行全面完善，以保证及时发现经营中出现的财务问题。

三、大数据在财务风险管理中的预警作用

在大数据时代的背景下，企业中财务部门的责任重大，财务部门工作人员是一个企业现如今想要发展的必要措施，企业可以将风险预警系统融入企业的管理，也可以设立风险预警系统的监督部门以及健全企业财务风险预警机制，提高企业财务风险预警系统

的执行力，使该系统可以充分发挥其职能作用，以提高企业资金的安全性和增强企业的市场竞争力。

第一，将企业财务风险管理融入企业管理。在大数据时代的背景下，企业可通过改善财务风险预警系统避免很多风险。其中，最重要的是改进财务风险预警系统的管理实施机制，只有将企业的大数据财务风险预警系统的诸多措施进行全面落实，才能够保证财务风险预警系统充分发挥其作用，保证企业的资金安全并提高企业的市场竞争力。比如，企业对未能通过工作评估的员工进行定期培训，提高他们的工作能力，并且对企业的所有员工进行思想教育，提高他们对企业的大数据财务风险预警系统的认识，让他们了解系统在企业中的作用，这样也有利于企业实施各项措施。财务风险预警系统可以通过发挥其功能在企业的各个部门进行宣传，这样可以让企业中的每个人都认识到财务风险预警系统在企业发展中的重要性。对于企业而言，财务风险预警系统融入企业的管理层，对于维护企业的经济利益可以起到很大作用。

第二，完善企业财务风险预警的监督机制。企业需要依据大数据财务风险预警系统的运行情况设立专门的监督部门，提高该系统的工作效率和执行力，从而提高企业竞争力。在大数据时代的背景下，企业应根据市场经济的发展前景，学习当前流行的风险预警模式，同时，企业应该学会引入国外的财务风险预警系统，并结合企业发展情况，建立并完善内外监督的机制。内部监督的主要目的是使财务流程透明化，并确保各部门可以监督财务部门。外部监督帮助企业发现在经营过程中的各种风险，这样就可以使企业规避一些不必要的风险并对出现的问题采取最快、最有效的方式进行解决，以减少企业的损失。

第三，加强企业财务风险预警系统的执行力。要建立健全财务风险预警系统的规则，即企业在进行某种经济活动时，企业的财务平台需要向其提供能够即时生效的预警机制，供专业人士使用。如在进行资金的大笔交易时，企业应为大笔交易设置一个单独的账户，如果发现其中存在问题就必须立刻终止交易，然后进行警告处理。要根据企业的财务风险预警方案收集实时的预警信息数据，由有关人员报告具体的风险信息并且将情况以最快的速度上报给企业的相关管理人员。管理人员可以对风险的大小提出意见并阻止交易的继续进行，也可以提出解决方案，继续进行交易，但是必须将风险降到最低，避免企业受到损失。

第二节　大数据时代下企业财务风险管理体系模型的构建

企业的财务风险管理是企业发展过程中不可忽视的一部分，是关系到企业成败的重要因素。大数据时代的到来.给企业发展带来了机遇和挑战，向企业在财务管理方面也面临着前所未有的风险，建立全面可靠的财务风险管理体系，加强对企业财务风险的防范，成为企业发展应该重点研究的问题。

完善的财务风险管理体系，能够帮助企业在面临任何风险时做准确、及时的预测和决策。大数据时代的到来对企业的财务风险管理系统提出了更高的要求，如何应对大数据时代下的市场经济走向，应对市场经济发展的"新常态"，成为当下企业财务管理中应该关注的重点问题，而防范财务风险，完善企业风险管理体系，加大风险防范政策的实施力度等就显得十分重要和迫切。

一、企业财务风险管理体系模型构建的重要性

第一，有利于为企业内部决策提供有效的信息依据。企业的财务状况能够准确地反映出企业内部的经营状况、盈利情况。管理者通过财务风险管理体系所反映出来的经营状况的好坏来进行下一步的经营决策。同时，企业管理者通过分析企业人员的工资体系、绩效管理体系等了解员工的工作状态。员工对企业运营所做出的贡献，也成为企业人事调动的依据，成为企业高效管理的重要辅助信息。

第二，有利于企业应对新时期可能出现的财务风险。大数据时代是各种信息爆炸的时代，企业面临着前所未有的挑战，各种新的不利于企业发展的因素也成为企业存在的财务风险，企业获取市场信息的速度和准确性，作出经营决策的有效性成为影响企业经营成败的重要环节。应对这种可能出现的财务风险，也是企业构建财务风险管理体系模型的重要原因。

第三，有利于帮助企业实现最大的经济效益。企业财务风险管理体系模型的构建能够帮助企业应对市场经济发展过程中的各种不确定性，应对企业内部、外部面临的各种潜在的挑战和竞争，能够提高企业的经营管理效力，为企业的经营和发展提供有效的财务信息依据，还能够使企业在资金流动的过程中进行适时的监督和预警，从而帮助企业在第一时间发现和预防财务危机，并在遇到危机时能够在最短的时间内，以风险最小的方式进行解决，将企业可能的风险和损失降到最小，从而实现企业经济效益的最大化。

二、大数据时代下企业财务风险管理体系模型存在的问题

第一，财务风险管理程序老旧、不完善。一个成熟的企业需要有一套完善的财务风险管理体系模型作为支撑，以应对市场经济发展过程中的潜在危机。然而，大数据时代的到来，市场经济发展速度加快，各种不可预测的风险成为企业发展过程中的潜在威胁。而此时，有些企业依然沿用传统的财务风险管理模式，没有将新的风险划分到管理系统中，给企业发展造成威胁。另外，很多企业的财务风险管理体系模型只是一个空壳子，

系统中的各个机构人员设置不到位，没有专业的财务风险管理人员作为支撑，这样的财务风险管理体系模型运行起来会产生许多困难。

第二，财务风险管理制度执行力度不够。在大数据时代下，很多企业都具备了财务风险管理体系模型，有着丰富的财务风险管理经验。然而，随着经济的发展，很多企业的财务风险管理体系模型只停留在了制度方面，基于制度而制定出的各种运行政策都没有得到有效的实施。在这种情况下，即使企业有完善的财务风险管理体系模型，有完善的财务风险管理制度，只是因为执行力度不够，而将企业置于市场经济环境中，不利于企业的健康成长。

第三，对财务风险管理体系模型实施的监督力度不够。管理机制和监督机制是相辅相成、共同完善的，管理机制的有效运行，以及各种企业经营政策的实施需要严格的监督机制作为保障。而对于财务风险管理体系来说，只有更加完善、严格的监督体系，才能把企业的财务风险管理体系模型置于一个更加公开透明的环境中，才能及时发现财务运行过程中出现的问题。然而，大数据时代下的企业忙于应对各种新的经济形势带来的挑战，而忽视了对企业财务风险管理体系模型的监督和管理，从而导致各种财务问题的产生，对企业的发展造成威胁。

三、大数据时代下企业财务风险管理体系模型构建的途径

第一，提高企业财务风险管理体系模型在企业运行中的地位。大数据时代下的市场经济发展环境越来越复杂，有一个良好的企业财务风险管理体系模型就显得尤为重要。首先，提高财务风险管理体系模型的执行力度，将此体系模型真正贯穿到企业管理中的各个方面，对不遵守财务管理制度的人员进行严厉惩罚，对考核不合格的人员进行相应惩罚，提高财务风险管理制度的威信力。其次，企业要对自身的财务风险管理体系模型进行大力宣传，做到人人懂，进而人人尊重，人人能够自觉地按照此风险管理体系模型的要求管理部门的行为。最后，企业管理层应该意识到财务管理体系模型在企业发展过程中的作用，从而能够积极构建并完善此体系模型，使其真正发挥在大数据时代应有的作用。

第二，建立完善的企业财务风险管理体系运行监督机制管理机制和监督机制是相辅相成的，是一个企业在其良好的发展过程中所最需要具备的。因此为了提高企业在大数据时代下的竞争力，首先，就应该建立起完善的企业财务风险管理体系模型，以大数据时代为背景，以市场经济发展现状为依据，积极引进国外先进的管理体系模型，结合企业自身的发展现状，建立起完善的财务风险管理体制，提高企业财务管理能力，提高企业应对财务风险的能力。其次，建立起完善的监督机制，形成内部监督和外部监督相结合的完善的监督体系。内部监督主要通过财务情况的公开透明，形成员工与其他部门对

财务管理的监督，而外部监督主要是通过各种审计机构对企业进行定期的审计、检查和监督，发现企业在经营过程中出现的各种同题，外部监督关系到企业在社会上的形象和声誉，因此企业更应该加以重视，完成企业从内而外的各种财务风险管理制度的构建和完善，帮助企业进行科学决策。

第三，培养一支高素质的财务管理人才队伍作为辅助，大数据时代的到来对企业财务管理体系模型的构建提出了新的要求，培养一批高素质的财务管理人才队伍也至关重要，因为人才才是企业创新发展的内在动力。

大数据时代对企业财务管理提出了更高的要求，对财务人员的职业素质和整个企业的运营管理水平也提出了更高的要求。大数据时代下的市场经济发展迅速，企业只有建立起完善的财务风险管理体系模型，完善企业内部的各种监督机制，才能有效应对我国经济发展转型时期可能出现的各种潜在的经济威胁，才能壮大企业实力，增强企业发展动力，才能使企业在新时代下稳步发展。

第三节　大数据时代下内部审计与财务风险管理

信息化社会的到来，使企业内部和外部的各类信息变得纷繁复杂，企业资金流动情况又表现出了许多新特征，如何充分利用海量的信息为企业的运作提供服务，对于企业资金的流转有着重要的影响。在大数据时代背景下，企业的财务管理活动迎来了新一轮的挑战，本节就大数据时代下企业内部审计在财务风险管理中的作用进行了探讨。

在企业管理活动中，内部审计常常是企业规避财务风险的重要途径，通过加强内部审计能够提高企业抵御各种财务风险的水平，促进企业可持续发展。然而在大数据背景下，大量的信息给企业内部审计活动的开展带来了许多干扰，能否充分利用大数据的价值为内部审计提供决策依据，使企业做好财务风险管理工作，是决定企业能否稳定发展的重要因素。因此，研究大数据时代内部审计对财务风险管理的影响有着极为重要的现实意义。

一、大数据和内部审计概述

大数据是指借助于计算机技术、互联网，捕捉到数量繁多、结构复杂的数据或信息的集合体。大数据的"大"并非仅仅指数最繁多，还指数据通过挖掘、分析，以及专业化的处理，蕴含的价值大。大数据具有"5V"的特点：第一，大量（Volume），即数量繁多；第二，高速（Velocity），即数量高速增长，几何式增长；第三，多样（Variety），即数量类型多样、结构复杂；第四，低价值密度（Value），即海量数据需采集、分析才能捕捉到有价值的信息；第五，真实性（Veracity），即数据的产生与处理是实时的，具有准确性。

本节所讲的内部审计是指企业的内部审计活动，它在性质上属于一种咨询活动。其活动的开展具有相对独立性。高效的内部审计活动是保证企业高效运行、规避风险、提高经济效益的重要手段。内部审计对于企业的内控而言，至关重要，可以作为企业改善治理现状的重要途径，从而实现企业的长远发展。内部审计最更要的作用之一就是其在规避财务风险方面的特殊功能，使企业的各项活动受到严格的监督，保证企业的经营行为符合国家现行政策及相关法律法规规定，创造社会主义市场经济的良好环境。随着大数据时代的到来，内部审计活动的效率、流程和作用也受到了一定程度的影响。

二、当前企业内部审计存在的问题

大数据时代是信息化社会发展的产物，企业所处的环境已发生巨大的变化。然而企业内部的审计制度却没有做出相应的优化，其与经济发展的矛盾日益显现。首先，这表现为我国审计制度体系未完全构建出来，在很多地方甚至未看见其对企业财务管理的指导作用，在大数据时代，现有的审计制度无法识别记最有价值的信息。其次，一些审计人员的专业素质偏低，其已经习惯了传统经济体制下的审计模式，不能很好地在大数据时代继续提高效率，使企业内部的审计工作停滞不前。再次，在审计技术上明显落后于当前的先进理论，仍然以传统的审计流程开展审计工作，使许多资料的作用无法凸显出来，在信息化时代下，这种落后的审计技术自然无法很好地规避财务风险。最后，企业管理信息化使审计活动与其他诸多管理活动形成了互动的渠道，给内部审计的独立性造成了严重的破坏，这一方面可以有效利用少量数据为审计服务，另一方面又使审计工作受到其他管理活动的干扰。

三、大数据时代下企业内部审计的作用

一是快速获取大量信息。在大数据时代，企业可以通过互联网和其他途径快速获取大量相关信息，尤其是一些经济数据和财务管理信息，可以为企业内部审计提供更强大的数据支持。但大量的数据需要充分挖掘才能发挥其对于财务风险管理的作用，因此企业必须通过信息化手段深入挖掘大数据的价值

二是提升内部审计工作效率。我国经济运行态势不断趋好，企业发展环境更加优化，企业业务规模进一步扩大，相关的审计数据和财务管理活动也更加复杂和频繁，这使内部审计人员的劳动强度不断加大。在大数据背景下，大量的财务管理软件和审计管理专业软件的引进大大解放了审计人员的劳动力，提高了内部审计效率。

三是规避企业财务风险。大数据时代为企业集中获取和处理数据提供了可能，使更多的信息可以充分互动，内部审计工作更加科学、客观。在内部审计效率不断提高的条件下，企业对未来的财务管理活动具有更加精确的预见性，可以提前采取预防措施规避财务风险，使财务风险的管理实现动态化。

在大数据时代下，我国企业的内部审计还未能很好地适应时代的要求，造成企业内部审计不能很好地服务于企业的财务管理工作的局面，给企业的发展带来了一定的阻碍。随着大数据时代的发展，我国企业将更加重视财务风险管理，并在内部审计制度上不断寻求突破，充分发挥大数据时代背景下内部审计对于财务风险管理的重要作用，促进企业的长远健康发展。

第四节　大数据时代下企业财务管理的转型

所谓的大数据技术，指的是在种类繁多的数据之中，能够快速将富有价值的信息提取出来的技术。随着互联网信息技术的飞速发展，我国已经步入了大数据时代，为广大企业提供了新的思维、技术以及丰富的资源，将企业带入了全新的发展时期。所以，企业的财务管理也要随着时代的发展形势而转型，将数据的提供、风险的控制、资源的规划以及现金流分析纳入财务管理的范畴，如此一来，可以促进企业的健康可持续发展，推动企业价值的提升。

随着现阶段互联网的快速发展，大数据时代已经来临，国际化、综合化以及信息化成为企业发展的主要方向。企业规模日渐壮大，企业只有对财务人员和财务理念进行转型升级，才能适应企业现阶段的发展趋势。大数据时代对财务管理转型有了更高的要求。财务工作者必须建立数据思维，深入研究数据的收集、存储、分析以及应用，将可视化的信息呈现形势建立起来，把信息基础提供给企业的经营管理决策者。

一、提升财务管理信息的精准度以控制企业风险

大数据时代下技术的发展，使企业对海量数据的整合可以做到精准高效。此外，大数据技术要求的标准化以及规范化，致使大部分的财务数据可以更加客观准确。在大数据技术并未出现的时候，财务报告需要经过非常烦琐的过程。由于缺乏技术手段处理，导致企业没有对财务数据引起高度重视，尽管财务报告是重要资源，但是利用率不高。在大数据时代，风险管理可以获得更为全面的风险源数据，能够让风险管理系统更加权威，在快速处理风险事件的同时，满足企业管理监测的需要。

二、提高财务管理信息对企业决策的支持度

在构建了预算大数据平台之后，大数据时代下的成本管理以及全面预算管理可以有效处理以往出现的诸多问题。例如，对本期的实际业务数据实施改造处理，然后再和预算数据进行对比，这样便可以获取可信的预算执行方案，对处理各部门的工作具有很大的帮助，可以有效提升企业经营管理的效率。在过去的工作模式当中，企业可以应对如此繁多的数据，然而在大数据时代下，企业能够轻松获得海量的多维度信息，将企业从烦琐的数据监测工作中解脱出来，从而获得更多的时间来处理问题。

三、大数据时代下企业财务管理的转型途径

第一，财务人员由专才向全才转型。在大数据时代下，如果要提升企业财务信息化的水平，就必须加强人才的培养。利用财务管理工作带来的影响可以有效推动业务工作的进行，如此一来企业才能够通过大数据技术，进而探索事财务工作最佳的发展方向。在大数据时代下，企业的财务管理不可缺少的是企业决策层的推动力。企业的决策层非常了解传统的数据分析，可以在传统数据分析的基础上，作出许多科学的决策。

第二，资金管理向产融结合转型。过去的财务管理主要是对资金进行控制。而在大数据时代下的资金管理，不仅仅是指资金调配，更重要的是不同层次的产融结合。利用资金市场的直接融资，将单纯的资金管理运营转化为深度资产管理。在大数据时代背景下，企业必须构建科学的资金管理制度，提升资金监管水平，灵活利用互联网技术的优点，实现银企互联。除此之外，企业还需建立统一的财务管理制度，提升资金控制与管理的效率，进而保障资金的安全。财务部门需要对子公司的每一项收入以及各个部门的收入进行管理，还需要负责统筹各个子公司的资金，对其使用方法进行监督。

第三，财务管理向财务共享中心转型。现阶段企业降低成本、提升服务水平的一种科学的管理模式就是共享服务，它的价值得到了许多世界知名企业的高度认可。在企业内部，共享服务中心作为一个独立经营体，其全部按照市场机制运作，可以将优质的服务提供给企业的内部人员。整合企业内部重复建设的业务功能，可以在节约成本的基础上，有效提升企业后台的服务效率。

大数据时代为传统财务向管理型财务的转变提供了一定的条件，在数据的收集过程之中，标准化与信息化是首先需要考虑的问题。大数据时代推动广企业发展模式的变化，这就需要财务工作者从业务的角度分析问题，培养专门的财务管理思维，为财务管理的转型贡献自身的智慧。

参考文献

[1] 李兰.基于财务风险管理的高新技术企业内控体系构建 [J]. 中国市场，2023(33)：102-105.

[2] 苏军霞.国有企业内部控制在财务风险管理中的应用 [J]. 中国价格监管与反垄断，2023(11)：73-75.

[3] 王慧.供水企业财务内部控制的问题及风险控制 [J]. 中国市场，2023(32)：175-178.

[4] 安东旭.内部控制在国企财务风险管理与提质增效中的应用 [J]. 时代金融，2023(11)：28-29+50.

[5] 张唐槟.国际服务贸易会展招商企业财务风险管理思考 [J]. 中国会展(中国会议)，2023(20)：113-115.

[6] 刘学武.内部控制视角下船舶修造企业的财务风险防范 [J].纳税，2023, 17 (30)：103-105.

[7] 左权.企业财务内部控制精细化管理体系的建立与实施研究 [J]. 财经界，2023(30)：126-128.

[8] 胡思齐.国有企业财务内部控制的优化措施研究 [J]. 商场现代化，2023(20)：153-155.

[9] 林春琳.企业财务风险的防范与控制措施 [J]. 商场现代化，2023(20)：186-188.

[10] 刘涛.新形势下的企业财务工作优化策略探讨 [J]. 中国物流与采购，2023(20)：89-90.

[11] 毕夕松.企业财务管理内控制度建立的难点和解决措施 [J]. 商业 2.0, 2023(29)：40-42.

[12] 王硕旋.新形势下企业财务内部控制体系建设研究 [J]. 中国市场，2023(28)：161-164.

[13] 叶萌.企业财务管理内控制度建设及财务风险规避研究 [J]. 中国集体经济，2023(28)：149-152.

[14] 傅风华.民营企业资本结构优化与财务风险管理研究 [J]. 中国产经，2023(18)：161-163.

[15] 李欣蓓 . 基于财务风险管理的国企内控体系构建策略研究 [J]. 财会学习，2023(27)：143-145.

[16] 杜海曦 . 企业财务内部控制难点及优化策略探究 [J]. 投资与创业，2023, 34 (18)：107-109.

[17] 邱爱斐 . 建筑施工企业财务风险管理中的内部审计价值体现 [J]. 中国乡镇企业会计，2023(9)：158-160.

[18] 陈芳 . 新时期背景下企业财务管理内控制度建设及财务风险规避 [J]. 中国乡镇企业会计，2023(9)：140-142.

[19] 蔡玥 . 集团企业的财务风险管理研究 [J]. 中国管理信息化，2023, 26 (18)：10-12.

[20] 苏晓萌 . 提升电力企业财务内控管理力度的途径研究 [J]. 财经界，2023(26)：135-137.

[21] 王婷 . M 乳制品公司财务风险管理案例研究 [D]. 北京：中国财政科学研究院，2022.

[22] 王一清 . 内部控制视角下企业财务风险管控研究 [D]. 济南：山东大学，2022.

[23] 赵肖华 . 基于业财融合的互联网企业财务风险管理研究 [D]. 邯郸：河北工程大学，2022.

[24] 王艳茹，应小陆，杨树军 . 创业企业财务管理 [M]. 北京：中国人民大学出版社，2022.

[25] 刘成方 . X 企业财务风险管理改进研究 [D]. 蚌埠：安徽财经大学，2022.

[26] 马慧敏 . M 建筑施工企业财务风险管理研究 [D]. 成都：四川师范大学，2020.

[27] 张新民 . 中小企业财务报表分析 [M]. 北京：中国人民大学出版社，2020.

[28] 夏丽美 . 基于内部控制的 YN 国有建筑企业财务风险管理探究 [D]. 昆明：云南师范大学，2019.

[29] 张绪军 . 高级财务管理 [M]. 北京：人民邮电出版社，2017.

[30] 裴玉 . 基于内部控制的 Y 公司财务风险管理研究 [D]. 长春：吉林财经大学，2017.

[31] 王晓华 . 航运企业财务风险管理研究 [D]. 青岛：青岛科技大学，2016.

[32] 闫慧文 . DB 公司财务风险管理问题研究 [D]. 沈阳：辽宁大学，2016.

[33] 王积田，温薇 . 财务管理 [M]. 北京：人民邮电出版社，2012.